우울하고 불안한 그리스도인들에게

청교도 목회자 리처드 백스터가 주는 조언

우울하고 불안한 그리스도인들에게

청교도 목회자 리처드 백스터가 주는 조언

초판 1쇄 발행 2024년 7월 10일
초판 2쇄 발행 2024년 8월 10일

지은이 | 리처드 백스터, 제임스 패커, 마이클 런디
옮긴이 | 최원일, 김안식
감　수 | 최관호
펴낸이 | 강인구

펴낸곳 | 세움북스
등　록 | 제2014-000144호
주　소 | 서울시 종로구 대학로 19 한국기독교회관 1010호
전　화 | 02-3144-3500
이메일 | cdgn@daum.net

디자인 | 참디자인

ISBN 979-11-93996-07-2 (03230)

우울하고 불안한 그리스도인들에게

"청교도 목회자 리처드 백스터가 주는 조언"

리처드 백스터 · 제임스 패커 · 마이클 런디 지음

최원일, 김안식 옮김

세움북스

추천사

리처드 백스터는 유능한 심리학자이자 신학자였습니다. 이 책에는 우울증에 관한 그의 저술 중 일부가 실려 있습니다. 1부에서 백스터를 소개한 제임스 패커는 현대 신학자이자 백스터의 평생 제자입니다. 그리고 마이클 런디는 백스터의 원 글을 현대화한 정신건강 의학과 의사입니다. 그 결과, 목회자나 낙담한 사람들을 상담하도록 부름을 받은 사람들에게 큰 도움이 될 만한 실용적 지혜가 담긴 매우 유익한 책이 탄생했습니다.

폴 헬름 _ Paul Helm, 런던 킹스 칼리지 종교사 및 철학 명예 교수, 『하나님의 섭리』 저자

❧

이 책은 한 권의 가격으로 두 가지 보물을 선사합니다. 현직 정신건강의학과 의사인 마이클 런디(말 그대로 '영혼의 치유자')와 저명한 신학자 제임스 패커('영혼의 치유'와 관련된 신학을 다루는 저자를 특히 좋아함)와의 상담이 바로 그것입니다. 그러나 사실 이 책은 한 권의 가격으로 세 가지 보물을 얻을 수 있는 책으로 밝혀졌습니다. 의학 박사와 철학 박사가 공동으로 뛰어난 목회자이자 신학자인 리처드 백스터의 지혜를 강조하기 때문입니다.

『우울하고 불안한 그리스도인들에게: 청교도 목회자 리처드 백스

터가 주는 조언』은 목회자와 상담자를 위한 매뉴얼이자, 스터디 그룹을 위한 자료이며, 어려움을 겪는 사람들과 그들을 돌보는 사람들을 위한 현명한 영적 조언을 담은 보고(寶庫)입니다. 영혼의 의사 그룹인 패커, 런디, 백스터와의 몇 번의 상담은 여러분의 영혼을 위한 양약이 될 것입니다!

싱클레어 B. 퍼거슨 _ Sinclair B. Ferguson, 리폼드 신학교 조직신학 석좌 교수,
리고니어 미니스트리 티칭 펠로우

✺

세 겹 줄은 쉽게 끊어지지 않습니다. 이 책에서 제임스 패커와 마이클 런디는 진정한 영혼의 의사였던 위대한 청교도 리처드 백스터와 협력하여, 그리스도인들에게 우울증과 불안의 민감한 영적 현상에 대해 절실히 필요한 도움을 제공합니다. 우울증과 불안의 고통을 모르는 기독교인은 거의 없을 것입니다. 따라서 이 책이 제공하는 지침을 통해 큰 도움을 받지 못할 사람도 거의 없을 것입니다.

마크 존스 _ Mark Jones, 브리티시 콜럼비아주 밴쿠버,
페이스 밴쿠버 장로교회의 가르치는 장로

✺

목회의 현장에서 지치고 무너지는 마음을 자주 경험합니다. 주로 성도의 연약함을 제대로 파악하지 못하고 성도를 향한 기대치가 높을 때 그러함을 깨닫습니다. 그렇게 성도를 향한 기대치가 무너지면

곧바로 성도를 정죄하는 모습이 제 안에 나타나고, 다시 돌이켜 힘내기를 반복하는 미련한 목회의 시간 속에 있었는지도 모르겠습니다.

그런데 이번에 출간된 본서가 목회 현장에 있는 저에게 성도들의 연약함을 정확하게 바라보고 그들의 문제를 해결할 수 있겠다는 소망을 가지게 합니다. 특히 성도들의 불안과 우울의 증상들을 바라보며 '믿음이 있는 자가 왜 그러한 증상을 가지는가?' 하며 책망만 하던 저를 부끄럽게 만듭니다.

"우리가 이 보배를 질그릇에 가졌으니"(고후 4:7)의 말씀이 깊이 깨달아지게 하는 귀한 책이 번역되어 출간됨이 정말 기쁘고 감사합니다. 목회 현장에서 잘 성장하지 못하고 여전히 불신앙과 같은 불안함과 우울을 호소하는 성도들을 바라보며 안타까워하는 목회자들에게 이 책을 추천합니다.

남기홍 _ 순복음천안교회 담임목사, 한국기독교이단연구학회 후원이사장

꿈

한국 사회에서 우울증 환자는 100만 명이 넘습니다. 교회 안에서도 우울증과 관련된 심리적 문제를 가진 신자들을 쉽게 확인할 수 있습니다. 이렇게 볼 때, 목회적인 측면에서도 신자의 우울증은 외면할 수 없는 문제가 되었습니다. 목회적인 돌봄과 관련하여 심리적인 문제를 가진 신자들에게 관심을 갖는 것은 현대 목회에서 결코 외면할 수 없습니다. 이러한 교회의 현실 속에서, 17세기에 가장 뛰어난 청교도 목사였던 리처드 백스터가 목회를 하면서 경험한 것을 토대로 제시한 우울증에 관한 신앙적인 조언과 대처 방법이 이렇게

책으로 소개된 것은 목회자들뿐만 아니라 신자들에게도 큰 유익이
될 것입니다.

세계적으로 잘 알려진 청교도 연구자인 제임스 패커와 신앙적인
관점에서 심리적 문제를 다루는 정신건강의학과 의사인 마이클 런
디의 소개 글들은 독자들에게 신뢰뿐 아니라, 리처드 백스터의 우울
증에 관한 글을 이해하는 데 안내서 역할을 합니다. 특별히, 이 글을
번역한 최원일 목사는 청교도가 추구했던 신자들에 대한 목회적 돌
봄에 관심을 가지고 있습니다. 진심으로 신자들을 사랑하여 교회를
세우려는 목회자입니다. 리처드 백스터의 『우울하고 불안한 그리스
도인들에게: 청교도 목회자 리처드 백스터가 주는 조언』은 현대 목
회자들과 신자들에게 꼭 필요한 신앙의 지침서가 될 것입니다.

박상봉 _ 합동신학대학원대학교 역사신학 교수

❧

17세기의 유명한 청교도 작가인 리처드 백스터(Richard Baxter) 목
사님의 글은 사람들의 영혼을 꿰뚫어 보는 안목과 통찰력이 뛰어납
니다. 그래서 여러 가지 각도에서 다양한 측면의 안목을 가지고서
해당 사안의 문제점이 무엇인지, 그 문제점을 어떻게 대처해야 하
며, 어떤 적절하고 필요한 조치를 취할 수 있는지를 외적인 것에서
내면적인 것까지 아주 명확하고 다양하게 제시합니다.

책 앞부분의 글을 쓴 제임스 패커의 글(1장)과 마이클 런디의 글
(2장)은 리처드 백스터 목사님과 그의 글에 관한 뒷배경을 알려 줍니
다. 그리고 이 책의 핵심이라 할 수 있는 3~4장에 런디가 편집한 백

스터 목사님의 글이 나오는데, 백스터 목사님은 여기서 우울증과 불안 등에 관한 만병통치약을 제공하는 것이 아니라, 우울증과 불안 등에 관한 성경의 교훈, 그리고 지혜로운 조언 등을 제공합니다. (부록으로 실려 있는 "의사들의 의무"도 비록 분량은 적지만, 함께 고개를 끄덕이게 하는 큰 교훈을 줍니다.)

특히, 백스터 목사님은 우울증에 걸린 사람들의 35가지 사례들, 우울증의 6가지 원인, 우울증에 걸린 사람들의 유익을 위한 21가지 지침 등을 세세하게 나열하고, 믿음을 통한 우울증과 슬픔을 해결하는 방법을 제시함으로써 큰 유익과 교훈을 제공하기 때문에, 우울증에 걸린 분이나 우울증에 걸린 사람을 돕고자 하는 분들에게 좋은 도움이 될 것입니다.

백스터 목사님의 이 글은 대략 350여 년이나 지난 꽤 오래전에 쓰인 글이지만, 성경의 교훈과 아울러 우리가 미처 생각하지 못하거나 생각할 수 없었던 부분들까지도 다루며 교훈을 제공하는 측면에서 오늘날에도 여전히 매우 유익하고, 곱씹어 볼 내용들로 가득합니다. 그러므로 여러 많은 독자들의 유익과 도움을 위해 일독을 권하며, 기쁜 마음으로 추천합니다.

전상범 _ 안산 회복의교회 담임목사

소개의 글

리처드 백스터의 저술을 소개하는 『우울하고 불안한 그리스도인들에게: 청교도 목회자 리처드 백스터가 주는 조언』이 출간된 것을 참으로 기쁘게 생각합니다. 백스터는 17세기 영국 청교도의 탁월한 저술가 중 한 명입니다. 백스터는 청교도 혁명에서 왕정복고로 이어지는 일련의 정치적이고 종교적인 격동기의 중심 무대에 섰던 인물입니다.

1656년에 출판된 『참된 목자』에서 백스터는 영국의 종교개혁이 생산한 긍정적 변화에 대해 다음과 같이 증언합니다. "저는 영국이 건국 이래 오늘날과 같이 능력 있고 신실한 목회자를 소유한 적이 없었다고 믿고 있습니다. 지난 12년간의 변화는 참으로 위대한 것이라고 확신합니다. 한때 커다란 어둠 속에 살았던 회중들 가운데 오늘날 얼마나 많은 회중이 분명하게 가르침을 받고 또한 얼마나 자주 그러한 교육을 받게 되었는지요!" 백스터 자신도 "능력 있고 신실한 목회자" 가운데 대표적인 인물이었습니다. 그가 부임하기 전까지 별로 주목받지 못했던 키더민스터(Kidderminster)가 백스터의 열정적인 사역으로 놀라운 변화를 경험한 사실은 널리 알려져 있습니다.

백스터는 목회자로서 교구민을 한 사람 한 사람 만나 상담하면서 성경과 교리를 가르쳤습니다. 『우울하고 불안한 그리스도인들에게』에서 마이클 런디가 편집한 1차 사료는 백스터의 목회 현장을 반영하고 있습니다. 일찍이 백스터는 교회 안에서 긴급하게 목회적 돌봄을 우선으로 받아야 할 집단을 분류한 일이 있습니다. '회심하지 못한 사람들'을 시작으로, 이미 회심했으나 연약함, 죄, 질병으로 인해 도움이 필요한 신자들, 그리고 믿음이 강해서 오히려 목회자의 도움을 받아 진보를 이루어야 하는 그룹에 이르기까지, 백스터의 설명을 따라가다 보면 결국 모든 교구민이 목회자의 특별한 관심을 받아야 한다는 결론에 도달하게 됩니다. 이 책에서 백스터가 우울증에 걸린 사람들에게 집중하는 것 역시 이러한 목회적 돌봄에서 결코 예외가 되어서는 안 된다는 그의 신념을 입증하고 있습니다.

백스터가 치료책으로 제시하는 "31개의 진리"와 "추가적인 치유책"에서 현대의 독자는 깊은 통찰력을 얻을 수 있습니다. 정신건강의학과 의사인 런디에게는 우울증을 죄보다는 질병의 문제로 접근하며 의사와 약물, 그리고 식이요법 등의 도움을 권면하는 백스터가 매력적으로 다가왔을 것입니다. 또한 "의사의 의무"에서 백스터는 오늘날 크리스천 의사가 마음 깊이 새겨들어야 할 귀중한 권면을 제시하고 있습니다.

종교개혁과 청교도 시대를 연구하는 필자는 백스터의 글 안에서 몇 가지 흥미로운 연결 고리를 발견했습니다. 첫째, "하나님의 말씀인 성경을 붙들라"라고 권면할 뿐만 아니라, 바른 교리 교육을 강조하는 것은 백스터가 종교개혁의 후예임을 드러냅니다. 둘째, 우울증으로 고통받는 사람에게 "혼자 있는 시간은 줄이고, 유쾌하고 활달한 동료들과 많은 시간을 같이 보내라"라고 말하는 백스터의 조언은 마르틴 루터가 자주 권면했던 내용과 유사합니다. 셋째, 신자 안에 내재하는 죄의 문제를 중요하게 다루고, '은혜의 수단'을 부지런히 사용할 것을 권면하는 것은 백스터 시대의 청교도 목사들이 공통으로 강조한 내용입니다. 넷째, 백스터에 따르면 우울증과 불안증을 앓는 사람들 가운데 '비정상적으로 자신들이 신적 계시를 받았다고 믿는 이들'은 어느 순간 마음에 떠오른 성경 구절을 일종의 신적 현현으로 받아들이는 경향을 보였습니다. 흥미롭게도 18세기 뉴잉글랜드의 신학자 조나단 에드워즈 역시 비슷한 현상을 발견하고 이것이 참된 성령의 역사와 구별되어야 함을 지적했는데, 백스터와 에드워즈 모두 교인들을 면밀하게 관찰하고 상담한 결과를 세심하게 연구한 '경험적 분석가'라는 공통점이 있습니다. 이처럼 백스터의 사역은 과거(종교개혁), 현재(청교도), 미래(조나단 에드워즈)와 연결되어 있습니다. 본서의 주제와 함께 이러한 역사적 연결 고리를 발견하는 것은 글을 읽는 기쁨을 더해 줍니다.

합동신학대학원대학교에서 리처드 백스터를 연구하는 최원일 목사님의 귀한 수고를 통해 번역된 『우울하고 불안한 그리스도인들에게』는 오늘날 우울증으로 고통받는 신자만을 위한 책이 아닙니다. 목회 현장에서 우울증과 불안감으로 고통받는 이들의 아픔을 껴안으며 성경적으로 건전하고 목회적으로 유익한 권면을 제시한 백스터의 저작은 오늘날 교회를 섬기는 사역자들에게 적지 않은 도전과 울림을 전해 줍니다. 또한, 백스터가 제시하는 권면과 치료책은 이 책을 읽는 모든 신자의 삶을 영적으로 윤택하게 할 것이라 확신합니다.

안상혁 _ 합동신학대학원대학교 역사신학 교수

감수의 글

주께서 인생으로 고생하게 하시며 근심하게 하심은 본심이 아

니시로다 _애 3:33

저는 예레미야애가의 이 말씀을 참 좋아합니다. 그리고 그러한 하
나님이 너무 좋습니다. 하지만 이 말씀은 마음 아픈 현실을 증언하고
있습니다. 인생에는 고생과 근심이 가득하다는 것이지요. 멀리 갈 것
도 없습니다. 세월의 연조가 있는 분들이라면 누구나 아는 사실이니
까요. 그런 점에서 이 책은 마음의 고통으로 일상생활이 망가진 분들
뿐 아니라 그러한 분들을 돌봐야 하는 분들에게 유익합니다. 그리고
내가 겪는 고통이 나만의 것이 아니라는 사실을 전해 줍니다.

평생 선교 단체에서 사역하면서 마주하게 된 감정은 '죄책감'이었
습니다. 저를 찾아와 머뭇거리다가 속마음을 털어놓는 지체들의 핵
심 감정은 적지 않은 경우 '죄책감'이었습니다. 특별히 어린 시절부
터 교회 생활을 해 온 '모태신앙'인 지체들이 그러했습니다. 이런 경
향은 형제들보다 자매들이 더 심했습니다. 물론 '죄책감을 가진' 혹
은 '마음이 어려운' 지체들이 의사인 저를 찾아오기 때문에, 제가 보
는 세상이 좀 더 고통과 근심으로 가득해 보인다는 주변의 조언은
맞습니다.

우선 '런디 박사'가 현대인에 맞추어 편집한 '백스터'의 글을 보면서 많이 놀랐습니다. 백스터의 글은 환자를 보지 않고는 나올 수 없는 내용이었습니다. 그것도 정말 많은 수의 환자와 함께 씨름하지 않고는 알 수 없는 내용이었습니다. 물론 '성공의 예'가 적게 기록된 것은 그 '시대의 한계'였을 것입니다. 하지만 백스터가 맞닥뜨린 현실과 4세기가 지난 지금 제가 맞닥뜨린 현실 사이에는 닮은 면이 많이 있습니다.

백스터는 키더민스터에서 사역하는 기간에 담임 목사로서 큰 성공을 거두었다고 알려져 있습니다. 하지만 '그 정도의 인구 규모에서 그렇게 많은 우울증 환자를 만났다는 것은 무슨 의미일까?'를 생각해 보았습니다. 아마도 그것은 청교도의 신앙 색채와 무관하지 않을 것입니다. 그리고 '믿음의 몇 번째 세대'인 지체들이 제게 찾아와 털어놓은 고민은 백스터가 만났던 환자들의 고민과 유사합니다. 그런 점에서 이 책은 지금 우리 한국 교회에 많은 지혜를 나누어 줄 수 있다고 생각합니다.

동시에, '모이는 교인의 숫자, 힘과 부 같은 외형적인 성공'을 자랑하는 '기독교 승리주의'에서도 벗어나게 해 줄 수 있다고 생각합니다. 우울증을 극복하는 방법을 제시하는 백스터에게는 '인생으로 고생하게 하시며 근심하게 하심은 본심이 아니신 하나님'의 시선이 있습니다. '기독교 승리주의'에서 벗어나 '우리 주 예수 그리스도의 십자가'를 바라보게 해 줍니다. 저는 예수님의 '십자가 공로의 의미'를 끊임없이 일깨우는 백스터의 글에서 '신앙을 가진 정신과 의사들을 향한 외침'을 들었습니다.

백스터가 책에서 조언하고 있는 치료법은 '런디 박사'의 말처럼

'CBT(Cognitive behavioural therapy, 인지행동 치료)'와 같습니다. '인지행동 치료'가 우리 대한민국에 소개되어 '정신과 의사'[1]들이 본격적으로 공부하기 시작한 때는 21세기 초였습니다. 당시 정신과 레지던트였던 저 또한 4개월 동안 매 주말마다 강남성모병원에서 열렸던 '교육프로그램(분과학회)'에 참여했던 기억이 생생합니다.

인터넷을 검색해 보면 약간씩 다른 설명들이 나오지만 '인지행동 치료'를 간단히 설명하면 다음과 같습니다. '인지행동 치료'는 환자의 '생각, 감정, 행동' 세 가지 중 무엇이든지 접근하기 쉬운 한 가지를 긍정적으로 바꿀 경우, 다른 두 가지 요소 또한 긍정적인 영향을 받는다는 이론입니다. 세 가지 중 접근할 수 있는 요소를 호전시키면 좋은 결과를 얻을 수 있다는 치료법이지요.

예를 들어 보겠습니다. 인턴 선생님이 평소 친하게 지내던 외과 교수님이 있었습니다. 그런데 어느 날 아침 병원 로비에서 마주친 그 교수님을 향해 "교수님, 안녕하세요"라고 인사를 했는데, 교수님이 인턴 선생님을 본체만체하시면서 아주 심각한 얼굴로 스쳐 지나가시는 것입니다. 인턴 선생님이 보기에 교수님의 얼굴은 화난 얼굴 같았습니다. 그때 인턴 선생님의 머리에 떠오르는 생각은 대부분 이렇겠지요. '내가 교수님께 무슨 실수를 했나?' 이어서 인턴 선생님의 마음에는 불안한 감정이 생깁니다. 그런데 그날 점심에 인턴 선생님은 동료가 하는 이야기를 전해 듣게 됩니다. "오늘 아침에 말이야. 외과 교수님 환자가 글쎄 이러저러하게 심각한 상황으로 응급실에 방문했대. 그 일로 외과 교수님이 바쁘게 응급실로 가셨다는데, 이

후에 상황이…" 이 말을 듣는 순간, 인턴 선생님은 그날 아침에 마주친 외과 교수님의 표정이 이해되었습니다. '아, 그때 그런 일이 있었구나.' 그렇게 생각이 바뀌자, 인턴 선생님은 불안한 마음이 없어지는 것을 느꼈습니다.

위의 예에서, 처음 인턴 선생님이 가진 생각을 '핵심 믿음(core belief)'이라고 합니다. 즉 '인지행동 치료'를 하는 정신과 의사와 환자는 환자가 가지고 있는 '핵심 믿음'을 찾아 교정하는 데 집중하게 됩니다. 이 책에 기록된 우울증 환자를 위한 백스터의 조언도 같습니다. 백스터의 조언은 환자가 가지고 있는 잘못된 '핵심 믿음(core belief)'을 교정해 주는 내용으로 가득합니다. 동시에 환자를 둘러싼 주변 사람들에 대한 교육 또한 잊지 않고 있습니다. 주변 사람들에 대한 교육까지 백스터의 방법은 '인지행동 치료'와 동일합니다.

백스터는 우울증 환자가 겪고 있는 어려움에 대해 '정신과적'으로 정확하게 묘사하고 있습니다. 우울증 환자가 겪는 '우울감뿐 아니라 죄책감과 불안감' 그리고 '공허감과 무력감에 의해 겪게 되는 증상'에 이르기까지 세밀하게 기록하고 있습니다. 또한 이성의 끈을 놓게 되는 경우까지 언급하고 있는데, 이 부분은 '정신병적 증상을 동반한 주요 우울 장애(Major depression with psychotic features)'에 관한 설명입니다. 그리고 지금은 '우울증의 아형(subtype)'으로 이해되는 '양극성 장애(조울증, Bipolar Disorder)'에 대해서도 기록하고 있습니다. 정신과적 진단 분류가 없던 시절이었습니다. 그러한 시대에 이렇듯 우울증 환자가 겪게 되는 '모든 증상'[2]과 그에 대한 백스터의 조언은

---

2   당연히 개별 환자는 '우울증 진단 분류'에 나열된 모든 증상을 겪지는 않는다.

'하나님의 은혜'를 생각나게 합니다. 당연히 이때의 '하나님의 은혜'는 백스터와 동시대를 살던 우울증 환자를 향한 것입니다. 그러나 이와 동일한 '하나님의 은혜'를 이 시대에 동일한 아픔을 가진 분들이 나누어 가지길 기도합니다.

또한, 백스터는 우울증 환자가 겪고 있는 '영적 어려움'에 관해서도 많은 내용을 기록하고 있습니다. 저는 백스터의 기록을 보고 시대가 지나도 달라지지 않는 '인류의 동질성'을 느꼈습니다. 우울증 환자가 겪는 '영적 어려움'에 관한 백스터의 기록은 같은 어려움으로 저를 찾아온 지체들의 '영적 어려움'과 같았습니다. 그리고 제가 그 지체들에게 해 준 처방과 동일했습니다. 이 부분에서 저는 백스터와 '우리 주 예수 그리스도의 십자가'를 통해 '하나 된 형제애'를 느꼈습니다. 백스터의 조언을 읽는 과정에서 느낀 이 감정은 믿음의 선배들과 제가 십자가를 통해 하나로 이어져 있다는 감격에 휩싸이게 했습니다. 지역도, 인종도, 언어도, 시대도 다른 믿음의 사람들이 우리 주 예수 그리스도를 통하여 하나로 이어져 있다는 것이 신비롭게 느껴졌습니다. 이 복음이 저에게 전해지기까지 얼마나 많은 믿음의 선배들의 헌신이 있었을까요?

하지만 이 책을 감수하는 과정에서 고개를 갸웃하게 한 부분이 있었습니다. 그 부분은 아이러니하게도 시간적으로 멀리 떨어진 백스터의 조언이 아니었습니다. 그것은 백스터의 조언을 현대적 언어로 소개해 준 '런디 박사'가 쓴 내용이었습니다. 이 책 2장에는 백스터의 관점을 회고하며 쓴 런디 박사의 글이 있습니다. 그 글에는 '버치 박사'의 감동적인 치료가 예로 나옵니다. 런디 박사는 이 부분을 전하면서 "성경에 가까운 드라마 같은 이야기가 우리 귀에 펼쳐졌다"
라고 말합니다.

그러나 21세기 '현대 의학적 시스템'이 갖춰진 국가에서 환자를 진
료하는 의사 중 절대다수는 런디 박사의 글을 보고 걱정할 것입니
다. 이 부분이 일반화될 경우의 부작용을 우려할 것입니다. 버치 박
사의 감동적인 치료를 부각하기 위해서인지는 모르지만, 런디 박사
의 의대생 시절 응급실에 있던 인턴과 레지던트는 의사로서 '바른
처치'를 했습니다. 비록 가슴을 짓누르는 심한 흉통이 '좁아지거나
막힌 혈관에 의한 것'이 아니라는 사실이 밝혀졌다고 해도, 그들은
반드시 해야 할 일을 한 것입니다. 그리고 그들이 그렇게 자신들의
일을 해 주었기에, 버치 박사의 감동적인 치료가 가능했던 것입니
다. 이것은 의사라면 누구나 숙지하고 있는 '기본 중의 기본'입니다.
'신체 기관에 생긴 문제(Organic Problem)'를 먼저 '배제(Rule Out)'하지
않는 심리적인 접근은 자칫 환자의 목숨을 위험하게 할 수 있습니
다. 그런 점에서, 이 부분을 읽으실 때는 런디 박사의 '스승에 대한
존경심이 담긴 표현'이라고 생각하시면 될 것 같습니다.

그리고 백스터가 살던 시절, 사람의 신체에 대한 이해는 지금으로
서는 받아들이기 힘든 부분이 많습니다. 백스터뿐 아니라 우리 모두
는 시대의 아들딸들입니다. 그러므로 백스터의 글 중 의학적으로 동
의할 수 없는 부분이 일부 존재합니다.[3] 그 부분은 따로 언급하지 않
아도 누구나 쉽게 구별할 수 있을 것입니다.[4] 또한 백스터 당시의 정

---

3 백스터의 글 중 의학적으로 동의할 수 없는 부분이 이토록 적다는 사실이 놀랍다.
4 굳이 예를 들면, 우울증을 유발한다는 '체액 이론'과 같은 부분이다. 물론 이것이 실제 존재
  하는 사실이 아니라 '신체를 설명하기 위한 도구'라고 주장한다면 할 말은 없다. 마찬가지로
  정신과에서 많이 설명하는 'Superego(초자아)', 'Ego(자아)', 'Id(원초아)' 또한 실제 존재하기

신과 약은 독성이 강한 물질들이었습니다. 지금 대표적으로 사용되는 항우울제인 SSRI(Selective Serotonin Re-uptake Inhibitor, 선택적 세로토닌 재흡수 억제제)는 개발된 지 수십 년이 채 되지 않았습니다. 이러한 '약물적 한계'가 아마도 백스터의 글에 '성공의 예'가 적게 기록된 이유 중 하나였을 것입니다.

사람은 세로토닌(serotonin)과 같은 호르몬이나 화학 물질로만 환원되는 존재가 아닙니다. 사람이 단백질과 지방 그리고 탄수화물과 약간의 무기질의 합이 아니듯이, 호르몬과 같은 화학 물질로만 '사람의 영적인 상태와 정신'을 설명할 수는 없습니다. 또한 세로토닌의 부족에 의해 생기는 것으로서, 이제 대중에게도 널리 알려진 '우울증의 기전'은 그렇게 단순하지 않습니다. 물론 우울증 환자의 경우, 뇌 대부분의 부위에서 세로토닌이 부족한 것으로 보고되고는 있지만, 그렇지 않은 뇌 부위 또한 일부 존재합니다.[5] 아직도 인류는 사람의 신체에 대해서 모르는 부분이 아는 부분에 비해 비교할 수 없이 많습니다. 의학 교과서가 2-3년마다 새로운 판(Edition)으로 출판된다는 사실이 이를 뒷받침해 줍니다.[6] 즉 의학 지식과 같은 과학 지식은 결코 진리가 아닙니다.

그러나 항우울제는 효과가 강력합니다. 항우울제의 도움으로 신앙생활을 다시 시작할 힘을 얻는 경우가 허다합니다. 그러한 약물 치료에 상담 치료와 인지행동 치료를 더할 경우, 더 많은 치료 효과가 있다는 사실이 끊임없이 보고되고 있습니다. 그리고 저는 정신

보다는 '사람의 심리를 설명하기 위한 도구'이니 말이다.
5 나는 전문의 시험 때 이 부분을 구분해서 외우는 것이 고역이었다.
6 특히 이전 판(Edition)과 달라진 내용이 의사 고시와 전문의 시험에 나온다는 사실은 이미 널리 알려져 있다.

과 레지던트 시절에 이러한 내용을 다루는 학회에서 한 정신과 교수님의 고백을 들을 수 있었습니다. "솔직히 말해서 한국 교회가 없었다면, 교회에서 심리적 문제로 고통받는 분들을 감당해 주지 않았다면, 우리 정신과 의사들은 과로사 했을 거예요." 백스터의 조언을 읽다가 교수님의 이 고백이 떠올랐습니다.

즉, 우리는 하나님께서 우리에게 주신 모든 방법을 동원해야 합니다. 정신과 레지던트 시절, 입원 환자 중 한 분이 제 스승에게 이런 질문을 했습니다. "믿는 사람이 이렇게 정신과 약에 의지해도 될까요?" 그에 대한 저의 스승이신 은헌정 과장님의 대답은 이러했습니다. "아니요. 믿는 사람이니까 더 약을 성실히 드셔야지요. 이러한 약물들은 하나님께서 사람에게 지혜를 주셔서 개발된 것이랍니다. 하나님께서 당신이 만드신 창조 질서에 대한 지혜를 사람에게 주셔서 만든 것이지요. ○○님도 하나님께서 창조하셨잖아요. 그러니 ○○님이 이 약을 드시는 것은 ○○님을 창조하신 하나님에 대한 순종과 겸손의 표현이랍니다."

마지막으로 백스터가 몇 번 언급했던 귀신 들림에 관한 내용을 언급하고 감수의 글을 마치겠습니다. 정신과 레지던트 시절에 제가 경험했던 환자 이야기입니다.[7] 어떠한 이유로 뇌를 크게 다쳐 뇌 일부를 절제하신 분이셨습니다. 이런 경우, 신경외과에서 치료가 완료되면 신경정신과[8]로 옮겨 재활 치료를 받습니다. 다치시기 전부터 새

---

7 물론 나와 같이 근무했던 치료진들은 기억할 것이다. 그리고 당연히 내 동료였던 분들은 그 분이 누구인지 말하지 않을 것이다. 결과적으로 사람들은 환자분을 특정하지 못할 것이다. 또한, 벌써 20~30년 정도 지난 일이다. 당시 상당한 연세였던 환자분을 생각할 때, 이미 고인이 되셨을 것 같다. 그래도 환자에 대한 정보는 최대한 감추거나 변경해도 설명하는 데 문제가 없는 부분만 말씀드리겠다.

8 당시 내가 수련받던 의국은 '신경정신과'로 불렸다.

벽 기도에 나가시던 분이셨는데, 우리 신경정신과로 오신 후에도 식사 기도와 병원 내에 있던 예배실에서 열리는 모든 예배에 개근하셨습니다. 물론 너무 많은 부분의 뇌를 잘라 내신지라, 식사 기도하시는 소리를 옆에서 듣고 있으면 앞뒤가 맞지 않았습니다. 하지만 저는 알았습니다. 그분의 횡설수설하시는 기도 또한 하나님은 귀하게 받으셨다는 것을요.

그런데 어느 날부터인가 환자분이 식사 기도를 하지 않으셨습니다. 궁금했던 저는 옆에서 간병하시는 배우자께 언제부터 식사 기도를 하지 않으셨는지 물었습니다. 그때 배우자께서 한 가지 사실을 더 알려 주셨습니다. "선생님, 식사 기도만이 아니라 예배실에도 안 들어가려고 해요. 그리고 예배실 앞에 서서 자꾸 십자가를 보고 욕을 해요." 그 대화를 나눈 밤부터 환자는 잠을 자지 않고 이상한 괴성을 지르기 시작했습니다. 문제는 그 괴성에 정신과 병동의 다른 환자들의 상태가 나빠지는 것이었습니다. 정신과 환자의 경우, 다른 무엇보다도 먹고 자는 문제가 나빠지면 증상이 급격히 나빠집니다. 눈치가 보였던 배우자께서 환자를 데리고 밤마다 병실 밖으로 나가셨습니다. 그렇게 배우자까지 잠을 자지 못하게 되자 문제가 심각해졌습니다. 어떠한 약 처방도 소용이 없었습니다. '이 정도의 용량에서도?'라는 생각이 들 지경이었습니다. 하루 이틀도 아니고 간병하는 배우자를 위해서 다음 날 근무가 없는 날이면 제가 환자를 밤새 데리고 있었습니다.

그렇게 여러 날이 지나자, 저에게도 위기가 왔습니다. 사람은 잠을 자야 살 수 있으니까요. 이대로는 제가 죽겠다는 생각이 들었습니다. 뭔가 해결책을 찾아야 한다고 생각하던 중, 문득 '이 문제가 영적인 문제는 아닐까?'라는 생각이 들었습니다. 그래서 저는 배우자에게 제안했습니다. 같이 환자를 데리고 예배실 옆 기도실에 가서 환자를 붙들고 기도하자고 말이죠. 기도실 앞에까지는 순순히 따라온 환자는 기도실 앞에 이르자, 갑자기 들어가지 않겠다고 사납게 반응했습니다. 하지만 저와 배우자분에게는 매일 밤의 수면이 달린 문제였습니다. 그러한 이유로 저와 배우자분은 결사적으로 환자분을 잡아 기도실에 들여놓고 둘이 환자분을 잡고 기도했습니다. 정말이지, 그렇게 간절히 기도했던 적이 제 인생에 몇 번이나 있었는지….

그렇게 기도하고 나서 병실에 온 뒤 놀라운 일이 일어났습니다. 지난 한 달 가까이 잠깐씩은 졸았지만, 한숨도 자지 않았던 환자가 갑자기 코를 골면서 자는 것이었습니다. 그날 밤, 환자에게 약을 먹여야 하지 않냐는 간호사의 말에 배우자와 저는 동시에 손가락을 입에 대었습니다. 그날 이후 환자는 괴성을 지르지 않았습니다. 이전과 같이 식사 기도를 시작했습니다. 수면과 연관된 약물을 모두 끊고도 잘 주무시게 되었습니다. 문제는 그다음에 시작되었습니다. 아침에 저의 스승인 은헌정 과장님과 회진을 위해 병실에 들어갈 때마다 환자는 벌떡 일어나 저를 향해 90도로 허리를 굽혀 인사하며 이렇게 외쳤습니다. "목사님! 오셨어요?"

그날 이후, 귀신이 들렸다고 주장하는 환자들은 제 담당이 되었습니다. 그 과정에서 알게 된 사실은 이러합니다. 실제 귀신 들린 환자는 거의 없었습니다. 대부분은 '약물 저항성' 혹은 '난치성'이라는 진단명을 붙일 수 있는 환자였습니다. 결국, 약물 치료와 상담 치료로 대부분 환자가 회복되어 가정으로 복귀할 수 있었습니다. 당연히 퇴원 후에도 외래 치료를 성실히 한 경우, 다시 입원하는 일 또한 흔치 않았습니다.

나중에 한국누가회(CMF) 학사학원사역부 전임 간사가 된 뒤, 오랜 시간 노숙자 사역을 하던 의사로부터 귀신 들린 분들에 관한 이야기를 들었습니다. 집 없이 떠도는 분들 중, 적지 않은 분들에게서 고통받는 귀신 들림에 관해 들었습니다. 백스터는 이 책에서 귀신 들림에 관해 방금 제가 한 이야기와 같은 맥락의 이야기를 전해 줍니다.

이렇듯이, 4세기 전의 신앙의 선배가 우울증에 대해 들려주는 이야기와 조언은 참으로 놀랍습니다. 칼뱅이 말했듯이 우리는 '스스로 아는 존재'가 아닙니다. 동시에 '모르는 존재' 또한 아닙니다. 하나님께서 알려 주시면 눈에 보이지 않는 하나님도 알 수 있는 존재입니다. 과학과 의학이 발달하지 않았던 시대, 백스터에게 많은 것을 알려 주신 '하나님의 손'을 느끼게 해 주는 책이었습니다. 좋은 책을 소개해 주신 총신대학교 신학대학원 시절, 같은 반 학우였던 최원일 목사님께 감사한 마음을 전하며 감수의 글을 마칩니다. 감사합니다.

최관호 _ 정신건강의학과 전문의(M.D.)
한국누가회(CMF) 학사학원사역부 전임 간사
전주 열린문교회 파송 학원 선교사
총신대학교 신학대학원(M.Div.) 졸업

목차

서문

제임스. I. 패커

    앞으로 기술될 내용은 "세 겹 줄"로 이루어진 공동 작업의 결과물이다.[1] 목사이자 성경 교사인 제임스 패커 박사와 의사이자 정신의학 박사인 마이클 런디 두 사람은 그리스도인의 삶에 관한 빼어난 청교도 작가이자 『참된 목자』(*The Reformed Pastor*)로 가장 잘 알려진 리처드 백스터(1615-1691)에 대한 공통된 존경심으로 의기투합하여 함께 이 책을 작업하게 되었다. 목회자로서 백스터의 주된 관심사 중 하나는 우울증 치료였다. 백스터의 관심사에 공감한 런디 박사와 패커 박사는 우울증 환자를 위한 백스터의 작은 강론이 현대어 판으로 다시 출판된다면 오늘날 교회에서 우울증 환자를 목회적으로 돌보는 데 귀중한 자료가 되리

---

1 전 4:12. "세 겹줄은 쉽게 끊어지지 아니하느니라."

라 생각했다. 그 결과물로서 이 책이 출간되었다. 1부에서 백스터를 소개하는 1장은 패커 박사가 작성했다. 런디 박사는 1부의 2장을 집필했고, 2부에 있는 백스터의 글들을 편집 및 업데이트했다. 우리 두 명은 여기에 명시된 모든 내용을 지지한다.

우울증이란 무엇일까?

우울증은 우리가 다루는 핵심 주제이다. 그렇다면 우울증(depression)이란 무엇일까? 일반적으로 이 용어는 이전에 존재하던 에너지와 열의가 무엇이든 간에 아래쪽으로 압력을 가하여 짜내고 빼내는 것을 묘사한다고 할 수 있다. 한 세기가 넘는 동안 이 단어는 주로 심리적 의미로 사용되었다. 그리고 최근 사전에서는 우울증을 "극도의 낙담 상태, 또는 병적으로 과도한 우울 상태, 절망감과 무능력감, 종종 식욕 부진, 불면증 등의 신체적 증상이 동반되는 상태"로 정의한다.[2] 머잖아 우리 대부분은 이러한 현상을 어떤 형태로든 경험하게 될 것이다. 트라우마, 긴장, 과로 등으로 인해 일시적으로 경험할 수도 있고, 아마도 더러는 더 장기적이고 습관적이며 깊게 뿌리내린 형태로 경험할 수도 있다. 또한 북미 사람들의 3분의 2가 언젠가는 우울

---

2 *Canadian Oxford English Dictionary*, ed. Katherine Barber (Don Mills, ON: Oxford University Press, 1998), s.v.

증에 대한 치료가 필요하고, 치료를 받게 될 것이라는 예측이 있다. 이는 번잡하고 분주하며 시끄럽고 불협화음이 많은 우리 문화에서 점점 더 보편화되고 있는 현상이며, 앞으로도 계속 증가할 것으로 예상된다.

우울증에 걸리면 어떻게 될까? 일반적으로 말하자면 이러하다. 때로는 마음의 활동을 느리게 만들어서 생각이 멈추는 가상 마비의 지경에 이르기도 하고, 때로는 마음을 몰아붙여서 비생산적인 행위, 고착된 우울한 태도, 또는 치유될 수 없는 잘못으로 느껴지는 일에 대한 끊임없는 비난에 빠지기도 한다. 우울증에 걸린 사람은 다른 사람들, 심지어 가장 가깝고 소중한 사람들로부터도 고립되고 멀어지며, 지금까지 온전히 마음을 쏟았던 목표에서도 멀어진다고 느낀다. 기이한 행동이 나타나거나, 무작위적 혹은 부작위적인 태도를 보이거나, 집중력 높던 창의성이 사라지거나, 슬픔이 습관화될 수도 있다. 불안감, 열등감, 절망감이 발달하고 방어적인 비관주의가 자리를 잡는다. 다른 사람들의 쾌활한 모습에 화가 나기 때문에 완고하고 전투적인 사람으로 보일 수 있다. 일부 우울증은 주기적으로 양극성 기분 변화의 저점에서 지나친 자신감이 폭발하는 지점에 이르기도 하는데, 이러한 극단적인 증상을 완화하기 위한 약물 치료의 방법은 사람마다 다를 수 있다.

19세기 영국을 대표하는 위대한 복음주의 설교자 찰스 스펄전(Charles Spurgeon, 1834-1892)은 주기적인 우울증에 시달렸다. 딱히 원인이 없는 듯 보였지만, 그 영향력은 매우 컸다. 그는 이 싸움을 "안개와 싸우는 것 같다"라고 표현했다. "모양도 없고 정의할 수도 없지만, 모든 것을 캄캄하게 하는 절망"이 마음에서 사라질 때까지 기다려야 했다.[3] 중년의 윈스턴 처칠 (Winston Churchill, 1874-1965)의 '우울증(black dog)'도 이와 비슷했던 것 같다.[4]

성경에서 하나님이 사탄에게 욥을 시험하도록 허락하신 사건은 그에게 극심한 트라우마, 당혹감, 좌절감, 절망감, 비참함을 초래했다. 욥은 이 모든 고통을 모르는 척하는 친구들에게 날카로운 비판과 부정성을 드러내기도 했다. 이 모든 특성들은 각각의 아픔을 있는 그대로 지닌 채 우울증이라는 우산 아래로 함께 모여들었고, 이 질환의 전형적인 사례를 형성했다. 지난 100년 동안 우울증은 다양한 각도에서 집중적으로 연구되어 왔으며, 이를 다룬 책들도 많이 나왔다. 이들 대부분은 후기 기독교 시대의 세속적인 관점을 반영하고 있다. 하지만 우리의 관점

---

3 C. H. Spurgeon, "Lecture XI: The Minister's Fainting Fits," in *Lectures to My Students*, vol. 1, A Selection of Addresses Delivered to the Students of the Pastors' College, Metropolitan Tabernacle (New York: Sheldon, 1975), 263.

4 처칠의 '검은 개'에 관해 간단히 알아보려면, 다음을 참고하라. John H. Mather, "Winston Churchill and the 'Black Dog of Depression,'" *review of Churchill and the 'Black Dog' of Depression: Reassessing the Biographical Evidence of Psychological Disorder*, by Wilfred Attenborough, *The Churchill Project, Hillsdale College*, January 20, 2016, https://winstonchurchill.hillsdale.edu/winston-churchill-and-the-black-dog-of-depression-by-wilfred-attenborough/.

은 그것과 다소 다르다.

우리의 입장

우리를 포함한 모든 그리스도인의 궁극적 목표는 예수 그리스도께서 그의 제자들에게 보여 주신 도덕적 모범, 이를테면 인내, 온유, 신실, 자기 통제와 더불어 외향적 사랑, 안정, 기쁨 안에서[5] 있는 힘을 다해 살아가는 것이다. 우리는 그러한 삶을 진정한 인간적 풍요로 보고 있으며, 모든 형태의 목회적 돌봄, 교회 예배와 교제, 개인 치료, 그리스도인 가정생활에서 이러한 삶을 장려하는 것이 중심이 되어야 한다고 생각한다. 또 우리는 모든 형태의 우울증이 이러한 삶에 명백한 걸림돌이 되고, 여기에는 정기적인 사탄의 개입이 있다고 생각한다(고후 12:7 참고).[6]

우리는 하나님의 지혜 안에서 육체의 가시(정신적, 감정적 가시도 포함)가 다른 방법으로는 이루어질 수 없는 영적 성장의 수단이 될 수 있다고 믿는다. 그리고 우리는 우울증에 관한 이 문제에 대해, 지금까지 우리가 익숙하게 해 온 것보다 더 큰 지혜를 17세기 청교도 시대의 목회적 유산에서 찾을 수 있다고 믿

---

5 갈 5:22-23의 메아리는 우연이 아니다. "오직 성령의 열매는 사랑과 희락과 화평과 오래 참음과 자비와 양선과 충성과 온유와 절제니 이 같은 것을 금지할 법이 없느니라"
6 고후 12:7. "여러 계시를 받은 것이 지극히 크므로 너무 자만하지 않게 하시려고 내 육체에 가시 곧 사탄의 사자를 주셨으니 이는 나를 쳐서 너무 자만하지 않게 하려 하심이라."

는다. 리처드 백스터의 지혜는 이 분야에서 최고라 할 수 있다. 당시 "멜랑콜리(Melancholy)"라고 불렸으나 오늘날에는 "우울증(depression)"으로 분류되는 질환에 시달리는 그리스도인들을 위한 사역에 그는 최고의 권위자로 여겨졌으며 많은 이들에게 자문 요청을 받았다. 우리는 백스터가 이 분야에 관해 쓴 글을 소개함으로써, 오늘날 성경을 믿고 복음을 중심으로 그리스도를 경배하는 교회에서 지혜로운 목회를 해 나가는 데 기여할 수 있기를 소망한다.

이 책의 취지는 서론에 이어서 리처드 백스터의 강론 두 개와 부록의 짧은 글을 다시 세상에 내어놓는 것이다. 그리고 그의 지혜가 21세기에 어떻게 받아들여져 오늘의 사역을 위한 자원이 될 수 있는지를 보여 주는 것이다. 이 책 제3장 "우울증과 불안증을 앓는 그리스도인들에게 주는 조언"은 백스터의 『기독교 생활 지침』(A Christian Directory)에 있는 "자신들 생각에 우울증에 빠진 사람들에 대한 지침들"을, 제4장 "믿음으로 우울증과 극도의 슬픔을 해결하는 방법"은 백스터의 *The Cure of Melancholy and Overmuch Sorrow, by Faith*(믿음으로 우울증과 과도한 슬픔을 치료하는 방법)을 편집·개정한 버전이다. 그리고 부록인 백스터의 "의사의 의무"도 동일하게 『기독교 생활 지침』에 수록되어 있는 내용이다.

지난 100년 이상, 복음주의권에서 광범위하게 공유된 개념이 있다. 그것은, 예수 그리스도를 믿음으로 거듭나게 되면 반드시 영적으로 행복한 삶을 살게 된다는 개념이다. 곧, 끊임없는 쾌활함, 활기, 확신, 은혜의 하나님, 주권적인 삼위일체 하나님이 항상 적극적으로 내 편이 되어 주신다는 것을 앎으로 생기는 활력이다. 실제로 하나님은 그런 분이시고, 그러한 묘사는 매력적이고 행복하게 느껴진다. 하지만 무엇이 빠져 있는지 보라! 물론 주님 안에서 누리는 승리의 기쁨은 건강한 그리스도인의 삶의 특징이다. 그러나 그리스도인들도 다른 사람들과 마찬가지로 육체 안에 거하고, 그 육체를 경험하며 살아가는 존재이다. 육체는 때때로 기능을 상실하고 병들며 마모되어, 마침내는 죽음에 이른다. 또 영적인 잘못이 있든 없든, 육체적 요인은 어느 단계에서나 다양한 형태의 우울증을 불러올 수 있다. 과거에 어떤 사람들은 그리스도인의 우울증을 항상 불신앙이나 다른 중대한 죄의 징후로 진단하기까지 했다. 하지만 그것은 옳지 않다.

4세기 이상 동안 세계적인 베스트셀러 중 하나였던 존 버니언(John Bunyan, 1628-1688)의 『천로역정』은 정상적인 그리스도인의 삶에는 확신과 기쁨뿐만이 아니라, 마음과 삶 속에서 일어나는 죄와의 싸움, 환경으로부터 오는 유혹과의 싸움, 어리석은 실수와 실패로 인한 절망과의 싸움, 우울증을 유발하는 무력감이 촉발한 절망과의 싸움도 포함된다는 것을 일깨워 왔다. 버니언은 이 모든 것을 두려움 씨, 낙담 씨, 나약한 마음 씨, 멈출 준비 씨라는 캐릭터로 묘사한다. 오늘날 그리스도인들은 끊임없이 용서받는 것만으로 살아간다는 진리를 끊임없이 잊어버리고, 사탄이 신자들과 벌이는 끝없는 전쟁이라는 진리도 거의 중요하게 여기지 않고 있다. 따라서 일부 그리스도인들의 삶에서 반복적으로 나타나거나 지속적인 가시처럼 엉켜 있는 우울증의 현실은 종종 간과된다. 우리는 이 지점에서 도움이 필요한데, 현대 저자들의 평가에 따르면 리처드 백스터가 그런 도움을 줄 적임자임이 분명하다.

제1부

|

리처드 백스터에 관한 소개

01장

영혼의 의사, 리처드 백스터

제임스. I. 패커

인간 본성은 변하지 않지만, 시대와 계절은 변하기 마련이다. 모든 인간은 칭찬이든 비판이든 자신이나 자신을 회고하는 사람들이 인정하는 것보다 훨씬 더 큰 범위에서 그 시대의 자녀들이다. 이것은 아우구스티누스, 루터, 버니언, 휫필드, 웨슬리, 스펄전 등과 같은 과거의 위대한 기독교 전도자들에게도 명백한 사실이다. 마땅히 우리는 믿음 안에서 우리와 피를 나눈 그 형제들을 영웅으로 칭송한다. 하지만 그렇게 함으로써 우리는 그들이 속한 세계의 관점에서 그들을 제대로 바라보지 못한다. 리처드 백스터도 마찬가지이다. 그는 여러 면에서 당대를 초월하기도 했지만, 또 여지없이 자신이 속한 시대의 인물이었다. 따라서 우리는 그가 속한 역사와 문화에 관한 몇 가지 주요 사실을 언급함으로써 그에 관한 설명을 시작해야만 한다.

청교도주의

성인이 된 후 백스터는 경멸적인 의미로서 '청교도(Puritan)'라고 불렸지만, 그는 이 별명을 기꺼이 받아들였다. 그는 점점 더 자신을 "순전한 기독교인(meer Christian)"이라고 칭하였고, 모든 교파 교회와 그 신자들을 조심스럽게 친구처럼 대하면서도, 결코 어느 교회에도 완전히 헌신하지 않았다. 하지만 '청교도'라는 별명은 그가 때때로 참을성이 없고 무모한 급진적 개혁 운동에 연루되어 있다는 것을 의미했다. 이 운동은 엘리자베스 여왕의 통치가 시작된 이래로 잉글랜드에서 파문을 일으켰다.

청교도 운동은 정치적 진영과 목회적 진영 두 갈래로 발전했다. 정치적 진영은 여러 가지 방법으로 엘리자베스 시대의 결정을 급진화해야 한다고 주장했지만, 그들의 노력은 실패로 돌아갔다. 찰스 1세의 독재와 불신에 참을 수 없을 정도로 예민해진 혁명가들은 마침내 찰스 1세와 싸워 그를 처형하고서 영연방(the Commonwealth)을 세웠다. 하지만 연방은 선한 의도와는 달리 단명하고 말았다. 반면 목회 지향적인 청교도는 설교와 가르침, 소위 복음 전도에 헌신했다. 그들의 목표는 잉그랜드 전역을 생명의 원천인 성경과 개혁파 신앙(Reformed faith)으로 돌이키는 것이었다. 이 목적을 위해 그들은 교리 문답서와 설교집과 경건 서적을 꾸준히 출판했다. 이것은 백스터의 주된 사역 분야였다. 그는 정치적인 일에도 관여했다. 그러나 그의 주된 기여는 교훈적이고 경건한 자료들을 저술하는 청교도주의의 매우 탁월한 저술가 중의 한 사람으로서 활동한 것이다.

청교도 목회의 목적을 한마디로 표현한다면, 아우구스티누스적인 경건을 개혁파 브랜드로 만들어 이를 육성하는 것이다. 이 경건은 중생적 회심(그리스도에 대한 믿음, 하나님을 향한 회개, 칭의와 하나님의 가족에 입양된다는 확신, 성부와 성자께 예배하며 교제하는 것, 성령의 능력을 의지하여 하나님의 법에 날마다 순종하는 삶)으로 시작된다. 그러면 그리스도인의 삶은 가족과 교회와 사회에서 사랑과 봉사(선한 일)의 형태를 취하게 되며, 두 가지 관심사를 추구하는 양심의 감시를 받게 된다. 첫 번째 관심사는 의무를 분별하는 것, 즉 매일의 행동에 대해 성경에 계시된 하나님의 뜻을 구체적으로 분별하는 것이었다. 두 번째 관심사는 자기 점검 또는 자아 성찰, 즉 자신이 진정한 신자로 살고 있는지, 아니면 회중석에 앉아 있는 형식주의자에 불과한 '복음적 위선자'가 아닌지 확인하기 위해 정기적으로 자기 생각과 행동을 되돌아보는 일이었다.

청교도는 인생을 여러 가지 길이 교차하는 풍경으로 보았으며, 그중 가장 하나님을 영화롭게 하는 길을 항상 분별하고 따르는 것이 다른 사람과 자신에게 가장 현명한 최선의 일이라 생각했다. 결의론(Casuistry)은 청교도가 매번 이러한 선택을 내리기 위한 원리를 연구하는 학문이다. 세상과 육체, 마귀와의 갈등이 실제로 그러한 선택을 내리는 데 관여하는 것으로 이해되었다. 백스터는 이러한 모든 문제와 관련한 전문 교사였으며, 키더민스터(Kidderminster)의 성인 주민 2천 명 중 절반 정도가 그의 가르침을 받고서 청교도가 되었다.

백스터의 삶

리처드 백스터는 1615년부터 1691년까지 살았다. 그는 10대 후반부터 병약했지만, 정신력과 진취성은 절대 부족하지 않았다. 그는 군목으로서 내전을 경험했고, 도시 목회자로서 영연방을 경험했으며, 추방된 목사로서 왕정복고를 경험했다. 그뿐만 아니라 무허가 설교를 했다는 이유로 수년간 체포되는 것을 피해 살다가 끝내 2년간 투옥되는 박해를 당했다. 그리고 1689년 명예혁명 이후의 관용령을 통해 완전히 자유의 몸이 되어, 생애 마지막 2년 동안 마음껏 사역할 수 있었다.

백스터는 잉글랜드 서부 미들랜드(Midland)의 시골 슈롭셔(Shropshire)에서 태어나고 자랐으며, 17세기에 통용된 의미의

젠트리 계층, 즉 소규모 부동산 소유주의 아들이었다. 그의 아버지는 도박으로 많은 재산을 탕진한 후 독실한 그리스도인이 되었다. 어느 날 그는 문 앞의 행상인에게서 청교도 경건서인 리처드 십스의 *Bruised Reed and Smoking Flax*(상한 갈대와 꺼져 가는 심지, 1630)[1]를 샀고, 아들 리처드가 이 책을 읽었는데, 이 책은 리처드 백스터가 10대의 어느 시점에서 진지하게 기독교에 헌신하게 된 계기가 되었다.

그는 학교에서 뛰어난 성적을 거두었지만, 아버지의 반대로 대학 진학을 포기했다. 그러나 목회 사역을 자신이 가야 할 길로 결심했고, 1638년 목사 안수를 받았다. 목사로 일한 지 1년 만에 그는 '강사'(lecture, 보조 강설자, 사비를 지원받는 설교자)가 되어, 처음에는 슈롭셔의 브릿지노스(Shropshire's Bridgnorth)에서, 그다음에는 미들랜드의 직조업 마을인 키더민스터에서 사역했으며, 1647년부터는 담임 목사로 큰 성공을 거뒀다.

키가 크고 마른 체격에, 명석하고 친절했던 백스터는 재빠른 사고력의 소유자, 쉽고 유창한 연설가, 열정적인 설교자, 뛰어난 토론자이자, 다양한 주제에 관해 매우 빠르게 글을 쓰는 작가였다. 그는 이내 엄청난 다작(多作)으로 알려지게 되었다. 찰

---

1 최근 출간된 여러 판본 중 하나인, Richard Sibbes, *The Bruised Reed* (Edinburgh: Banner of Truth, 1998)를 보라. 역자 주: 한국에서는 다음과 같이 번역·출간되었다. 『꺼져 가는 심지와 상한 갈대의 회복(개정판)』, 전용호 옮김 (서울: 지평서원, 2009).

스 1세는 백스터를 알고 있었고, 그를 "글쟁이(scrib[b]ling Dick)"라고 불렀다. 그는 800페이지가 넘는 초대형 4부작 경건서 『성도의 영원한 안식』(The Saints' Everlasting Rest, 1650)으로 출간 첫발을 내디뎠고, 책은 순식간에 베스트셀러가 되어 출간 후 10년 동안 매년 재판을 거듭했다. 목회 기간에 그는 많은 주제에 대해 지속적으로 글을 썼으며, 1662년 통일령에 따라 잉글랜드 국교회 목사직에서 쫓겨난 후에는 글쓰기를 하나님께서 주신 왕국의 주요 임무로 여겼다. 따라서 생애 마지막 30년 동안 글쓰기에 천착하여 역사상 가장 방대한 양을 저술한 잉글랜드 신학 작가가 되었다.

목회적으로 가장 중요한 업적은 이미 시작된 교인 교육용 시리즈를 완성한 것으로서, 그 시리즈는 교인들이 성숙의 초보적 단계를 벗어나 그리스도인의 삶 전반에 걸쳐 개인적인 믿음과 헌신을 성취하도록 돕는 데 목적이 있었다. 일전에 어셔 대주교(Archbishop Usher)에게서 이 시리즈의 완성에 대한 격려를 받은 적도 있었기에, 백스터는 그 작업이 하나님의 명령이라고 생각하게 되었다. 이 시리즈의 제목은 최종 항목까지 다음과 같다.

The Right Method for a Settled Peace of Conscience and Spiritual Comfort (양심의 평화와 영적 위안을 얻기 위한 올바른 방법, 1653)

A Treatise of Conversion (회심에 관한 논문, 1657)

A Call to the Unconverted to Turn and Live (회심하지 않은 자들에게 돌이켜 살라는 부르심, 1658)[2]

Directions and Persuasions to a Sound Conviction (건전한 확신에 대한 지침과 설득, 1658)

The Crucifying of the World by the Cross of Christ (그리스도의 십자가로 세상을 못 박음, 1658)

Christian Unity (기독교 연합, 1659)

A Treatise of Self-Denial (자기 부인에 관한 논문, 1660)

The Vain Religion of the Formal Hypocrite Detected (드러난 형식적 위선자의 헛된 종교, 1660)

The Mischiefs of Self-Ignorance and the Benefits of Self-Acquaintance (자기 무지의 폐해와 자기 앎의 유익, 1662)

Now or Never (지금 아니면 절대, 1662)

A Saint or a Brute (성도인가 짐승인가, 1662)

The Divine Life (경건한 삶, 1664)

Directions for Weak, Distempered Christians (연약하고 방종한 그리스도인들을 위한 지침, 1669)

The Life of Faith (믿음의 삶, 1670)

---

2 역자 주: 국내 번역서는 다음과 같다. 『회심(개정판)』, 백금산 옮김 (서울: 지평서원, 2010); 『회심으로의 초대』, 박문재 옮김 (파주: CH북스, 2017); 『회개했는가』 배응준 옮김 (서울: 규장, 2008).

그리고 시리즈를 마무리할 계획이었던 *the family handbook*(가정 신앙 지침서)는 출판일인 1673년까지 다음과 같이 증보되었다. 책 전체 제목은 아래와 같다.

기독교 생활 지침

혹은
실천신학의 총체와 양심의 사례들

그리스도인에게 지식과 신앙을 사용하는 방법,
모든 도움과 수단을 개선하고 모든 의무를 수행하는 방법,
유혹을 극복하고 모든 죄를 피하거나 죽이는 방법을 가르치다.

총 네 영역

1. 그리스도인의 개인 윤리(또는 개인적 의무들)
2. 그리스도인의 가정 윤리(또는 가정의 의무들)
3. 그리스도인의 교회 윤리(또는 교회의 의무들)
4. 그리스도인의 사회 윤리
   (또는 우리의 통치자들과 이웃들에 대한 의무들)

(더스트 재킷이 없던 시절에는 작가가 책 내용에 대해 독자들이 알고 싶어 하는 모든 정보를 제목 페이지에 넣어야 했다.)[3]

범위, 규모, 분석 범위 면에서 백스터의 이 작품은 당대에는

---

3 편집자 주: 더스트 재킷(dust jacket)은 책에서 분리 가능한 외부 커버로서, 일반적으로 종이로 만들어지고 텍스트와 그림이 인쇄된다.

말할 것도 없이 독보적이었으며, 그 분량은 백만 단어가 훨씬 넘는다. 추방령 이후 몇 년 동안 백스터는 조직신학에 관한 두 권의 2절판[4] 책자(그중 한 권은 라틴어)와[5] 교회 문제에 관한 많은 소규모 저술도 출간했다. 그의 펜은 쉴 틈이 없었다.

1662년, 백스터는 밝고 강인한 젊은 귀족 여성 마가렛 찰튼 (Margaret Charlton)과 결혼했다. 마가렛은 똑똑하고 다소 예민한 성격이었으며, 내전으로 집을 잃은 후 백스터의 사역을 통해 구원의 확신을 얻었다. 그녀는 백스터보다 스물한 살이나 어렸고, 거의 백스터 나이의 절반이었다. 두 사람 모두 비교적 까다로운 사람들이었지만, 그들의 결혼 생활은 행복했고, 참으로 모범이 되었다. 이런 사실은 1681년 마가렛이 사망한 후 몇 주 이내에 백스터가 그녀의 삶에 대해 쓴 간략한 이야기에서 알 수 있다.[6] 두 사람은 런던 안팎에서 함께 살았고, 백스터는 그녀가 세상을 떠나고 10년 뒤에 그곳에서 생을 마감하였다.

1938년 청교도 목회자들을 '영혼의 의사'라고 처음 표현한 사람은 윌리엄 할러(William Haller, 1885-1974)였다.[7] 이 표현은 특히

---

4 편집자 주: 오늘날 대략 A3 용지 크기를 말함

5 역자 주: 영어로 된 신학 서적은 *Catholick Theologie: Plain, Pure, Peaceable, for Pacification of the Dogmatical Word-Warriors* (London: Robert White, 1675)이다. 라틴어 신학 서적은 *Methodus theologiae Christianae* (London : M. White & T. Snowden, 1681)이다. 두 작품 모두 https://www.prdl.org에서 확인할 수 있다.

6 Richard Baxter, *A Breviate of the Life of Margaret, the Daughter of Francis Charlton, of Apply in Shropshire, Esq., and Wife of Richard Baxter.* J. I. Packer의 요약판도 있다. *A Grief Sanctified: Through Sorrow to Eternal Hope* (Wheaton, IL: Crossway, 2002).

7 William Haller, *The Rise of Puritanism* (New York: Columbia University Press, 1938), chap. 1.

백스터에게 잘 어울린다. 그가 키더민스터에서 사역을 시작했을 때 그 마을에는 의사가 없었다. 백스터는 자격을 갖춘 의사를 구할 수 있을 때까지 의사 역할을 감당했다. 그는 병을 달고 살면서 많은 의학적 지식을 쌓았음이 분명하며, 그의 책임감은 그가 『기독교 생활 지침』에서 "의사의 의무"에 관해 쓴 내용과 일치했을 것이다.[8] 하지만 그는 목사로서 자신의 임무는 자신이 목양하는 교인들에게 끊임없이 다음과 같이 말하는 것이라고 늘 주장하였다. 자신과 마찬가지로, 성도들의 최고 사명 또한 자신들의 영혼을 돌보고, 하나님과 영원의 실재에 삶의 중심을 두고서 온전한 회심을 추구하고, 성경을 따라 그리스도의 온전한 제자가 되는 것을 추구하는 것이라고 말이다.

이를 위해 그는 하나님께서 주신 목회자가 두 가지 역할을 해야 한다고 보았다. 첫째, 성경적 가르침과 체계적인 교리 교육을 통해 계시된 진리를 가르치는 교사이자 멘토로서의 역할이다. 둘째, 필요에 따라 영적 건강을 진단하고 처방할 수 있는 영적 건강 전문가로서의 역할이다. 청교도들은 영적 장애란 어떤 형태로든 죄가 만들어 내는 모든 상태를 의미한다고 생각했다. 반면에 그들은 '영적 건강'을 사랑, 봉사, 그리스도와의 교제, 하나님과의 동행, 즉 한마디로 말해 '거룩함'과 동일시했다.

---

8 부록에 있는 마이클 런디가 정리한 업데이트된 버전의 "의사의 의무"를 보라.

그러므로 백스터는 사역의 처음부터 끝까지 이러한 목회 소명 의식을 어떤 식으로든 표현했다고 할 수 있으며, 그 대부분은 1655년 출간된 고전『참된 목자』에서 자신과 동료들을 위해 매우 생생한 언어로 표현해 놓았다.

제자 훈련을 위한 백스터의 기본 계획

『기독교 생활 지침』의 전반부에 대한 자세한 내용이 여기에 있다. 주제 분석에 관한 백스터의 재능은 개인의 영적 삶을 올바르게 수행하는 데 필요한 모든 것을 살펴보는 데 큰 도움이 된다. 이 개요는 걸작의 가치와 권위를 지니고 있으며, 영적 우울증을 분별하고 치료할 수 있는 기본 틀을 구성한다.

백스터는『기독교 생활 지침』을 여는 복음 전도 및 교리 문답 자료(백스터는 전체 작업을 교리 문답 교육의 모델로 생각하고 있음)에 이어서, "경건과 기독교의 본질을 담고 있는 신앙과 거룩한 삶"을 위한 17개의 "큰 지침"을 제시한다.[9] 축약된 목록은 다음과 같다.

1. 신앙과 경건의 본질, 근거, 이유, 질서에 대한 이해
2. 그리스도를 믿음으로 살아가는 방법

---

9 Richard Baxter, *A Christian Directory*, pt. 1, *Christian Ethics*, chap. 3 (title).

3. 성령님을 믿고 그분의 은혜로 사는 방법

4. 하나님에 관한 참되고 질서 있고 실천적인 지식

5. 우리의 주인이신 하나님에 대한 자기 물러섬에 관하여

6. 우리의 주권자요 왕이신 하나님께 복종함에 관하여

7. 우리의 스승이신 그리스도를 배우고 본받음

8. 우리의 의사요 구주이신 그리스도께서 우리를 고치시고 치유하시는 사역에 순종함

9. 그리스도 아래서 그리스도인의 전쟁에 관하여

10. 우리 주 그리스도의 종으로 사역하는 방법

11. 하나님을 우리 아버지와 최상의 행복과 목적으로서 사랑하기

12. 영혼과 몸, 모든 것으로 하나님을 절대적으로 신뢰하기

13. 우리 종교의 기질이 하나님과 거룩함에 대한 기쁨이 되기를

14. 우리의 위대한 시혜자(施惠者)이신 하나님께 드리는 감사에 관하여

15. 하나님께 영광을 돌리기 위하여

16. 천상의 마음을 위하여

17. 자기 부인을 위하여

이러한 일반적인 "큰 지침들" 다음에는 "경건에 가장 직접적

으로 반하는 큰 죄들"[10](불신앙, 마음의 완악함, 위선, 사람을 기쁘게 하는 것, 관능)에 대처하기 위한 구체적인 지침과 함께 생각과 혀, 정열과 감각을 다스리고 몇 가지 추가적인 형태의 자기 절제를 실천하기 위한 지침이 나온다. 그런 다음 가정과 교회에서 하나님을 섬기는 일에 관한 자세한 논의로 책을 마무리한다.

이 자료가 우리에게 중요한 이유는 다른 청교도와 마찬가지로 백스터는 자신이 목회하는 사람들, 즉 우울증에 걸린 사람들까지를 포함한 사람들이 얻기를 바랐던 삶의 질이 무엇인지를 보여 주기 때문이다. 현대의 문화는 우울증 환자가 사회에서 다시 원활하게 기능할 때 치유된 것으로 본다. 하지만 청교도들은 모든 인간이 죄라는 병에 걸린 것으로 보았으며, 그리스도를 알고 위에서 설명한 방식으로 사는 법을 배우기 전까지는 그 내면이 건강하지 않다고 보았다. 따라서 우울증과 구원에 대한 청교도의 조언은 하나로 합쳐졌다. (이에 대한 좋은 예는 앞서 언급된 백스터의 *The Right Method for a Settled Peace of Conscience and Spiritual Comfort*[양심의 평화와 영적 위안을 얻기 위한 올바른 방법]이다.)

백스터의 모든 실천적인 저술에는 세 가지 기본 관점이 스며들어 있으며, 각 관점은 그가 이해한 영적 행복에 대한 지침이

---

10 Baxter, *Christian Ethics*, chap. 4 (title).

된다.

첫 번째 관점은 **지성의 우월성**이다. 백스터는 모든 진리는 '이해'를 통해 영혼에 들어온다고 누누이 말한다. 모든 동기는 현실과 가능성을 숙고하면서 애정와 욕구를 불러일으키기 때문에 지성에서부터 시작된다. 중보자 그리스도와의 모든 교제도 그분의 영원한 사랑과 현재 부활하신 생명에 대한 지식과 함께 지성에서부터 시작된다. 모든 순종도 그분의 목적과 뜻에 관한 계시를 인식하는 지성에서부터 시작된다. 따라서 생각하라는 요청, 즉 하나님의 진리를 먼저는 머릿속에, 그리고 그다음 가슴에 새기라는 요청은 백스터의 기본 지침이다. 이런 생각 때문에 백스터는 책을 쓸 때 매우 교훈적이고 지적인 이해를 많이 요구하는 글을 썼는데, 그의 관점에서 이것은 꼭 필요한 것이었다. 무언가를 파악하고 이끌어야 하는 것은 '지성'이라는 것이다.

두 번째 관점은 **주님 앞에서 인간 삶의 통일성**이다. 하나님은 우리가 두 가지 위대한 계명을 동시에 이행하도록 창조하셨는데, 첫째는 『기독교 생활 지침』 1권에서 가르치는 것처럼 그의 삼위일체 존재 안에 계신 하나님 자신을 사랑하라는 것이며, 둘째는 2-4권에서 가정, 교회, 사회에서의 역할 책임에 관해 가르치는 것처럼 이웃을 내 몸과 같이 사랑하는 것이다. 여기서 이웃 사랑은 결국 자선의 한 형태이지만, 가정에서 시작해야 하는 것임을 명심해야 한다. 이것이 성경과 종교개혁의 강조점이다. 가정은 인류의 가장 기본적인 사회이며, 가정 안에서 배우자, 자녀, 종 등 이웃을 사랑하고 섬기는 법을 배우지 못한 사람은 교회와 다른 곳에서 아무리 열심히 다른 사람을 섬기려고 노력해도 위선자요 실패한 제자로 남을 수밖에 없다. 제일 중요한 것을 먼저 해야 한다!

세 번째 관점은 **영원 중심성**이다. 천국과 지옥은 실재하며, 인간 영혼의 위대함은 적어도 부분적으로는 우리가 이 두 목적지 중 한 곳에 영원히 거해야 한다는 사실에서 비롯된다. 인생의 목적은 믿음, 소망, 사랑 안에서 회심과 성화를 통해 천국으로 가는 길을 찾고 따르는 것이다. 따라서 백스터는 청중과 독자들에게 영원을 진지하게 받아들이고, 자주 생각하며, 하늘의 영광을 얻기 위해 달려가라고 간청한다. 오늘날 물질적이고 세속적인 생각을 가진 그리스도인들이 절실히 들어야 할 말씀을 분명히 전한 것이다. 따라서 앞서 언급한 경건 서적 『성도의 영원한 안식』은 1650년대에 폭발적 인기를 얻어 백스터를 유명하게 만들었고, 그 이후로도 그의 이름과 함께 이어져 내려왔다. 그 책은 이 주제를 매우 강조하여 다루고 있으며, 이후 그의 전도 및 목회적 저술에서도 이 주제를 놓치지 않았다.

우울증에 빠진 그리스도인을 위한 상담자

대체로 청교도에게 있어 복된 삶이란 경건한 삶이었고, 경건한 삶은 생각의 산물이었다. 그들은 하나님께서 그의 말씀으로 세우신 책무(의무)의 체계에 대해 생각하고, 그리스도인이 사는 삶의 방편인 피 값으로 산 용서와 용납에 대해 생각하며, 하나님의 은혜로운 약속에 대해 생각했다. 또 목적을 위한 수단에 대해 생각하고, 모든 피조물의 참된 목표인 하나님의 영광에 대해 생각했다. 따라서 행동과 관계에 대한 청교도의 가르침은 무엇보다도 사람들에게 생각하는(또는 그들이 자주 사용한 단어로는 '숙고하는') 법을 가르치는 것이다. 이를 더 명확히 말하자면, 창조와 그리스도를 통해 알려진 하나님의 진리와 은혜에 응답하여 어떻게 하나님을 섬기고 기쁘시게 할지 깊이 생각하는 것을 의미했다. 그러나 청교도가 분명히 보았듯이 이 지점에서 문제가 발생했다. 물론 청교도는 서구 세계의 거의 모든 사람들과 마찬가지로, 각각의 인간은 육체와 정신이 구분되어 있으나 일반적으로는 분리할 수 없는 정신물리학적 단위이며, 좋든 나쁘든 기능적으로 서로 영향을 미칠 수 있다는 것을 알고 있었다. 청교도는 육체적 요인이 어느 정도의 정신적 불균형을 초래하는 문제를 우울증(melancholy)이라고 불렀다. 진단은 다르지만, 우울증은 오늘날에도 여전히 우리에게 문젯거리로 남아 있다.

오늘날 '슬픔(sadness)'의 단순한 동의어로 쓰이는 **'멜랑콜리** (melancholy)'라는 단어는 17세기에는 의학 전문 용어였다. 그것은 '검은 담즙'을 의미하는 두 개의 그리스어 단어에서 유래했다. 인체에는 혈액, 점액, 황담즙, 흑담즙의 네 가지 '체액'이 서로 다른 비율로 포함되어 있다는 이론이었다. 이 중 어느 것이 우세한가에 따라서 각 사람의 기질(temperament, 당시의 또 다른 전문용어), 즉 행동과 성향이 결정되는데, 사람은 다혈질(혈기가 넘침, 즉 희망차고, 진취적이며, 과욕을 부리는 경향이 있음)일 수도 있고, 점액질(오싹할 정도로 냉정·냉담하며, 무기력함)일 수도 있고, 담즙질(성급하고, 공격적이며, 때로는 폭발적임)일 수도 있고, 우울질(우울하고, 비관적이며, 겁이 많고, 절망적이며, 파괴적인 환상에 사로잡히기 쉬움)일 수도 있다는 것이다.[11] 한동안 키더민스터의 아마추어 의사로 일할 수 있었던 백스터의 관찰력과 분석력은 그가 직접 관찰한 것과 목회적 상호 작용을 바탕으로 우울증을 보다 정밀하게 묘사할 수 있도록 해 주었다. 그가 내놓은 설명은 다음과 같이 요약할 수 있다.

백스터가 인식한 우울증은 정신물리학적 실재, 즉 "상상력

---

[11] 백스터가 이러한 견해를 고수하는 것은 그가 "사탄은 다른 사람보다 담즙질의 사람을 훨씬 더 쉽게 분노하게 만들 수 있고, 점액질의 육체적인 사람을 나태하게 만들며, 다혈질 또는 열정적인 사람을 욕정과 방탕에 빠지게 할 수 있고, 우울질의 사람을 신성 모독, 불신, 절망의 생각으로 훨씬 쉽게 유혹할 수 있다"라고 쓴 것에서 잘 드러난다. Baxter, *Christian Ethics*, chap. 6, "Directions for the Government of the Thoughts," title 5, "Directions to the Melancholy about Their Thoughts," no. 26.

의… 병든 광기"[12]로서, 신체에 이상이 있거나("비장에서 비롯된 슬픔")[13] 정신에 과부하 혹은 과도한 긴장이 가해졌을 수도 있고, 이 두 가지가 함께 작용해 발생할 수 있는 것이었다. 그 증상은 당시 문화에 널리 퍼져 있던 청교도 사상과 이상에 대한 왜곡으로 인식되는 경우가 많았다. 지옥에 대한 공포, 머리와 가슴에 폭동이 일어나는 것 같은 근거 없는 두려움, 환청이 들리고, 밝은 빛이 보이고, 무언가 만져지는 것 같은 망상, 신성 모독과 자살 충동을 느끼는 것 등이 포함되어 있었으며, 잦은 악몽도 흔한 증상이다.

우울증 환자는 특히나 자기 생각을 통제하지 못했다. 그들은 모든 일에 대해 절망을 멈추거나, 그리스도 안에서 감사와 기쁨의 훈련을 시작할 수도 없었으며, 자신의 절망이나 저주받았음을 확신하는 것 외에는 다른 것에 집중하지 못했다. 또한, 고독과 나태함을 키우면서, 몇 시간 아무 일도 하지 않은 채 시간을 보냈다. 그들은 다른 사람들이 자신을 이해하지 못한다고 주장했고, 자신은 전혀 아프지 않고 단지 현실적일 뿐이라고 주장했으며, 그들은 약을 먹는 문제에 있어서도 비뚤어진 고집을 부리곤 했다.

---

12 Baxter, "Directions to the Melancholy," introductory par.
13 Richard Baxter, *The Right Method for a Settled Peace of Conscience and Spiritual Comfort* (1653), direct. 2, no. 2.

목회자로서 백스터가 추천한 치료법은 우울증 환자들이 하나님의 구속의 사랑, 그리스도 안에서 거저 주시는 생명, 복음의 모든 지점에서 은혜의 위대함을 놓치지 않도록 하는 것이라고 요약할 수 있다. 기도와 묵상을 홀로 행하는 '은밀한 의무'로서 행하지 않고, 동료 그리스도인들과 함께 소리 내어 기도하며, 명랑한 기독교 공동체("신자들의 즐거움과 같은 즐거움은 없다")[14]를 조성하고, 게으름을 피하며, 유능한 의사, 분별력 있는 목회자, 다른 신실한 그리스도인 멘토와 친구들을 잘 활용하여 지원과 안내, 치료의 희망을 얻을 수 있도록 해야 한다고 했다.

평가에 앞서

우울 증세가 있는 그리스도인들을 위한 백스터의 사역을 평가하는 척도는 인간, 죄, 은혜에 대한 그의 관점에 우리가 얼마만큼 동의하는지에 달려 있다. 청교도 신학이 일반적으로 개혁파 신학이고, 개혁파 신학이 일반적으로 아우구스티누스의 신학이며, 아우구스티누스의 신학이 일반적으로 사도 바울과 사도 요한의 신학이라는 것에는 이견이 없다. 이는 성경을 권위 있고 변함없는 신적 진리로 보는 관점에 근거한다. 바울과 요한

---

14 Baxter, *Right Method for a Settled Peace*, direct. 2, no. 3.

은 모두 타락한 인간의 마음이 근본적으로 비뚤어져 있다는 점, 그리고 성령님께서 인간을 주 예수 그리스도를 믿는 구원의 믿음으로 인도하실 때 나타나는 내적 변화의 급진적인 특성을 강조했다. 또한 에스겔의 새 마음과 새 영에 대한 이미지(겔 36:26)에 따라서,[15] 바울은 이러한 변화를 "새로운 피조물"(고후 5:17)이라고 했고,[16] 요한은 예수님 자신과 마찬가지로 이를 "거듭남"(요일 2:29-3:9[17]; 요 3:3-12[18] 참고)이라고 묘사했다.

---

15 겔 36:26. "또 새 영을 너희 속에 두고 새 마음을 너희에게 주되 너희 육신에서 굳은 마음을 제거하고 부드러운 마음을 줄 것이며"

16 고후 5:17. "그런즉 누구든지 그리스도 안에 있으면 새로운 피조물이라 이전 것은 지나갔으니 보라 새것이 되었도다."

17 요일 2:29 - 3:9. "29 너희가 그가 의로우신 줄을 알면 의를 행하는 자마다 그에게서 난 줄을 알리라 1 보라 아버지께서 어떠한 사랑을 우리에게 베푸사 하나님의 자녀라 일컬음을 받게 하셨는가, 우리가 그러하도다. 그러므로 세상이 우리를 알지 못함은 그를 알지 못함이라 2 사랑하는 자들아 우리가 지금은 하나님의 자녀라. 장래에 어떻게 될지는 아직 나타나지 아니하였으나 그가 나타나시면 우리가 그와 같을 줄을 아는 것은 그의 참모습 그대로 볼 것이기 때문이니 3 주를 향하여 이 소망을 가진 자마다 그의 깨끗하심과 같이 자기를 깨끗하게 하느니라 4 죄를 짓는 자마다 불법을 행하나니 죄는 불법이라 5 그가 우리 죄를 없애려고 나타나신 것을 너희가 아나니 그에게는 죄가 없느니라 6 그 안에 거하는 자마다 범죄하지 아니하나니 범죄하는 자마다 그를 보지도 못하였고 그를 알지도 못하였느니라 7 자녀들아 아무도 너희를 미혹하지 못하게 하라 의를 행하는 자는 그의 의로우심과 같이 의롭고 8 죄를 짓는 자는 마귀에게 속하나니 마귀는 처음부터 범죄함이라. 하나님의 아들이 나타나신 것은 마귀의 일을 멸하려 하심이라 9 하나님께로부터 난 자마다 죄를 짓지 아니하나니 이는 하나님의 씨가 그의 속에 거함이요 그도 범죄하지 못하는 것은 하나님께로부터 났음이라."

18 요 3:3-12. "3 예수께서 대답하여 이르시되 진실로 진실로 네게 이르노니 사람이 거듭나지 아니하면 하나님의 나라를 볼 수 없느니라 4 니고데모가 이르되 사람이 늙으면 어떻게 날 수 있사옵나이까 두 번째 모태에 들어갔다가 날 수 있사옵나이까 5 예수께서 대답하시되 진실로 진실로 네게 이르노니 사람이 물과 성령으로 나지 아니하면 하나님의 나라에 들어갈 수 없느니라 6 육으로 난 것은 육이요 영으로 난 것은 영이니 7 내가 네게 거듭나야 하겠다 하는 말을 놀랍게 여기지 말라 8 바람이 임의로 불매 네가 그 소리는 들어도 어디서 와서 어디로 가는지 알지 못하나니 성령으로 난 사람도 다 그러하니라 9 니고데모가 대답하여 이르되 어찌 그러한 일이 있을 수 있나이까 10 예수께서 그에게 대답하여 이르시되 너는 이스라엘의 선생으로서 이러한 것들을 알지 못하느냐 11 진실로 진실로 네게 이르노니 우리는 아는 것을 말하고 본 것을 증언하노라 그러나 너희가 우리의 증언을 받지 아니하는도다 12 내가 땅의 일을 말하여도 너희가 믿지 아니하거든 하물며 하늘의 일을 말하면 어떻게 믿겠느냐."

대체로 청교도 목회자들은 백스터와 마찬가지로 모든 사람이 마음속 깊이 죄, 즉 반항적이고 반(反)신앙적인 교만과 자기중심주의에 사로잡혀 있다고 보았다. 그들은 죄인들에게 구주 예수 그리스도에 관한 진리와 부활하셔서 살아 계시며 현존하는 주님이신 그리스도의 실체를 제시하고, 은혜의 기쁜 소식에 반응하도록 촉구하며, 신실한 반응자들을 주님을 향한 온전한 제자도로 훈련시켜 영광으로 인도하는 것을 자신들의 사역으로 삼았다.

백스터의 책 『참된 목자』는 이러한 사역이 그에게 개인적으로 어떤 의미였는지를 보여 주고 있다. 버니언의 『천로역정』의 2부에서 큰마음 씨(Mr. Great-heart)는 그것을 가장 광범위한 용어로 간략하게 정리한다. 우리가 우울증(depression)이라고 칭하고 백스터도 우울증(melancholy)이라 칭했던 병은 비합리성, 망상, 나태함, 절망의 어둠이 복합적으로 작용하여, 그것의 희생자들이 복음이 요구하는 소망과 기쁨과 사랑과 함께, 사려 깊고 지각력 있고 결단력 있게 그리스도에게 헌신하지 못하게 만든다. 따라서 백스터가 우울증 치료를 목회자의 주요 임무 중 하나로 여기고, 그 치료법으로 기독교 경건 훈련 방법을 변형하여 처방했다는 것은 매우 당연한 일이라고 할 수 있다.

그러나 오늘날 서구의 우울증에 대한 접근 방식은 백스터와 그의 청교도 동료들의 우울증에 대한 접근 방식과는 그 맥을 달리한다. 우선, 역사적 기독교 공동체의 개념은 세속적이고 실용적인 현세적 사고방식으로 대체되었다. 이 사고방식은 모든 사람의 올바른 목표는 어떤 삶의 방식을 선택하든 고통 없이 잘 사회화되고 자아를 충족시키는 기능적 효율성이라는 것을 당연하게 여긴다. 이제 우울증은 더 이상 왜곡되거나 잘못된 인간 본성의 특정 장애로 보지 않고, 신체 질환과 동등한 수준의 현상, 즉 인간 시스템에 내장된 기관이나 과정의 기능 장애로 간주된다. 임상적 우울증은 삶에 대한 노력, 성취, 만족을 부정하고 그 자리에 불만과 절망을 불러일으키는 우울과 슬픔이 확산된 상태를 일컫는 용어이다. 오늘날 우울증은 공황 장애, 조현병 및 양극성 장애의 일부 측면과 연결되어 있으며, 이는 적절한 약물로 완화할 수 있는 질환으로 인식되고 있다.

지금까지는 의심할 여지없이 사실이다. 내가 하고 싶은 말은 그리스도인이 우울증을 겪는다고 했을 때, 이것이 이야기의 전부가 아니라는 것이다. 왜냐하면, 그러한 우울증은 일반적으로 인간 본성 자체가 타락했다는 증거로 여겨지지 않으며, 교회 목사나 기독교 단체 지도자들이 어떤 식으로든 다룰 자격이 있는 현실도 아니기 때문이다. 우울증을 앓는 사람들은 의료, 치료, 지원 전문가들에게 안내되어야 하며, 이 전문가들은 필요한 경우 체계적인 상담과 연계된 항우울제를 통해 슬픔에 억눌린 환자가 합리적이고 쾌활한 활동으로 가득 찬 삶을 회복하는 데 성공할 것으로 기대한다. 이러한 진단과 치료의 세계에서 모든 형태의 종교는 일반적으로 균형을 잃은 기이한 것으로 의심을 받는다. 특히 기독교 목사들은 때로는 노골적으로 진단과 치료 단계에 접근하지 말라는 요구를 받기도 한다.

확실히 우울증 치료의 현대적 발전은 일정한 한계 내에서 얻는 이득도 있는 반면에 손실도 있는 것 같다. 개혁주의, 청교도, 복음주의 전통의 목회자들은 십자가에 못 박히시고 영광을 받으신 예수 그리스도에 대한 진리를 계속 가르치며, 성령님께서 죄책감과 죄의 권세로부터 구원을 찾는 사람들의 삶에 도덕적-영적 변화를 일으키시는 사역에 동참하는 것을 자기 사역으로 여긴다. 이런 식으로 사람들을 섬기는 목회자들은 우울증에 직면했을 때 백스터가 보여 준 생각의 일부라도 그 상황에 적용하고 싶을 것이다. 그렇다면 복된 삶의 한 요소로서 종교를 배제하지 않는 정신건강의학과 의사들과 목회자들 사이에는 동역의 형태가 필요하지 않겠는가? 이 질문은 더 많은 논의가 필요하다. 그러나 지금은 한 발 물러서서 백스터가 직접 말하도록 해야겠다.

'우울증에 걸린 사람들을 위한 지침'과 '우울증의 치료'

1662년 통일령에 따라 목사직을 박탈당한 백스터는 런던 혹은 그 근처에서 조용히 살면서 여러 영적 장애에 대한 상담가로 명성을 얻었다. 우울증도 그 명성을 얻게 만든 주제 중 하나였다. 목회자가 다루어야 할 여러 문제를 주제별로 성경 본문에 근거해 강의식 설교를 시리즈로 하되, 각 주제를 비국교도 목사가 배분하고 모든 설교를 출판하기로 계획했을 때 백스터가 설교해야 할 주제로 주어진 것은 "우울함과 지나친 슬픔에 대한 최선의 치료제는 무엇인가?"라는 질문이었다. 그리고 성경 본문은 "지나친 슬픔"(overmuch sorrow, KJV)이라는 표현이 들어 있는 고린도후서 2장 7절 말씀이었는데, 이는 결코 놀라운 일이 아니었다. 백스터는 항상 자신이 염두에 둔 주제에 대해 자신이 알고 있는 모든 것을 간략하게나마 말하려고 노력하는 논문형 사고방식을 가진 사람이었으며, 여기서 그는 다양한 형태의 우울증에 대한 목회적 치료에 관하여 자신이 알고 있는 모든 것을 설명할 기회를 얻었다.

백스터는 이전에 두 번 (*The Right Method for a Settled Peace of Conscience and Spiritual Comfort* [양심의 평화와 영적 위안을 얻기 위한 올바른 방법]의 두 번째 '지침'에서, 그리고 그의 『기독교 생활 지침』에 있는 "자신들 생각에 우울증에 빠진 사람들에 대한 지침들"에서 - 본서 제3장에서는 "우울증과 불안증을 앓는 그리스도인들에게 주는 조언"으로 번역됨) 우울증을 영적 기능 장애로 간주하고서 설명했다. 그는 "믿음으로 우울증과 과도한 슬픔을 치유하는 법"(본서 제4장에서 "믿음으로 우울증과 극도의 슬픔을 해결하는 방법"으로 번역됨)에서 이를 믿음, 소망, 기쁨, 사랑을 가로막는 장애물로 설명한다. 그리고 우울증을 "지나친 슬픔"의 한 형태로 맥락화하면서, 성경이 제공하는 교정적이고 잠재적으로 치유적인 목회 사역의 모든 기초를 다루기 위해 노력한다.

2장

리처드 백스터의 관점과 회고

마이클 S. 런디(의학 박사)

이 책에 재현된 작품은 350여 년 전 리처드 백스터가 사람들을 열정적이고 지속적이며 실제적으로 돌보았던 수십 년의 시간이 녹아 있다. 백스터는 깨달은 것을 기록하기 위해 펜과 잉크를 가지고 많은 노력을 기울였다. 그는 매우 훌륭한 사람이었다.[1]

리처드 백스터 목사의 전기는 여러 권이 있으며,[2] 그중에 자신의 자서전적 저술도 있다.[3] 현재 이 작업에 참여하고 있는 내

1　다음 분들께 감사드린다. 백스터의 『기독교 생활 지침』을 처음 개정할 때 의견을 제시해 준 리건 던컨(Ligon Duncan) 박사와 J. I. 패커 박사, 능숙하고 절충적인 나의 편집자 톰 노타로(Thom Notaro), 그리고 무엇보다도 원본에서 많은 자료를 필사하고, 내가 수정한 여러 부분을 주의 깊게 인내심을 가지고서 읽고, 다시 읽고, 유용하게 의견을 제시해 주었으며, 언제나처럼 변함없이 든든한 지원군임을 증명해 준 아내 로빈 W. 런디(Robin W. Lundy)에게 감사를 드린다.

2　사려 깊고 공감할 수 있는 전기(傳記)는 온라인에서 찾을 수 있다.

3　Richard Baxter and J. I. Packer, *A Grief Sanctified: Passing through Grief to Peace and Joy* (Ann

동료이자 형님(패커 박사)은 백스터에 관한 진정한 현대적 권위자이다. 또한, 패커 박사의 원저는 백스터와 그의 많은 저명한 17세기 동료들을 배치하고 평가하는 데 가장 적절한 맥락을 제공한다.[4]

몸과 영혼의 목자

백스터는 이중적인 삶을 살았다. 이 이중성은 표리부동하다는 의미가 아니라 기능적인 측면에서 그러하다는 것이다. 첫 두 장의 소개는 이러한 이중성을 반영한다. 당시에는 충분히 허용되었고, 또 드문 일이 아니었기 때문에, 백스터는 안수받은 목사였지만 필요에 따라 비전문 의사로서 활동하기도 했다. 따라서 패커 박사와 나 역시 각자의 전문적 자격이나 경험적 측면에서만이 아니라 비전문 상담가(패커)와 비전문 신학자(런디)의 관점에서도 글을 썼다.

이러한 구별과 단서를 소개해야 하는 것은 의학과 신학 모두

Arbor, MI: Vine, 1998). 역자 주: 이 책은 백스터가 그의 아내 마가렛 백스터(Margaret Baxter, 1636 – 1681)를 먼저 떠나보내며 쓴 작품을 패커 박사가 요약하고 현대 영어로 출간한 책이다.

4 J. I. Packer, *A Quest for Godliness: The Puritan Vision of the Christian Life* (Wheaton, IL: Crossway, 1990); *The Redemption and Restoration of Man in the Thought of Richard Baxter* (Vancouver: Regent College Publishing, 2003)를 보라. 역자 주: 첫 번째 책은 한국어로 번역 출간되었다. 『청교도 사상(개정판)』, 박영호 옮김 (서울: CLC, 2016). 두 번째 책은 패커의 박사 학위 논문을 수정 보완하여 출간한 책이다.

전문화가 진행됨으로써 각각의 분야가 사실 어떤 면에서는 더 빈곤하게 되었음을 시사한다. 수년에 걸쳐 각자 독립적이지만 유사한 관심사를 가져온 우리는 종종 협력하여 (우리가 말하는) 몸과 영혼, 의료와 목회, 신학과 심리학의 불필요하고 근거 없는 구분을 줄이기 위해 노력하고 있다.[5] 임상(the clinical)과 목회(the pastoral)를 분리하는 것이 무조건 좋은 일은 아니다. 백스터 시대 이후로 의학의 발전은 엄청났지만, 의료 행위에서의 많은 근본적 측면은 변하지 않았고, 앞으로도 변하지 않아야 한다.

몸과 영혼에 대한 환원주의적 개념화는 새로운 것이 아니다. 그리고 항상 부적절한 것은 아니지만, 선의의 시도에도 불구하고 항상 실질적인 명확성을 가져다주는 것은 아니다. 몸과 영혼의 개념을 단순화하려는 노력은 고대로 거슬러 올라가는데, 이로 인해 각각의 본질과 돌봄에 대한 혼란이 생겼다. 이러한 개념적 혼란을 바로잡기 위한 노력으로 '통합 의학(integrative medicine)', '전인적 치료(holistic care)' 등의 용어가 생겨났다. 이러한 노력은 완전히 최근의 일은 아니다. 내가 갑작스레 그것들을 소개하게 된 것은 훌륭한 의사들이 영혼을 다루지 않고 육체만 치료하려고 할 때 어떤 일이 벌어지는지를 극명하게 보여 주는

---

5 "머리와 몸의 나머지 부분을 '구별(distingushing)'하는 것과 이 둘을 '구분(separating)'하는 것은 완전히 다른 문제이다"라는 말이 있다. 이처럼 구별은 설명하는 것과 실행하는 것의 차이이므로, 우리는 사람을 치료할 때 비슷한 주의를 기울여야 하며, 영혼과 몸, 정신과 물질을 '구분'하지 않고 '구별'해야 한다.

사례에서 비롯되었다.

나는 툴레인 대학교(Tulane University)의 의대생이었다. 전날 밤 한 환자가 병원 응급의학과에 입원했다. 비교적 젊은 환자의 진료에는 내과 인턴과 레지던트 의사가 참여했다. 이 환자는 가슴을 짓누르는 듯한 심한 흉통으로 응급실에 왔기 때문에 즉시 혈관 조영술(angiogram), 곧 심장 카테터 삽입술(heart catheterization)을 위해 대기열 맨 앞줄로 이동했다. 의심되는 진단은 심장 혈관이 좁아져 발생하는 '불안정 협심증(unstable angina)'이었고, 이 환자는 당시 유일한 치료법이라고 여겨진 '응급 관상동맥 우회술(emergency cardiac bypass surgery)'을 즉시 시행하지 않으면 심근경색증(myocardial infarction), 곧 '심장 마비(heart attack)'를 일으킬 위험 직전에 처한 상황이었다. 혈관 조영술은 외과의에게 어떤 혈관이 얼마나 심하게 막혔는지 알려 주는 해부학적 지도(anatomical map)를 제공하는 데 필수적이었다. 하나 이상의 혈관이 막힌 것은 당연한 것으로 받아들여졌고, 서둘러야 할 필요성도 똑같이 자명해 보였을 것이다.

안타깝게도, 전문의와 그의 인턴은 심혈관 조영술을 시행한 결과 혈관 협착이 전혀 보이지 않았다. 예상했던 심장 질환의 방사선 증거가 전혀 없었던 것이다. 이는 실제로 고려되었던 유일한 종류의 심장 질환이었다. 환자의 고통은 "오컴의 면도날(Occam's razor)"로 알려진 유용한 원리를 잘못 적용함으로써, 단순한 심장 질환의 징후로 판단되었던 것이다. 가능한 원인 목록을 너무 일찍 제한하여 다른 근본 원인을 제대로 고려하지 못했고, 더 나아가 식별하지 못했다는 점에서 잘못 적용되었다.[6]

의학 박사 조지 E. 버치(George E. Burch)라는 사람이 있다.[7] 툴레인 대학의 전 의과대 학장이자 미국 심장 학술지(*American Heart Journal*)의 이전 편집자였던 버치 박사는 당시 명예 의대 교수였으며, 연구실에서 전공의, 인턴, 의대생들을 지도하는 데 시간을 보냈다. 보통 버치 박사는 전공의들의 능력을 믿고 그들을 엄격하게 관리·감독하지는 않았다. 그는 이러한 신뢰가 임상적 성실함과 지적 엄격함으로 보답되기를 기대했다. 그러나 인턴과 전공의는 이 응급 상황에 걸맞게 부지런하고 신속하게 대응했지만, 이런저런 이유로 완전한 임상 상황을 파악하지는 못했다.

(당시와 마찬가지로 상당한 위험을 수반하는 시술인) 심장 카테터 삽입술을 막 시술받은 환자는 이제 증상이 없어졌고, 침대에 앉아 주치의에게 새로운 입원 환자를 소개하는 형식적 절차인 '아침 회진(morning rounds)'을 기다렸다. 버치 박사는 환자의 현재 증상

---

6 "오컴의 면도날"은 경쟁적인 설명 중 가장 간단한 설명이 가장 바람직하다고 주장하는 원칙이다. 즉, 가정이 가장 적은 설명이 가장 바람직하다는 것이다. 오컴의 면도날과 과잉 결정론을 간략히 살펴보더라도 원인과 결과 사이의 신뢰성을 확인하는 작업이 얼마나 복잡한 일인지를 쉽게 알 수 있다. 이 작업은 인식론이라는 철학 분야에서 접하는 어려운 문제 중 하나이다.
7 1910-1986.

과 특이한 과거 병력에 대해서는 제대로 브리핑을 받았지만, 카테터 삽입술에 대해서는 듣지 못했다. 그는 침대 옆에 의자를 끌고 와서 전공의, 인턴 그리고 자신의 진료에 딸린 두 명의 의과 대학생이 함께한 가운데 몇 분 동안 환자와 면담했다. 나는 그중 한 사람이 되는 특권을 누렸다. 그는 환자가 응급실에 도착했을 때 받았을 수도 있는 질문을 중심으로 환자의 병력을 자세히 조사했다.[8]

이 환자는 30대 후반의 여성으로 관상동맥 질환의 뚜렷한 위험 인자가 전혀 없었다. 그러나 현재 나타나는 증상은 전형적인 협심증(classic angina, 심장 허혈로 인한 가슴 통증: 관상동맥을 통해 흐르는 혈류의 감소로 인한 산소 부족)과 다를 바 없었다. 버치 박사가 밝혀낸 병력은 심장 카테터 삽입술로는 설명할 수 없는 환자의 가슴 통증에 대한 원인을 파악할 수 있게 해 주었다. 성경에서 나올 법한 드라마 같은 이야기가 우리 귀에 펼쳐졌다.

이 젊은 여성은 장성한 세 아들의 어머니였다. 한 아들이 최근에 동생을 살해했는데, 아마 사형까지는 아니더라도 종신형을 선고받았을 것이다. 첫째 아들의 행동에 격분한 셋째 아들은 실제로 **그의 형**을 살해할 계획을 세웠고, 그로 인해 투옥되어 처형될 뻔했다. 그래서 막 한 아들이 다른 아들의 손에 의해

---

8 공평하게 보자면, 이 환자는 응급실에서 불편한 증상이 극심해 적절한 병력을 기록할 수 없었을 수도 있다.

죽는 고통을 겪은 이 어머니는, 남아 있는 두 아들을 모두 잃게 될 수도 있다는 현실적인 전망에 직면했고, 자기에게는 이 재앙의 확장을 막을 힘이 없다고 느꼈다. 이것은 실제로 심장 질환의 증상인 '상심(broken heart)'이었다.[9] 노련한 선임 의사가 3~4분 만에 입수한 이 이야기는 정확한 진단을 제공했을 뿐만 아니라 적절한 치료법, 즉 심장 관상동맥 우회술보다 훨씬 더 복잡하지만, 훨씬 덜 위험한 치료법을 제시해 주었다.

이 환자는 어떻게 그러한 오진과 잘못된 치료를 받았을까? 환자의 몸과 영혼을 구분하여 치료하려 했던, 전적으로 진지했지만 잘못된 접근 방식은 두 사람 모두를 위험에 빠뜨렸다. 그러한 잘못된 결정은 혈관 조영술의 결과로 환자를 사망에 이르게 하고, 남은 아들들을 살인과 사형 집행으로 죽음에 이르게 할 수도 있었다. 그러나 일부 전공의 의사들이 케케묵고 시대에 뒤떨어졌다고 무시하던 한 선배 의사가 5분도 안 되는 시간을 잘 투자해 세 사람의 생명을 모두 구할 수 있었다.

버치 박사의 간단한 문진을 통해 드러난 강렬한 드라마가 내 마음속에 지울 수 없이 각인되었다. 그 이후로 나는 이원론과 환

---

9 그 이후로 환자의 증상에 대한 실제 진단과 생리학적 설명이 밝혀졌다. 즉, 스트레스성 심장병(stress cardiomyopathy) 또는 더 정확하게는 '상심 증후군(broken heart syndrome)'이라고도 알려진 '타코츠보 심근증(Takotsubo cardiomyopathy)'이다.

원주의의 함정을 항상 피했다고 말할 수 있으면 좋겠지만, 그러지는 못했다. 대부분의 의사 동료들도 마찬가지이다. 오히려 기술의 발전, 환자와 대화하는 시간의 감소로 인해 환원주의적 이원론의 매력은 더욱 커졌다. 아이러니하게도 이러한 현상은 다양한 명칭으로 불리는 전인 의학(holistic medicine)에 대한 관심에도 불구하고 발생했다. 사실, 전인적 진료를 위한 노력은 바쁜 주치의에게 시간이 많이 소요되는 또 하나의 문서화 요구 사항 및 체크해야 할 또 하나의 항목이 될 수 있다. 질문을 적게 하면서 까다로운 문제를 해결하려는 선의의 노력의 의도치 않은 결과는 "문제의 주요 원인이 해결책이다"[10]라는 격언을 보여 준다.

버치 박사의 가르침 덕분에 나는 통합 치료의 고유한 장점을 놓치지 않게 되었고, 이후로 여러 가지 자가 치료법을 비롯한 모호한 접근법을 선전하는 마케팅 전략에 경각심을 갖게 되었다. 임상 의학 분야에 광범위한 영향을 미치며 때로는 논란의 여지가 있기도 한, 조지 버치 박사의 유능하고 친밀하며 놀라울 정도로 상세한 내용으로 가득 찬 전기(傳記)가 출간되었다.[11] 나는 이 한 가지 잊을 수 없는 교훈, 즉 우리 각 사람은 생리학, 신경 화학 또는 심리학적 공식으로 설명할 수 있는 것보다 훨씬

---

10 오랜 기간 CBS 뉴스 기자로 활동한 에릭 세바레이드(Eric Sevareid)의 글이다.
11 Vivian Burch Martin, *The Celestial Society: A Life of Medicine* (Bloomington, IN: Xlibris, 2010).

더 복잡하다는 말로써 이미 관대하게 언급한 내용을 제한하겠다. 매우 복잡한 우리의 생리학, 신경 화학 및 심리학은 모두 영혼에 의해 큰 영향을 받으며, 마찬가지로 우리의 영혼도 그것들의 영향을 받는다.

백스터는 영혼의 돌봄과 몸의 돌봄이 한 사람의 구별할 수 없는 구성 요소는 아니지만, 마치 그것들을 나눠 놓을 수는 없다는 듯 서술했다. 이것은 현대 의학에서 자주 언급되는 목표이며, 더 이상 언급하는 것이 지루할 정도로 많이 언급되고 기록된 내용이다. 하지만 백스터는 한 가지 특이점이 있었다. 그는 실제로 사람의 나누어진 두 부분을 통합하려고 한 것이 아니라, 영혼과 몸을 명확하게 한 사람으로 본 것이다. 그의 글과 조언은 이를 반영한다.

중세 이후이지만 여전히 근대 이전 시대의 형이상학자로서 백스터는 포스트모던 시대의 인간이 여전히 파악하려고 애쓰는 것을 작동적 측면에서 '이해'했다. 백스터에게서 몸과 영혼 사이에 갈등은 없었다. 하지만 몸과 영혼 사이에 실제적이고 실질적인 **긴장** 혹은 불균형이 종종 존재한다는 사실에는 이의를 제기하지 않았다. 하지만 형이상학자인 백스터의 사고와 실천에서 몸 없는 영혼이나 영혼 없이 살아 있는 몸과의 만남은 명시적으로나, 암묵적으로나 이질적이었음을 알 수 있다. 동시에 그는 당시 환자들이 몸보다 영혼을 강조하거나, 더러는 영혼보다 몸을 강조하는 경향이 있음을 잘 알고 있었다. 따라서 백스터의 조언은 고대로부터 이어져 오는 이 경향에 대한 직접적이고 효과적인 교정이다. 이렇게 영혼이나 몸 어느 한쪽을 강조하는 경향은 오늘날까지 계속되고 있으며, 여전히 대응해야 할 필요가 있다.

17세기 청교도

백스터를 소개하는 것은 즐거우면서도 또한 어색한 일이다. 두 가지 측면에서 어색하다. 첫째, 백스터는 청교도였는데, 청교도 운동에 익숙하지 않은 사람에게 청교도를 소개하는 것은 여전히 어렵기 때문이다. 내가 청교도 목사로서의 백스터를 언급하면 종종 "뭐라고?"라는 반응이 일어났다. 이러한 당혹감은 백스터가 17세기 잉글랜드, 즉 극심한 혼란의 시대와 장소에서 살면서 글을 썼다는 사실을 인식하는 것보다 앞서 나타나는 현상이다. 그리스도인과 비그리스도인 모두에게 받아들여진 청교도에 대한 부당한 풍자는 철저하게 반박되어 왔으나,[12] 그리스도인의 삶에 대한 청교도적 비전에 공감하지 않는 사람들은 이

---

[12] 청교도에 대한 역사적 관점을 복원하는 선구적인 작업을 수행한 사람은 페리 밀러(Perry Miller, 1905–1963)이다. Perry Miller, *The New England Mind: The Seventeenth Century* (Boston: Beacon, 1961). 또한 Leland Ryken, *Worldly Saints: The Puritans as They Really Were* (Grand Rapids, MI: Zondervan, 1986), 한국어 번역본으로는 리랜드 라이큰, 『청교도 이 세상의 성자』, 김성웅 옮김 (서울: 생명의 말씀사, 2014)를 보라.

러한 반박을 부지런히도 무시해 왔다. 그래서 나는 백스터가 청교도였다는 사실을 항상 언급하지는 않는다. 항상 도움이 되거나 적절한 것은 아니기 때문이다.

그러나 백스터의 저서를 편집해 재출판하는 과정에서, 백스터를 청교도라고 밝히지 **않는** 것은 부적절하다. 특히 그의 저술기회가 청교도로서의 신학적, 정치적 입장에 대한 수년간의 박해와 직접적으로 연관되어 있기에 더욱 그러하다. 설교의 자유를 박탈당한 그는 저술에 눈을 돌렸고, 공적 사역에서 추방된 후에도 더 이상 공개적으로 말할 수 없었던 내용을 계속해서 글로써 말했다. 잉글랜드 청교도의 입장은 가독성 좋은 패커 박사의 저작에 자세히 설명되어 있으니,[13] 청교도에 대한 편견이 있는 사람들은 적어도 패커의 의견을 고려해 보고 그 편견을 좀더 깊이 살펴보는 것이 좋겠다. 이미 그의 글에 친숙한 독자들은 청교도 남성과 여성들에 대한 끊임없는 오해를 탐구하고 폭로하는 다른 여러 작품에 대해 잘 알고 있을 것이다.

우리는 백스터가 청교도였다는 사실을 이해하는 것뿐만 아니라, 그가 17세기의 잉글랜드인이었다는 사실도 인정해야 한다. 현대의 감성으로 보면 아주 오래전의 일이다. 오래전에 죽은 백인 잉글랜드인보다 유행에서 떨어지거나 더 쉽게 무시당

---

13 Packer, *A Quest for Godliness.* 한국어 번역본은 제임스 패커, 『청교도 사상(개정판)』 (서울: CLC, 2016)이다.

할 수 있는 사람이 누가 있을까? '의사' 백스터는 나의 또 다른 멘토인 버치 박사와 같은 범주, 즉 **시대에 뒤떨어지고 현실과 거리가 먼** 사람으로 전락할 위험에 처해 있다. 그러나 이러한 평가는 버치 박사(혁신적이고 틀에 얽매이지 않는 접근 방식을 개척했으며, 그중 일부는 표준 치료법으로 여전히 인정받고 있음)보다 백스터에게 더 적합하지 않다는 것이 판명되었다. 이제 사람들은 백스터가 권장한 약물 처치(medication), 곧 '약제(physic)'가 오늘날에는 인정받지 못할 것이라고 정확하게 반박할 수 있다. 또한 버치 박사가 때때로 최신 약에 대해 특이한 의혹을 제기한 것도 그의 부하 직원과 동료들로부터도 정당한 비판을 받았다. 하지만 이것들은 두 사람 모두에 대한 시대착오적이고 불필요한 비판이다. 두 사람 모두에게 중요한 것은 환자 개개인에 대한 임상 접근 방식 속에 담긴 인간 본성에 대한 이해이다.

17세기 이래로 많은 것들이 변화해 왔다. 특정 정신과 질환을 부르는 명칭(nomenclature, 학명)과 그러한 질환을 분류하는 방법(nosology, 질병 분류학)은 계속 변화하고 있고, 정신과 질환에 대한 치료법도 수 세기에 걸쳐 정신과 질환의 이름만큼이나 다양하게 변화해 왔다. 그러나 변하지 않은 것은 정신과 질환의 **본질**이다.

근본적인 정신 질환 자체가 일정하게 유지되어 온 것이 사실이라면, 여러 시대에 걸쳐 적용될 수 있는 일반적인 진단과 치료의 보편적 원칙들은 무엇일까? 고통과 불행을 완화하기 위한 지속적이고 효과적인 접근법들이 있을까? 아니면 가장 최신의 것이 최고의 방법이라는 게 일반적인 법칙일까?

역사 또는 역사에 관한 우리의 이해가 선형적이고 점진적이었다면, 오늘날의 의학 치료법은 **필연적으로** 과거의 것보다 더 낫다고 생각할 것이다. 300여 년 전과 비교하면 얼마나 더 그러하겠는가? 그것은 어느 정도는 사실이다. 우리는 더 이상 야만적이고 비효율적인 치료법을 옹호하지 않는다. 구시대적인 의료 관행을 언급하면 출혈법(bleeding)이 떠오른다. 역설적이게도, 한때 모든 종류의 질병에 광범위하게 적용되었던 출혈법 치료는 현대에 매우 좁은 범위의 혈액 질환에만 적용되고 있다.[14] 백스터의 글에서 우리는 오랜 세월을 견뎌 온 보편적인 조언을 찾을 수 있을까? 그가 제시한 권고 사항은 그 자체로 보편적이면서도 특수한 것이다. 따라서 한 시대의 건전한 보편적 조언이

---

[14] 좀 더 자세히 알고 싶은 분들을 위해 두 가지 예시와 간략한 설명을 드린다. (1) 진성적혈구증가증(Polycythemia vera)은 신체가 적혈구를 과도하게 생산하여 발생하는 질환으로, 몸에 좋은 적혈구가 너무 많이 생기는 문제다. 증상의 치료는 사혈(phlebotomy), 즉 통제된 방식으로 혈액을 제거하여 과도한 적혈구를 줄이는 것이다. 이는 일시적으로 환자 혈액의 과도한 점도를 낮춰 주지만, 새로운 적혈구가 다시 과도하게 생성되므로 반복적으로 시술해야 한다. (2) 혈색소증(Hemochromatosis)은 신체가 철분을 과도하게 보유하여 간, 심장 등의 장기에 저장하는 질환으로, 결국 철분 과부하로 인해 장기가 손상된다. 환자는 적혈구가 과도하지 않지만, 적혈구 결핍(빈혈)을 유발하기 위해 사혈을 받을 수 있다. 사혈을 통해 헤모글로빈 형태의 철분이 제거되면, 유도된 빈혈을 해결하기 위해 간과 심장에 저장된 철분을 이동시켜야 한다. 시간이 지나면서 반복적인 사혈(및 기타 치료)을 통해 장기에서 철분을 제거하여 손상을 완화할 수 있다.

다른 시대에도 유효할 수 있다는 것을 기대하는 것은 합리적이다. 그럼에도 그러한 조언을 구체적으로 적용하려면 항상 개별화된 접근 방식이 필요하다.

백스터의 용어와 우리 시대

또한, 백스터의 조언을 구체적으로 적용하려면 그가 사용하는 용어 중 일부를 걸러낼 필요가 있다. 그 용어 중 일부가 현대의학과 심리학에서 부정확한 유사성만을 갖고 있기 때문이다. 예를 들어, 고대 그리스의 비실험적 과학에서 유래한 4체액설은 백스터가 살던 시대에도 영향을 미쳤다. 기껏해야 기이하다고 하고, 최악의 경우 무식하다고 생각할 수도 있지만, 오늘날 인간의 성격과 기질을 설명하는 데 사용되는 범주에는 사실 대략적인 유사성이 있다. MBTI(Myers-Briggs, 4사분면을 지닌)와 같은 컴퓨터 기반 성격 유형에 대한 일반인의 관심이 한 예이다. 이러한 모델은 고유한 제약 조건 내에서 제대로 이해하고 활용한다면 매우 유용한 도구가 될 수 있다. 네 가지 '체액', 즉 흑담즙(黑膽汁, black bile), 황담즙(黃膽汁, yellow bile), 점액(粘液, phlegm), 혈액(血液, blood)이 각각 우울질, 담즙질, 점액질, 다혈질의 기질을 유발한다는 4체액설은 기존의 약리학만큼이나 과학에 적합했을 수 있다. 이 이론이 그다지 설득력 있어 보이지는 않지만,

이 오래된 이론은 성격 구조를 대략적으로나마 설명하는 데 유용하다.

정신 장애의 발생률과 유병률이 수 세기에 걸쳐 변화했다는 생각을 뒷받침할 만한 충분한 근거가 있을 수 있지만, 그러한 변동은 특정 조건의 증가와 감소로 나타날 가능성이 더 높으며, 이러한 질병의 근본적인 **본질**에 영향을 미치지는 않을 것이라 예상된다. 다시 말해, 20세기와 21세기에 걸쳐 확인된 심혈관 질환의 대유행은 이를 상징적으로 보여 준다. 게다가 우울증도 급격히 증가했으며, 지금도 계속 증가하고 있다. 그러나 우울증은 여전히 **우울증**일 뿐, 전에 본 적 없는 완전히 새로운 질환이 아니다. 진지하고 공신력 있는 연구자들의 경고에서 알 수 있듯이, 이전에는 들어본 적 없는(그리고 상당히 상상력을 자극하는) 질환이 정신건강의학과 '진단 매뉴얼(field guide)'[15]에 도입된 것은 논란의 여지가 없지 않다.[16]

냉소주의자뿐만 아니라 회의론자들도 최근 미국 내 우울증 환자 증가를 소위 우울증의 대유행(epidemic of depression)이라고 부르고 있다. 오랫동안 존재한다고 알려졌지만, 전례가 없던 질환이 어떻게 이렇게 압도적인 수치로, 이렇게 광범위한 연령대

15 Paul McHugh, "DSM—5: A Manual Run Amok," *Wall Street Journal* (May 17, 2013).

16 Allen Frances, "The New Crisis of Confidence in Psychiatric Diagnosis," *Annals of Internal Medicine* 159, no. 3 (August 6, 2013).

에 걸쳐 급격히 증가할 수 있었을까? 일부에서는 제약 회사와 정신의학계가 암묵적으로(또는 명시적으로) 진단 기준을 약화하여 환자 수(및 약물치료 대상자 수)를 부풀리고자 공모했다는 의혹을 제기하고 있다.

이러한 발병률과 유병률에 관한 질문에 대한 실제적인 답변은 반어적 질문으로 제시할 수 있다. 어떻게 전 세계적으로 이전 세기보다 더 많은 당뇨병 환자가 발생할 수 있을까? 당뇨병은 수년 동안 혈당을 직접 또는 간접적으로 측정하여 진단하고 모니터링해 왔다. 더 나은 검사 절차로 인해 발견 및 진단율이 증가하던 시기는 상당히 지났으며, 역학자(疫學者)들은 이제 서구 국가에서 당뇨병이 절대적으로 증가하고 있다고 확신하고 있다. 즉, 몇 가지 사항은 **변화**가 있었고, 이러한 변화가 오래된 질병의 발병률과 유병률 증가에 기여했거나, 심지어 원인이 되었다는 증거는 여러 가지로 제시되고 있다. 또한, 변하지 않은 것도 있는데, 플립 윌슨(Flip Wilson)이 과거에는 질병이라 불리지 않았던 행동을 "마귀가 나에게 그러라고 했다"라고 하며 변명한 것도 마찬가지이다. 미국 정신의사협회가 이를 미화하여 DSM-5라는 진단 매뉴얼에 담았다고 해도 더는 설득력이 생기지 않는다.[17]

---

17 *Diagnostic and Statistical Manual of Mental Disorders: DSM-5*, 5th ed. (Arlington, VA: American Psychiatric Publishing, 2013).

우울하고 불안한 그리스도인들에게

근본적으로 변화한 것은 **우리가 삶을 살아가는 방식**, 즉 흔히 '**라이프 스타일**'이라고 부르는 것이다. 우리가 하는 일, 즉 무엇을 먹는지, 어떻게 생계를 유지하는지, 무엇을 생각하고 있는지, 술을 얼마나 마시는지, 잠을 얼마나 자는지, 시간과 돈을 어떻게 쓰는지, 그리고 다른 사람들을 어떻게 대하는지, 이 모든 것들은 아직 완전히 이해되지는 않았어도 오랫동안 중요하다고 여겨져 온 방식으로 우리의 건강과 타인의 건강에 영향을 미친다. 청교도를 비롯한 많은 사람은 이러한 사실을 잘 알고 있었으며, 꼼꼼한 논리학자이자 다작 작가였던 그들(청교도)은 이러한 문제를 더욱 일반적으로 친숙하고 쉽게 이해할 수 있도록 개괄적으로 설명했다. 백스터는 그 많은 이들 중의 한 명이었지만, 그의 사상, 곧 그의 '지침들(directions)'은 누구나 쉽게 접할 수 있었다. 그가 대중적으로 잘 알려진 인물은 아니지만, 그의 가장 중요한 목회 신학 저서인『참된 목자』는 여전히 전 세계 신학교에서 존경받는 고전으로서 읽히고 있다. 백스터는 그의 저술을 아는 사람들 사이에서 성경의 기준에 부합한 생각, 말, 행동을 위한 매우 실용적인 지침을 제공한다는 점에서 존경받고 있다.

그럼에도 불구하고 백스터가 특정 체액 불균형이나 조성(組成)을 계속 언급할 때, 우리는 그러한 고대 개념을 현대 의학 및 신경 화학에서 파생된 개념과 겹쳐 놓는 시대착오를 피하는 것이 옳다. 따라서 체액 시스템의 '불균형'은 예를 들어 우울증, 조현병 또는 양극성 장애의 원인이 되는 '화학적 불균형'이라는 대중적인 개념과 실제로 동일하지 않다. 다른 한편으로, 화학적 불균형에 대한 지나치게 단순한 (환원주의적이라고 할 수 있을까?) 개념은 오랜 전성기를 누렸던 4체액설과 마찬가지로, 오늘날의 질병을 설명하고 치료를 안내하는 데 부적절하다는 것이 입증되고 있다.

한때 제기되었고 지금도 종종 설명되는 것처럼, 우울증은 '세로토닌의 결핍'보다 훨씬 더 복잡한 것으로 밝혀졌다. '화학적 불균형'이라는 용어는 당뇨병에서 갑상선 질환, 특정 정신건강의학과적 질환에 이르기까지 다양한 질병을 설명하기 위해 계속 사용되고 있는데, 이는 돌봄 및 치료 측면에서 이해와 명확한 인과 관계에 대한 환상을 불러일으킨다. 그러나 이러한 질환에 대한 명확한 치료법이 표준 절차가 될 수 있음에도, 이러한 단순성은 어느 질환에서도 찾아볼 수 없다. 예를 들어, 당뇨병을 단순히 인슐린 결핍으로 개념화하면(실제로 그럴 수도 있고 아닐 수도 있지만), 인슐린의 '적정 용량'을 투여하는 것만으로 당뇨병과 그로 인한 수많은 후유증(심혈관 질환, 말초 신경병증, 신장 질환, 안과 질환 등)을 조절하거나 예방할 수 있을 것이라는 잘못된 기대가 생겨난다. '적절한 약을 복용'한다는 개념은 정신건강의학과 질환과 마찬가지로 부적절한 개념임이 입증되었다.

옛것과 새것 중 하나만을 고집하는 것은 거짓된 딜레마에 해당한다. 그리스도께서 직접 가르치신 대로 옛것과 새것을 적절히 **혼합**하는 것이 지혜이다(마 13:52).[18] 우울증과 불안증의 진단과 치료도 마찬가지다. 따라서 이러한 질환에 대한 일부 새로운 치료법이 오래전 리처드 백스터가 설명했던 접근 방식을 종종 무의식적으로 반영한다는 것은 놀라운 일이 아니다. 갈등이 없거나 겉으로 보이는 모든 이분법이 거짓이라는 것이 아니라, 많은 경우 복잡다기(複雜多岐)하고 신중함이 필요하다는 것이다.

몸과 마음의 영역 모두에서 '적절한 약물'은 종종 절대적이고 필수적이지만, 부분적으로만 효과가 있는 경우도 잦다.[19] 실제로 '적절한 약물'에는 여러 가지 유효하고 효과적인 조합이 있을 수 있다. 따라서 약물은 규칙적으로 **필요**하지만, 건강을 회복하거나 유지하기에는 **충분**하지 않은 경우가 많으며, 필요한 다른 '요소'와 결합되지 않으면 오히려 역효과를 낼 수도 있다.[20]

---

18 마 13:52. "예수께서 이르시되 그러므로 천국의 제자 된 서기관마다 마치 새것과 옛것을 그 곳간에서 내오는 집주인과 같으니라."

19 '딱 맞는 용량'이란 "당뇨병 환자에게 필요한 인슐린의 양은 얼마일까요?"라는 버치 박사의 질문에 대한 대답으로서, 특정 환자에 대해 지나치게 정확한 인슐린 투약량을 계산하려는 의대생들의 불안한 시도에 대한 대답이었다. 그는 '적정 용량'이란 치료 대상자에 따라 크게 달라지며, 단순히 임의의 시간에 환자의 혈당 수치만을 기준으로 인슐린 단위로써 적절하게 표현할 수 없다는 점을 전달하고자 했다. 즉, 그는 환자를 일련의 실험실 결과치의 집합으로 축소하지 말고 독특한 인간으로 바라봐야 한다고 요구했다. 이 말을 비롯한 다른 많은 말들이 1974년 툴레인 대학교 의과대학 졸업생들이 버치 박사의 영향력에 감사하여 비공식적으로 발간한 *The Quotations of Chairman George*(조지 학장의 명언)에 담겨 있다.

20 '단순한(mere)' 약물치료만으로도 보완을 위한 개입이 필요 없을 정도로 완전하고 종합적인 마법을 부리는 경우가 있다. 그러나 이러한 상황은 드물며, 약물의 적절한 사용에 필요한 격려와 지지적인 환자─의사 관계 없이 단순히 약물을 처방할 수 있다는 생각은 말도 안 되

이는 우리를 다시 백스터와 버치로 돌아가게 한다. 현대 의학뿐만 아니라 심리 상담과 목회 상담에서 일반적으로 취하는 현재의 접근 방식에서 놓칠 수 있는 진단 및 처방적 '요소'는 무엇일까? 나는 시대, 배경, 철학적 성향이 매우 달랐던 백스터와 버치가 각각 일반적인 인간 본성과 특정한 가족적, 문화적, 영적 속성 측면에서 개인에 대한 통합적이고 복합적인 이해를 하고 있었다고 생각한다. 오늘날 우리는 **강점과 약점, 취약성과 회복력, 유병 요인과 보호 요인, 긍정적 영향과 부정적 영향** 등과 같은 용어를 사용할 수 있다. 그리고 각 사람은 약간의 정보만으로도 묻지 않은 질문 뒤에 숨겨진 방대한 정보를 안전하게 무시할 수 있는 시기를 알고 있었다.

총상은 즉각적인 조치가 필요하며, 상대적으로 제한된 일련의 질문을 요구한다. 이에 대한 대답은 의식이 없고 보호자가 없는 외상의 피해자를 돌보는 기술적인 (예를 들면, 수술 같은) 접근법으로부터만 얻을 수 있다. 자세한 사회적 이력을 얻기 위해 응급 외상 수술을 연기(延期)하는 것은 어리석은 일이다! 하지만 다음 사고를 예방하기 위해서는, 안정되고 의사소통을 할 수 있게 된 환자에게 과거의 경험에 관해 이야기를 꺼내는 것이 필요할 수도 있다.

는 이야기이다. 측정하기는 어렵지만, 약물이 처방되고 복용되는 환경은 약물 자체의 약리학적 특성만큼이나 중요할 수 있다.

이런 의미에서 백스터는 영혼을 돌보는 데 있어 중요한 우선
순위를 이해하고 있다. 예를 들어, 자살 위협은 매우 긴급한 문
제이므로 가능한 한 자살을 막고 개인이 스스로 목숨을 끊지 않
도록 보호해야 함을 잘 알고 있다. 논리 역시 청교도적 사고와
생활의 강력한 도구이므로, 백스터는 이를 잘 활용한다. 그는
인과 관계를 이해하고 설명하며, 1차 질환과 2차 합병증을 구
별할 줄 안다. 또한, 21세기의 많은 사람들이 압도당할 수 있는
수준의 복잡성을 잘 이해하고 있는 것처럼 보인다.

이 지혜의 원천은?

백스터의 지혜는 어떤 것들로 구성되어 있을까? 그 지혜는
어디에 담겨 있을까?[21] 간단히 말해서, 그것들은 백스터와 그의
동료들이 설교하고 실천한 청교도 신학(Puritan theology)에서 찾
을 수 있다. 그리고 신학을 논리적으로 설교하기 전에, 신학을
훈련하고 개별적으로 적용하려는 노력이 선행되었다. 존경받는
청교도 목회자들 중 자기 경험과 다른 사람들에게 공개적으로
제시한 조언을 실천하는 데 어느 정도 성공을 거두지 못한 채

21　욥 28:12 참조.
　　"그러나 지혜는 어디서 얻으며, **명철이 있는 곳은 어디인고?**"
　　욥은 하나님의 대답을 들려준다.
　　"보라, 주를 경외함이 지혜요, **악을 떠남이 명철이니라.**"

감히 설교를 감행한 사람은 많지 않을 것이다. 따라서 백스터의 목회적이고 임상적 접근 방식이 신학과 형이상학적 철학의 바탕 위에서 엄격하게 이루어졌음을 짐작할 수 있다. 그뿐만 아니라 그의 개인적이고 전문적인 경험이 그의 글에서 제시하는 조언을 이끌어 내었음이 분명하다.

이 사람이 어디서 그런 지혜를 얻었냐고 묻지 않을 수 없다. 백스터에게 있어서 그에 대한 대답은 쉽지 않다. 그는 동료 목회자들 사이에서 통용되던 지혜를 상세하게 기록하는 데 능했다. 그렇다면 백스터는 우리가 21세기에도 여전히 유효하며 가치 있다고 할 수 있는 그러한 지혜의 요소들을 어디서 얻었을까? 그 해답의 일부는 17세기의 학자와 전문가들 모두가 자유롭게 의견을 빌리고 교환했다는 점에 있다. 이러한 의견은 몇 가지 주목할 만한 예외를 제외하고는 거의 출처를 밝히지 않았다.

예상할 수 있듯이, 백스터의 실제적인 조언은 본질적이며 철저히 성경적이다. 그리고 이는 성경 참고 구절과 청교도에게 공통된 철저한 칼뱅주의 신학의 명시적이고 암묵적인 언급 모두에 반영되어 있다. 특정 구절을 언급할 때, 백스터는 실제 성경 구절을 인용하기도 하지만, (오늘날에는 드물어도) 그의 교류권에서는 보편적으로 사용되었던 성경적 친숙함을 전제하는 경우가 많았다. 그는 긴 구절의 일부를 인용하는 유대인 랍비의 전통적인 관행을 사용하기도 하며, 그 일부가 전체 구절을 대표하는 역할을 하도록(독자들에게 그렇게 이해되도록) 의도하기도 한다.

오래된 전례로는, 예수님께서 구약 성경의 말씀(주로 시편의 짧은 구절)을 여러 번 인용하신 것이 있다. 당시 청중들은 이 구절이 더 큰 본문을 나타내는 것으로 알고 있었고, 따라서 그 전체 구절의 맥락에서 이해했을 것이다. 더 최근의 예로는 소설 『모비 딕』(*Moby-Dick or The Whale*)이 있다. 구약 성경에 무지하더라도 이 소설을 읽으며 어느 정도는 즐길 수 있지만, "기독교인이 아닌 사람은 이 유명한 미국 소설에서 멜빌(Herman Melville)이 사용한 다층적이고 복합적인 성경적 암시를 파악하는 것이 불가능하다"라는 충고를 받은 적이 있다.[22] 멜빌은 독자들에게 수준 높은 성경적 문해력을 기대했는데, 이는 당대에 합리적인 기대였다.

백스터 역시 성경 본문과 신학적 구조가 비슷한 '친숙함'을 가지고 있다고 전제한다. 그의 책에는 각주가 거의 없다. 그러나 청교도가 발전시키고 수용한 신학이나 사고 체계는 좁은 성경적 기반을 훨씬 더 뛰어넘는다. 백스터와 그의 많은 동료에게 있어 성경은 절대적이고 신중하게 검토된 신앙과 삶의 토대이

---

[22] 그레이엄 헤일즈(Graham Hales) 목사의 "종교학 개론"[Introduction to Religion, 1976년 서던 미시시피 대학교(University of Southern Mississippi)] 강의. 뒤늦게나마 이 미국 고전을 읽으면서 나는 선생님의 주장을 충분히 확인할 수 있었다.

지만, 실제적인 면에서 그들은 다양한 출처에서 광범위하게 빌려온 용어를 사용했고, 기독교 신학에 부합하게 만든 아리스토텔레스의 논리학 원칙을 사용했다.

백스터의 작품이 그토록 지속적이고 흥미롭게 느껴지는 이유는, 깊고 신중하게 표현된 그의 기독교 신학과 스토아적 도덕 철학을 그의 시대에 맞게 적용했기 때문이다. 청교도는 모든 진리가 궁극적으로 하나님에게서 온 것이며, 일반 계시를 통해 고대 이교도들에게 계시된 진리는 신중하게 재활용되어 명백한 기독교적 맥락에서 적용될 수 있다고 주장하면서, 부끄러워하지 않고 다양한 출처에서 가능한 모든 것을 취했다.

백스터의 자료에는 건전한 기독교 교리와 일반적이고 총체적인 의학 원칙이 흥미롭고 설득력 있게 혼합되어 있다. 그는 스토아 철학의 개념을 재구성하여 이런 교리와 원칙들에 적용함으로써 반박할 수 없는 논리로 공식화하였다. 백스터의 논리 사용법은 당시 고등 교육을 받은 성직자들의 특징이었다. 스토아학파에는 자살과 같이 기독교 신앙과 실천에 대립하는 수많은 사상이 있었다.[23] 하지만 청교도는 이러한 차이점이 있음에도 불구하고 스토아 철학의 일반적이고 기독교 사상에 적용할

---

23 예를 들어, 에픽테투스(Epictetus)는 도덕적 딜레마에서 벗어나는 방법으로 자살을 수용할 만하다고 언급한다. *Dissertations*(논문)과 *Fragments*(단편)에서 추린 내용을 담은 *Enchiridion of Epictetus*(에픽테투스의 편람)을 Amazon Kindle 버전의 무료 책으로 참고해 보라.

수 있는 요소들을 높이 평가했다. 특히, 스토아 철학자들이 신중하게 표현한 논리적 믿음과 실천은 백스터와 그의 동료들에 의해 용도가 변경되었으며, 이에 대한 명확한 예시는 앞으로 나오는 자료에서 확인할 수 있다.[24]

백스터와 그의 동시대 사람들에게 논리학은 우리가 대학에서 접했다가 잊어버린 '논리학 개론(Logic 101)'보다 훨씬 더 발전된 실천적 학문이었다. 스토아학파가 그랬던 것처럼, 백스터에게도 신념과 행동은 떼려야 뗄 수 없는 관계였다. 어떤 신념을 가지고 있느냐에 따라 문제에 대해 생각하는 방식이 결정되고, 인생의 여정에서 가능한 선택에 어떻게 대응할지가 미리 결정된다. 왜곡된 신념은 필연적으로 상황에 대한 잘못된 해석으로 이어져 잘못된 선택과 비윤리적인 행동으로 이어질 수밖에 없다.

백스터는 독자를 비판하고, 도전하고, 위로하고, 달래는 데 논리를 사용하고자 애쓴다. 그는 자신이 무엇을 하고 있는지, 심지어 왜 그러는지 명확히 말하지는 않지만, 질문으로 독자를 궁지로 몰아넣고, 그다음 어떻게 할 것인지 묻는 데 아무런 거리낌이 없다. 그는 매우 다루기 어려워 보이는 문제를 양자택일로 줄이는 것을 좋아한다. 그의 추론은 신학적으로나 논리적으

---

24 스토아 철학이 청교도 사상에 미친 영향은 대부분 문서화되지 않았으며, 비옥한 연구 분야임을 나타낸다(J. I. Packer가 M. S. Lundy에게 보낸 개인 통신, 2016년 5월 25일).

로도 탄탄하다. 동시대 사람들과 마찬가지로 그는 다른 사람(예를 들면, 에픽테투스)의 사상을 빌려와 자신의 목적에 맞게 변형한 것에 대해 특별히 출처를 밝힐 필요성을 느끼지 않는다. 오늘날 학술 저작물에서 흔히 볼 수 있는 강박적인 출처 표시와 인용은 백스터의 시대에는 물론 최근까지 역사를 통틀어 매우 드문 일이었다. 저작권법도 없었을 뿐만 아니라, 직무의 일환으로 대중에게 공개된 자료에 대한 독점적 소유권이라는 개념도 없었던 것 같다. 따라서 히브리어, 헬라어, 라틴어뿐만 아니라 논리학을 독학으로 공부해 공식적으로 자격을 갖춘 백스터는 그러한 교육을 활용하는 데 전혀 불편함이 없었다. 그렇게 하는 것은 그야말로 정당하고 실용적인 일이었다.

역설적으로, 우리가 우울증, 불안증 또는 정신 질환이라고 부르는 것에 대한 백스터의 접근 방식은 세속적인 관점에서 그와 유사한 접근 방식을 사용해 온 20세기와 21세기 임상 의사들에게서 인정받지도, 신뢰받지도 못했다. 백스터가 사용한 치료법은 현재 우리가 인지행동 치료(CBT)라고 부르는 치료법의 분명한 선구자였다. 그의 인지행동 치료(CBT) 버전은 비교적 동질적인 임상 집단에 맞춰진 초보적인 것으로 간주될 수 있지만, 앞서 언급한 문제를 포함해 많은 난치성 임상 문제, 특히 심각하고 만성적인 문제를 다루는 데 있어 매우 강력하고 존경할 만한 도구의 선구자로 인정받아 마땅하다.

백스터는 독자들에게 개인의 신학을 바로 세우도록 조언하는 것으로 시작해, 인지행동 치료(CBT)보다 앞서 자신의 방법을 사용하여 현실적으로 어떻게 하는지를 알려 주고, 독자들에게 자기들의 문제가 신체적, 정서적, 영적 차원을 모두 가지고 있다는 것을 이해시킨다. 그런 다음 그는 독자들에게 의사를 신뢰하고 약을 복용하라고 말하면서 글을 마무리한다! 이를 신앙, 행동, 의학의 융합으로 설명하는 것은 백스터의 접근 방식을 지나치게 단순화하는 것이 될 수 있지만, 그가 자유롭게 제공하는 조언을 탐구하려는 사람들에게는 좋은 개요이다.

상처받은 사람들을 위한 도움

유용한(그 범위가 적당하고 범위가 제한적일 때) 자기계발서에 대해서는 외람된 말이지만, 이 책은 전통적인 의미의 자기계발서는 **아니다.**[25] 물론 **도움**이 되고자 하는 목적은 분명하다. 백스터는 이러한 관점에서 글을 쓰면서 독자들에게 먼저 신실하신 구주 예수 그리스도의 돌봄을 받고, 그다음에 친구와 가족, 그리고 '친숙한 의사들'[26]의 돌봄을 받길 권한다. 따라서 현대 문학적

---

25 워커 퍼시(Walker Percy)의 불경스럽고 재미있는 책인 *Lost in the Cosmos—The Last Self-Help Book* (New York: Farrar, Straus & Giroux, 1983)은 자기 계발이라는 개념을 풍자하는 동시에 진정한 도움의 가능성을 퍼시 박사만의 문제와 스타일로 매우 잘 표현했다.

26 백스터가 언급하는 것은 몇 세대에 걸쳐 한 가정을 잘 돌봐 온 가정 주치의로서, 환자와 그

감성에 더 쉽게 다가갈 수 있는 언어로 제공된 백스터의 조언을 읽는 이들에게도 똑같이 권하고 싶다.

백스터는 그의 조언을 제시할 때 모든 독자가 기독교 신앙을 깊이 이해하고 있다고 가정했다. 따라서 독자가 그러한 이해 없이 그의 조언을 읽고 따르다가 실패했다고 해서, 백스터를 비난하는 것은 타당하지 않다. 백스터의 안내는 (당시에나 지금이나, 실제로나 비유적으로나) 매우 잉글랜드적이면서도 정치적으로 올바르지 않을 수 있다. 따라서 영국의 격언 하나를 인용해도 무방할 것이다. "워털루 전투는 이튼의 운동장에서 승리했다"(The Battle of Waterloo was won on the playing fields of Eton). 이 말은 많은 논란을 불러일으키는 표현이지만, 어쩌면 매우 중요한 말일 수 있다.[27] 백스터의 처방과 (일반적인 의미에서) 진단과 조언은 그의 신학적 신념에 충분히 동의하지 않으면 이해되거나 적절하게 적용될 수 없다. 즉, 준비 작업에 시간을 투자하지 않으면 전투에서 승리할 거라고 기대하지 말아야 한다. 설령 많은 시간

의 환경에 대해 잘 알고 있는 의사를 말하는 것으로 보인다. 백스터는 잉글랜드의 시골에서 자라면서 그런 의사들을 알았을 것이며, 그가 키더민스터 교구에서 응급 의술을 펼치던 시절에 그런 의사들을 모범으로 삼았을 것이다.

27 매튜 아놀드(Matthew Arnold, 1822-1888)는 이렇게 논평한다. "늙은 야만인(즉, 영국 상류층의 일원)은 이튼의 운동장에서 워털루 전투가 어떻게 승리했는지 자신의 이야기를 우리에게 중얼거릴 것이다. 아아! 그 운동장에서는 승리뿐만 아니라 재앙도 준비되어 왔다. 그것은 부적절한 정신 훈련, 즉, 근면, 지식, 지성, 명료성의 부족으로 인한 재앙이다." ("'워털루 전투는 이튼의 운동장에서 승리했다'라는 잘못된 인용문", Oxford Academic, 2013년 8월 8일, http://oup academic.tumblr.com/post/57740288322/misquotation-the-battle-of-waterloo-was-won-on).

을 들어 준비할지라도 여전히 어렵고 불확실한 싸움이 될 것이다. 준비의 부족은 재앙을 위한 준비일 수 있다.

백스터는 독자들이 기본적으로 기독교적인 성향이 있다고 가정하고, 그들을 신학적으로 개혁파이며 성경적 기반을 갖추고 있는 사람인 듯 대한다. 그는 독자들에게 훈련된 신학자가 되기를 요구하지는 않지만, 그가 논증하고 지침을 제시하는 데 사용하는 신학적 개념을 받아들일 수 있길 기대한다. 백스터는 사랑이 많으시고 관대하신 하나님을 믿지만, 독자들이 하나님이 실제로 **얼마나** 선하신 분인지 충분히 인식하고 있는가에 대해서는 의심한다. 그리고 일부 독자들이 하나님의 선하심이나, 그 선하심으로부터 은혜를 받을 수 있는 자신들의 능력을 의심하는 것으로 접근한다(이는 하나님의 위대함을 의심하는 것이다). 또한 이것들과 다른 불신앙의 영역을 맹렬하게 지적한다. 그럼에도 백스터는 심신이 쇠약해져서 명료하거나 이성적으로, 또는 전혀 사고할 수 없는 사람들에게는 친절하고 관대하다.[28] 그는 복잡하거나 긴 묵상, 장시간의 기도, 금식, 엄격한 금욕주의 같은 것을 권장하지 않는다. 대신에 친구와 가족의 보살핌을 권장하며, 장애 때문에 할 수 없는 일을 하려는 환자의 노력을 명확하

---

28 히 5:1. "대제사장마다 사람 가운데서 택한 자이므로 하나님께 속한 일에 사람을 위하여 예물과 속죄하는 제사를 드리게 하나니." 백스터는 분명히 대제사장의 모범을 통해 자신의 태도를 형성하고 있다.

게 제한한다.

능력 저하가 과실을 감소시킨다는 백스터의 인식은 당시 잉글랜드 관습법에서 확립된 법적 판례와 일치한다. 이러한 원칙은 오늘날에도 여전히 유효하다고 생각한다. 그러나 그는 **특정한 무능력**이 **전반적인** 불성실로 이어지는 것은 허용하지 않는다. 또 독자들이 **해야 할** 일이나 **하려고 했던** 일 **전부**를 할 수 **없다**는 이유로, 그들이 **할 수 있는 일**을 하지 않고 핑계 삼는 것을 허용하지 않는다. 여기에서 달란트의 비유가 떠오른다. 적은 자원을 가지고 있는 것은 성과에 대한 요구를 줄일 수는 있지만, 우리가 할 수 **있는** 만큼 우리의 의무를 성실히 이행해야 한다는 요구가 사라지는 건 아니라는 것이다.[29]

그렇다면, 우리가 백스터가 전제하는 개혁파 신학이나 성경에 대한 기초가 충분하지 않은 상태에서 백스터의 글을 읽는 것은 어떤 가치가 있을까? 범사에 많은 유익이 있을 것이다.[30] 이 책을 선택할 가능성이 더 큰 그리스도인 독자들은 백스터의 글에서 성경적, 신학적으로 정교하게 적용할 수 있는 폭넓은 조언을 발견할 수 있을 것이다. 많이 배운 사람일수록 많은 공감

---

29 나의 전(前) 목사님이자 가장 존경하는 스승 중의 한 분인 마크 E. 로스 목사(M.Div., Ph.D.)는 신학적 이해와 관련해 "모르는 것 때문에 아는 것을 혼동하지 말라"라는 말을 즐겨하셨다. 더 나아가, 우리는 우리가 할 수 없는 일이 우리가 할 수 있는 일을 막아서지 않도록 해야 한다.

30 롬 3:2의 바울의 표현을 빌려 왔다.

을 얻을 수 있을 것이다. 관련 지식이 부족한 사람들을 위해서도 백스터는 동의나 완전한 이해를 기대하기보다는 도전하고 가르치는 데 더 관심을 가진다. 전반적으로 백스터는 그의 저작의 일부를 수준 있는 독자들뿐만 아니라 정보가 부족한 독자 모두를 위해 대화에 끌어들이고, 그들의 오해를 파악하고 나서 도전한 다음, 수정된 전제에 따라 새로운 방향을 제시하는 데 도움을 주고 있는 것으로 보인다. 그는 현대의 일부 인지행동 치료(CBT) 종사자들이 하는 것보다 더 지시적이다. 하지만 그것은 목회자로서 그의 스타일이자 부담감이다. 그는 자신이 알고 믿는 것을 공유하거나 그것을 사용하여 다른 사람들이 자신에 대한 기대를 형성하는 것을 꺼리지 않는다.

책임 소재를 가리는 것의 위험

나는 일부 종교계에서 정신 질환이라는 개념 자체를 의심의 눈초리로 바라보던 시절에 영적으로 성장했다. 정신 질환이 뇌의 질병이라는 것에 대한 의구심은 의대 수련 과정에서 강력한 현실과 마주하게 되었는데, 이때 오히려 정신 질환이 **단지** 뇌의 질병일 뿐 영혼의 질병은 아니라는 확신으로 기울어졌는지도 모른다. 수련, 연구, 실습 과정에서 실제 그 질병과 연속적으로 마주함으로써, 나는 이제 그러한 문제에 대해 좀 더 미묘한 시각을 갖게 되었다고 생각한다. 그리고 기본적으로 예전보다 그것에 관해 더 많이 알고 있지만, 내가 한때 알고 있다고 생각했던 것보다는 훨씬 덜 안다고 생각한다. 삶, 죽음, 기쁨, 슬픔, 고통, 질병이 각각 내가 예전에 믿었던 것보다 훨씬 더 복잡한 것으로 입증되었기 때문이다.

내가 백스터를 매우 높이 평가하는 이유 중 하나는, 그가 그러한 복잡성이 모든 사람에게서 예외가 아닌 일상이었던 시대에 살며 글을 썼기 때문이다. 그 당시에는 물론 지금처럼 장수하는 사람이 있기는 했지만, 평균적으로 대부분 그러하지 못했다. 질병과 고통, 때 이른 죽음은 흔한 일이었고, 어떤 치료법으로도 이를 해결할 수 없었다. 물론 가장 희망적인 결과를 가져올 것으로 여겨지는 영혼의 치유가 존재했지만, 그것은 이생에서 부분적으로만 성취되는 것으로 인식되었다. 우리 사회는 눈에 보이는 질병과 고통, 심지어 비순응성(nonconformity)까지 근절하려는 노력을 기울이면서 기술적인 성공을 거두었지만, 이 모든 노력이 좋은 결과를 낳았다고 할 수는 없다. 천연두와 소아마비를 퇴치할 수 있다는 전망은 명백한 성과이다. 적어도 서구권에서는 다운 증후군 아기의 출생률이 감소하고 있고, 동양에서는 남녀 출생의 격차가 증가하고 있는데, 이는 기술의 남용을 나타내며 끔찍한 도덕적 비용을 초래한다. 그런데도 우리의 노력과 지출, 심지어 도덕적 타협조차 우리 모두에게 공통된 고통을 세상에서 완전히 제거할 수는 없다.

한편, 부정(denial)은 여전히 가장 인기 있고 적절하게 활용하면 심각한 개인 문제, 특히 난치병을 다루는 (또는 다루지 **않는**) 가장 효과적인 단기 메커니즘 중 하나로 남아 있다. 정신 질환에 적용해 보면, 내가 젊은 시절(그리고 젊은 그리스도인으로) 속했던 다소 편협한 집단은 독특한 주장과 함께 일종의 부정을 옹호했다. 특히 정신 질환은 그 자체로 부정되는 경우가 많았고, 부인할 수 없는 증상은 죄나 사탄, 또는 그 하수인(귀신들)의 직접적인 활동 때문인 것으로 여겨지곤 했다. 그러나 잘못된 진단은 잘못된 치료로 이어지고, 이는 연쇄적인 문제로 이어지는데, 이번 사례가 바로 그 대표적인 예이다.

한편, 누군가의 증상과 행동을 그 사람이 저항할 수 있는 고의적이고 죄악 된 성향과 결정에 기인한다고 잘못 판단하면, 두 가지 그릇된 목적이 달성된다. 첫째, 이러한 잘못된 해석은 주변 공동체가 개인을 지원해 주는 역할로서 함께해야 할 책임을 회피하게 만들 수 있으며, 그 공동체(지역 교회)가 '선의'로 고통받는 구성원이 '회개'하거나 신앙에 대해 '더 진지해질' 때까지 압력을 가할 수 있는 길을 열어 줄 수도 있다. 둘째, 개인이 이 공식에 동의하면, 그는 끔찍한 곤경에 처하게 된다. 그는 자신이 저지른 많은 명백하고 은밀한 죄를 회개하도록 강요받고, 그렇게 하면 자신의 증상이 완화될 것이라는 약속을 받는다. 많은 경우, 환자는 적어도 처음에는 이 전제를 받아들이고[31] 고통에서 해방될 것을 기대하며 자기 성찰의 회개를 시도한다. 그렇게 하는데도 증상이 완화되지 않을 때는 자신이나 다른 누구도 확인되지 않는 상상의 죄를 회개하려고 시도한다.[32]

그 사람이 경험하는 증상이 실제로 지속적이고 용서받지 못한 죄의 직접적인 결과라면 잘된 일이다. 이러한 경우, 진단과 치료는 현실에 부합하며, 즉각적이고 지속적인 진전을 기대할 수 있고 또 명확하게 나타날 것이다. 그러나 명백한 임상적 우울증, 양극성 장애(조울증), 생리적 원인에 의한 심한 불안증, 정신 질환의 경우에는 회개가 여전히 필요할 수 있다. 누가 "나는 죄에서 자유롭다"[33]라고 말할 수 있겠는가? 하지만 증상을 해결하는 데는 효과적이지 않을 수 있다.

여기서 맹인으로 태어난 사람을 보고 "선생님, 이 사람이 맹인으로 태어난 것은 누구의 죄입니까?"라고 물었던 예수님의 제자들이 떠오른다(요 9:2). 분명히 그들은 그 사람의 상태가 누군가의 잘못이라고 생각했고, 그 잘못이 매우 가까운 곳에서 발

---

31 욥의 친구들은 욥에게 이를 거듭 촉구했지만, 욥은 현명하고 정당하게 이를 거부했다.

32 패커 박사는 '참된 헌신'을 추구하던 시절을 회상하며, 의도는 좋았으나 나쁜 충고로 인해 거의 비참한 상황에 처할 뻔했던 자신의 투쟁을 흥미진진하게 들려준다. 그가 청교도와 이들의 건전한 신학을 발견했을 때 나쁜 신학으로부터 자유를 얻었다는 것은 주목할 만한 사실이다. J. I. Packer, *Introduction to On Temptation and the Mortification of Sin in Believers, by John Owen* (Vancouver: Regent College Publishing, 2014), i를 보라. 욥의 친구들은 패커 박사의 초기 그리스도인 동료들과 비슷한 충고를 했다고 해도 과언이 아니다.

33 잠 20:9의 예.

생했으며, 단지 두 가지 가능성만이 존재했다고 가정했다. 즉, 그나 그의 부모가 이런 일을 당할 만한 일을 했다는 것만을 가정한 것이다. 하지만 우리는 적어도 바울이 야곱과 에서에 대해 했던 해석[34]에 따라, 태어나기 전에 둘 다 죄가 없었으며 선한 일도 나쁜 일도 하지 않았음을 알고 있다. 따라서 이 특정 사람의 실명(失明)은 그가 태어나기 전에 저지른 죄의 결과라고 할 수 없다. 그리고 그는 맹인으로 태어났기 때문에, 태어날 때의 실명을 그가 성인이 되어서 저지른 죄 때문이라고 보기도 어렵다. 예수님은 그것의 이치를 설명하지 않으시고, 제자들이 제시한 두 가지 선택지 모두를 일축하셨다. "둘 다 아니다"라는 예수님의 놀라운 대답은 "모든 사람이 죄를 지었다"[35]라는 것을 알기 때문에, 둘 다 죄를 짓지 않았다는 뜻이 아니다. 오히려 그 어느 죄도 그 사람이 겪는 특정한 고통에 직접적인 책임이 없다는 의미이다.

눈먼 사람은 죄가 없었을까? 물론 그렇지 않다. 예수님은 다른 곳에서도 어떤 사람의 몸을 고치기 전에 그의 죄를 용서해 주시곤 하셨다. 마태복음에 기록된 이러한 순서는[36] 특정한 죄나 죄의 행동 패턴, 특정 질병 사이의 논리적 인과 관계를 증명

---

34 롬 9:11. "… 그 자식들이 아직 나지도 아니하고 무슨 선이나 악을 행하지 아니한 때에…"
35 롬 3:23. "모든 사람이 죄를 범하였으매 하나님의 영광에 이르지 못하더니"
36 마 9:2. "침상에 누운 중풍병자를 사람들이 데리고 오거늘 예수께서 그들의 믿음을 보시고 중풍병자에게 이르시되 작은 자야 안심하라 네 죄 사함을 받았느니라."

하는 것이 아니라, 죄의 본질과 더불어 인류의 일반적인 상태에서 그것의 역할을 인정하는 것이다.

예수님께서 "'네 죄 사함을 받았느니라' 하는 말과 '일어나 걸어가라' 하는 말 중에 어느 것이 더 쉽겠느냐?"라고 물으셨을 때(마 9:5), 우리에게 가장 절실히 필요한 것은 **죄 사함**이라는 점을 보여 주셨다. 그리고 죄 사함을 효과적으로 선언하는 것은 맹인의 시력을 회복시키는 일보다 훨씬 더 어렵다.[37] 그러나 예수님은 그 당대와 우리 시대에 유행하던 피상적인 인과 관계를 허용하지 않으면서도, 죄와 질병 사이의 연관성을 유지하셨다. 실제로 예수님은 베데스다 연못에서 한 남자를 고치신 후, "더 심한 것이 생기지 않게 다시는 죄를 범하지 말라"라는 예방적 조언을 하셨다.[38] 따라서 죄와 질병에 관한 이 모든 일은 우리에게 큰 겸손을 가져다준다. 우리는 다른 사람의 질병을 그 사람의 특정한 죄 탓으로 돌리거나 그리스도께 주어진 비전에 미치지 못할 경우, 그것을 전적으로 그 사람의 탓으로 돌리는 것 모두를 매우 주의해야 한다.

---

37 크리소스톰은 마 9:5에 관해 이렇게 말했다. (아퀴나스, 『신학대전』 Summa theologica, III. q. 44. art. 3, ad. 3에서 재인용) "영혼이 육신보다 훨씬 더 중요한 만큼, 죄를 사하는 것이 육신의 병을 고치는 것보다 훨씬 더 큰일이다. 하지만 죄 사함은 눈에 보이지 않기에, 예수께서는 더 작고 명백한 일(병 고침)을 행하심으로써 더 크고 보이지 않는 일(죄 사함)을 증명하신 것이다." 따라서 작은 일에서 큰일로 추론해 보면, 예수님의 질문은 자답적이다. 아무도 "하나님 외에 누가 병을 고칠 수 있습니까?"라고 묻지 않았다는 사실은 이러한 관점을 뒷받침한다.

38 요 5:14. "그후에 예수께서 성전에서 그 사람을 만나 이르시되 보라 네가 나았으니 더 심한 것이 생기지 않게 다시는 죄를 범하지 말라 하시니"

겸손과 긍휼의 마음으로 원인 평가하기

그렇다면 정신 질환은 죄의 결과일까, 아닐까? 개인이 자신의 운명을 책임져야 할까, 아니면 책임이 없는 걸까? 예수님 자신의 선언과 성경의 다른 곳에서 찾을 수 있는 설명으로 돌아가 보자. 죄와 질병 사이에는 연관성이 있다. 하지만 우리는 종종 그러한 연관성의 특정한 면만을 보게 된다. 잠언서와 성경의 다른 곳에서 제시된 원칙들은 올바른 삶이 **일반적으로** 그러한 교훈을 무시하는 삶보다 덜 복잡한 삶으로 이어짐을 시사하고 있음이 사실이다. 또한, 성경에서 다루는 많은 탄식과 간구가 이러한 일반적인 원칙의 **예외** 사례들에 관한 것임도 사실이다. 악인들이 형통하고[39] 무고한 사람들이 휩쓸려 가는 것은 특별한 계시의 빛이 없이는 이해하기 어렵고, 그 빛에 있더라도 여전히 불안하다.[40]

그러므로 우리는 복잡성과 씨름하라는 권고를 받는다.[41] 우리는 보다 미묘한 답변에 열려 있어야 하며, 우리의 질문을 미리 정해진 양자택일의 답변이 필요한 질문으로 제한하는 것을

---

39 시편 73편을 보라.

40 사 57:1–2. "의인이 죽을지라도 **마음에 두는 자가 없고**, 진실한 이들이 거두어 감을 당할지라도 **깨닫는 자가 없도다**. 의인은 악한 자들 앞에서 불리어 가도다. 그들은 평안에 들어갔나니…"

41 전 7:18. "너는 이것도 잡으며 저것에서도 네 손을 놓지 아니하는 것이 좋으니 하나님을 경외하는 자는 이 모든 일에서 벗어날 것임이니라."

삼가야 한다. "가이사에게 세금을 바치는 것이 옳으니이까, 옳지 아니하니이까?"(마 22:17) "누구의 죄로 인함이니이까? 자기니이까? 그의 부모니이까?"(요 9:2) 후자의 질문에 대해, 우리는 욥처럼 그 사람과 그의 부모 모두가 죄를 지었다고 확신할 수 있다. 이러한 구체적인 예에서 우리는 그들의 죄가 그들에게 닥친 고통의 직접적인 원인이 아니라는 것을 확신할 수 있다. 우리가 이러한 경우에 대해 확신할 수 있는 것은 하나님께서 다음과 같이 직접 계시를 주셨기 때문이다. "이 사람이나 그 부모의 죄로 인한 것이 아니라 그에게서 하나님이 하시는 일을 나타내고자 하심이라"(요 9:3). 그리고 욥의 경우에 욥기 서두에서 알 수 있듯이, 욥에게 고난을 불러온 것은 바로 그의 **의로움**이었다.[42]

특정 죄와 끔찍한 고통 사이의 연관성을 이렇게 직접적이고 분명하게 부인하는 경우는 드물다. 특정 죄와 질병 사이의 구체적인 연관성을 제시하는 경우는 덜 드물지만, 그럼에도 흔하지는 않다. 미리암의 나병, 왕의 팔이 오그라든 것, 부모의 죄로 인한 유아의 죽음 등이 성경에 예시로서 나오는 일부 사례이다.[43] 그러나 대부분의 경우, 우리는 세상의 질병과 고통이 우리

---

42 욥 1:8. "여호와께서 사탄에게 이르시되 네가 내 종 욥을 주의하여 보았느냐 그와 같이 온전하고 정직하여 하나님을 경외하며 악에서 떠난 자는 세상에 없느니라."
43 민 12장; 왕상 13장.

의 이해를 거스르는 방식으로 분포되어 있다는 것이 훨씬 더 일
반적임을 알고 있다. 우리가 하나님의 경륜을 이해했다고 생각
한다면, 하나님 보시기에 은혜를 **입은** 자녀에게 주어지는 '상급
(reward)'을 생각해 보는 것이 도움이 될 것이다. 그는 **하나님의
호의를 얻었기 때문에, 또 하나님의 자비하심 덕분에 죽는다!**[44]

인간의 관점에서 보면, 종종 한 개인이나 집단이 고의로 다
른 사람에게 엄청난 고통을 주기도 한다. 한 사람이 죄를 지으
면 다른 (상대적으로) 무고한 많은 사람이 고통을 받기도 한다.
물론, 우리는 개인적인 고난에 직면했을 때, **대부분** 자신 있게
원인을 주장하거나 개인적인 책임을 전가하는 것을 피하는 것
이 좋다. 그리고 이와 유사하게, 우리는 문제의 소지가 있고 빗
나간 판단일 수 있는 경솔한 사면(赦免)이 확대되는 것에도 주
의해야 한다. 우리는 우리의 유전자에 대해 책임이 없다. 그런
데 특정 유전자를 가지고 있는 것만으로도 운명이 결정될 정
도로 강력하게 짜여 있는 유전적 조건이 있다. 헌팅턴 무도병
(Huntington's Chorea, HC)은 하나의 예일 뿐이다. 반면에 다른 유
전적 성향은 덜 운명론적으로 보는 것이 좋다. 의료 실무에서의
많은 갈등은 특정 질병에 대한 성향과 개인적 성향들 사이의 긴
장감과 관련이 있다. 따라서 이러한 개인적 성향이 잠재된 유전

---

44 열왕기상 14장이 그 이야기를 말해 준다.

자를 활성화하거나 질병 발현으로 이어질 수도 있으며, 반대로 질병을 지연하거나 예방할 수도 있고, 최소한 완화를 가져올 수도 있다.

인과 관계 규명이 그 자체로 목표가 되어서는 안 된다. 인과 관계 자체는 증상을 지속시키고 악화시키는 다른 요인에 의해 가려질 수 있다. 간단한 예를 들어보자. 만성 불면증(Chronic insomnia)은 매우 구체적이고 식별 가능한 발병 시기와 원인을 가지고 있을 수 있다. 하지만 시간이 흐르면서 원인은 대부분 기억 속에서 희미해지는 경향이 있다. 이는 자연스러운 경우도 있고, (예를 들면 전쟁 트라우마의 경우처럼) 기억을 의도적으로 억누르거나 어쩔 수 없이 억누르기 때문이기도 하다. 과잉 경계, 회피, 정서적 마비 등 이러한 기억을 억압을 가중시키는 심적 경향들은 습관화되어 의도적이든 비의도적이든 기억을 억누르거나 다시 떠올리는 것보다 수십 년 더 오래 지속될 수 있다. 그러한 상황에서 불면증은 일차적인 (즉, 뚜렷한 원인 없는) 것으로 보일 수도 있지만, 매우 구체적인 원인이 있을 수 있다.

만성 불면증의 부작용(피로, 짜증, 집중력 저하, 잠을 자지 못할 것에 대한 예측과 두려움)은 불면증을 지속시키고 악화시킬 뿐이다. 어떤 노력 끝에 추정되는 원인이 혹 밝혀지더라도(이런 경우는 생각만큼 흔하지 않다), 불면증이 마술처럼 해결되는 것은 아니다. 불면증은 문제를 혼란스럽게 만드는 다른 증상과 함께 자체적으로 생명을 얻은 것처럼 보이기 때문이다. 이처럼 명확한 시간 순서와 확실한 인과 관계를 가진 질환도 그 원인을 밝히고 치료하는 것이 이토록 복잡하다면, 자유 의지와 유전(遺傳)과 죄책감과 결백, 그리고 우연한 문제가 복합적으로 얽혀 있는 경우는 얼마나 더 복잡할까? 다시 말해서, 인과 관계와 추론되는 책임에 관해서는 겸손함이 오만함보다 더 유용하며, 어떤 경우에도 겸손함이 가져다주는 보상이 훨씬 더 만족스러울 것이다.

고난이 어디에나 존재한다는 사실은 아무리 강조해도 지나치지 않는다. 고난은 의식적으로 그리스도인의 삶을 살려고 노력하는 사람들에게도 닥쳐오고,[45] 하나님과 그분의 호의를 무시하는 사람들에게도 약속된 것이다. 어떤 사람들은 잠깐 어려움을 피한 것처럼 보일 수 있다. 심지어 그러한 어려움을 받아 마땅한 사람들이 이를 피한 것처럼 보이기도 한다.[46] 하지만 그러한 휴지기(休止期)는 일시적이라는 것을 우리는 성경과 일반적인 관찰을 통해 알고 있으며, 이를 확신한다.[47] 그러나 부패한 사람들은 일시적으로 공의를 피한 것처럼 보이는데, 비교적 무고한

---

45 딤후 3:12. "무릇 그리스도 예수 안에서 경건하게 살고자 하는 자는 박해를 받으리라."
46 시편 73편을 보라
47 딤전 5:24-25. "어떤 사람들의 죄는 밝히 드러나 먼저 심판에 나아가고 어떤 사람들의 죄는 그 뒤를 따르나니 이와 같이 선행도 밝히 드러나고 그렇지 아니한 것도 숨길 수 없느니라."

사람들만이 고통을 당하고 있다면, 우리는 우리 자신과 다른 사람들의 삶에서 마주하는 고통에 대해 어떻게 책임을 분담할 수 있을까? **매우 조심스럽게, 그리고 겸손과 긍휼의 마음으로** 이를 대해야 한다. 우리 대부분은 '터무니없는 행운의 물매와 화살'처럼 보일 수 있는 부당한 고난을 견뎌 내는 것 못지않게, 마땅히 받아야 할 많은 결과를 피하는 것 또한 어떤 것인지 잘 알고 있다.[48]

내 경험에 비추어 볼 때, (다른 사람들도 마찬가지겠지만) 우리는 보통 마땅히 받아야 하는 것보다 훨씬 더 많은 시련을 겪지만, 반면 처지가 반대인 것처럼 보이는 사람들도 알고 있다. 그 이유를 알아내려고 노력하는 것은 성가시고 때로는 현명하지 못한 일이다. 따라서 고통은 예기치 못한 형태로, 그리고 전혀 어울리지 않는 것처럼 다가온다는 점을 강조할 수밖에 없다. 하지만 그것이 인류 전체의 곤경이라는 사실에 조금이나마 위안을 삼을 수 있다. 그것을 너무 상세하게 설명하거나 증거가 뒷받침되지 않는 수준의 정확성으로 설명하려고 하는 것은 혹여 위험하지는 않더라도, 사실 주제넘은 일이다. 따라서 여기서 우리는 아우구스티누스처럼 우리가 원하는 만큼 알지 못하고, 설령 안다고 해도 우리가 생각하는 만큼 많이는 이해하지 못할 거라고

---

48 William Shakespeare, 『햄릿』, 3막 1장.

말하는 것이 최선일 것이다.[49]

심지어 HC 유전자처럼 명백한 경우에도, 그 유전자를 물려받아 조기 치매와 기능 상실이 불가피하다는 사실을 (이제 가능한 것처럼) 알고 있다고 해도, 그 지식을 숙명적으로 적용하는 것은 용납되지 않는다. 물론 그러한 경우 임상 질병이 발병하면 능력과 책임이 모두 감소할 것이다. 그러나 그 질병이 발현하기 이전에도 당사자에게는 여전히 살아야 할 삶이 있고 자유로운 선택권이 있다. 그리고 HC는 가장 강력한 유전적 인과 관계를 보여 주는 질환 중 하나이다. 백스터가 다루는 조건들은 어떠할까?

원인과 결과, 과실과 능력, 결정론과 자유에 대한 이런 분석적 고찰은 백스터의 조언에서 반복적으로 나타난다. 느슨하게 연결된 원인과 결과 사이의 긴장을 잘 알고 있는 그는, **사람들이 도울 수 없는** 일에 대해 비난하는 것을 거부하는 동시에 그들이 **할 수 있고 반드시 해야 하는** 특정 의무에 대해 면죄부를

---

49 Augustine, 『고백록』, 11.12.14:
"자, '하늘과 땅을 창조하기 전에 하나님은 무엇을 하셨습니까?'라고 묻는 자에게 나는 대답한다. 나는 어떤 사람이 (질문의 압박을 피하기 위해) 농담하듯 '그분은 신비를 파헤치는 자들을 위해 지옥을 준비하고 계셨습니다'라고 말했던 것처럼 대답하지 않을 것이다. 인식하는 것과 비웃는 것은 별개의 문제다. 이런 것들에 나는 대답하지 않을 것이다. 왜냐하면 깊은 것을 묻는 사람을 비웃음거리로 만들고 거짓된 것에 답을 하는 사람으로서 칭찬받는 것보다 차라리 '내가 모르는 것은 모른다'라고 대답하는 것이 더 나은 일이기 때문이다." (*NPNF*, vol. 1)
그러므로 우리는 고통의 문제에 답하기보다는, 그 보편성을 인정하고 고통이 왜 이대로 분배되는지 "우리는 모른다"라고 말하고자 한다.

주는 것도 거부하는 것처럼 보인다. 그 중간 지점에서, 백스터는 병든 영혼들이 스스로 할 수 없는 일을 친구와 가족에게 요구하면서도, 그들만이 이룰 수 있는 일은 그들에게 요구한다. 백스터는 온화하면서도 완고하고, 관대하면서도 까다롭다.[50]

인간에게 공통된 것처럼

그렇다면, 우리는 백스터의 말을 어떻게 요약하고 넘어가는 것이 좋을까? 그가 언급한 장애는 오늘날 명백히 나타나는 장애와 마찬가지로 흔하고 광범위하며, 때로는 너무 좁은 시각으로 바라보고 있다는 점을 인정함으로써 가능하다.

우울증, 양극성 장애(조울증), 조현병(정신분열증) 및 이와 관련된 여러 가지 다양한 질환은 가장 무모한 사람과 가장 침착한 사람, 기독교인과 비기독교인 모두에게 영향을 끼친다. 기독교인들에게 백스터는 쉬운 답변은 아니지만 간단한 해결책을 제시한다. 실행하기에 도전적일 수 있지만, '필요한 때에 도움'[51]을

---

50 갈 6:2-5에 나오는, 일견(一見) 모순되는 성경적 교훈은 공동의 책임과 개인의 책임이라는 맥락에서만 이해가 된다. 바울은 "너희가 짐을 서로 지라. 그리하여 그리스도의 법을 성취하라. 만일 누가 아무것도 되지 못하고 된 줄로 생각하면 스스로 속임이라. 각각 자기의 일을 살피라. 그리하면 자랑할 것이 자기에게는 있어도 남에게는 있지 아니하리니, 각각 자기의 짐을 질 것이라"라고 말한다. 첫 번째와 마지막 문장은 각각 혼자서는 감당할 수 없는 압도적이고 억눌린 짐이 있음을, 그리고 이를 누구도 우리 대신 짊어지고 완수할 수 없다는 개인의 의무를 가리킨다. 우리는 둘을 혼동해서는 안 된다. [Classroom communication from Dr. Glenn C. Knecht (Fourth Presbyterian Church, Bethesda, MD, 2003)].

51 히 4:16에서 구절을 빌려 옴

얻을 수 있는 방안일 것이다. 백스터는 만병통치약을 제공하지 않는다. 그는 고통을 이 삶에 내재된 것으로 여긴다. 그러나 백스터는 절망을 거부하고, 자기의 독자들(환자와 돌보는 이 모두)에게 선하시고 위대하신 하나님에 대한 그의 관점에 기반한 낙관주의를 요구한다. 이는 하나님과 이웃에 대한 사랑을 반영하는 도움을 어떻게 주고받을 수 있는지에 대한 매우 실용적인 조언으로 뒷받침된다. 백스터는 경솔하지도 순진하지도 않다. 하지만 그는 뚝심 있는 사람이며, 독자들 또한 그렇게 되거나 적어도 그러기를 원한다고 생각한다. 그의 조언은 그가 믿음직하게 제시하는 확신을 향해 나아가도록 우리를 이끌어 준다.

돌이켜 보면, 내가 정신의학에 매력을 느낀 이유 중 하나는 다양한 정신 질환(조현병부터 불안 장애에 이르기까지)으로 고통받고 있는 동료 신자들이 있다는 사실을 알았기 때문이다. 당시만 해도 그런 사람들은 기독교 상담을 받았는데, 이는 좋은 의도를 가지고 있었으나 종종 해를 끼칠 만큼 기대에 부응하지 못했다.

의과대학 학생 시절 대학병원 입원 병동에서 근무했던 경험은 나에게 약물이 고통받는 영혼들에게 기적에 가까운 효과를 발휘할 수 있다는 매우 낙관적인 생각을 심어 주었는데, 그 기억은 아직도 나를 괴롭히고 있다. 그 후의 경험은 나에게 치료를 통해 달성할 수 있는 것과 달성할 수 없는 것에 대한 보다 현실적인 시각(여전히 낙관적이지만)을 제공했다. 생각했던 것보다

늦게 백스터를 만났지만, 그는 우리에게 힘들게 얻은 실용적 지혜를 제공해 주었다. 그는 내가 아직 무엇을 배우고 있는지 잘 알고 있었다.

버치 박사의 환자가 무엇이 문제인지 이해하는 데 필요한 긍휼의 마음 없이 초기에 병력을 파악했다면, '히스테리'나 '심인성 증상' 같은 편견에 사로잡혔을지도 모른다. 그리고 물론 나는 몇 년 후에 그 어머니와 아들들에게 실제로 어떤 일이 일어났는지 궁금하다. 진단은 쉬웠지만, 만약 치유가 이루어졌다 해도 그렇게 간단하지는 않았을 것이다.

톨스토이의 유명한 말, "행복한 가족은 모두 비슷하지만, 불행한 가족은 모두 나름대로 불행하다"[52]라는 말은 내 생각에는 틀린 말이다. 뇌를 포함한 무언가가 부서질 때, 그 파손에는 인식 가능한 동일성이 있으므로 **진단 가능한** 패턴이 있다. 그렇다고 해서 파손을 설명하거나 수리하는 것이 간단하다는 말은 아니다. 깨진 꽃병은 온전한 상태에서 아무리 아름다웠을지라도, 그것을 버리는 것이 아니라 수리하는 것에 관심이 있다면, 엔트로피가 증가 상태에서 복잡성을 드러낸다. 확실히, 우리 인간은 수리하기 매우 복잡할 수 있다. 망가진 삶에서 볼 수 있는 은유적 파손에는 동질성이 있으며, 이는 우리가 강압적인 돌봄으로

---

52   Leo Tolstoy, *Anna Karenina*, trans. Constance Garnett (various publishers), chap. 1, line 1.

부터 조심스럽게 (그리고 냉담하게?) 보호하는 노숙인들의 얼굴과 행동에서 가장 눈에 띄게 나타난다.

그러나 우울증, 끊임없는 걱정, 정신 질환 또는 왜곡된 인식으로 인해 삶이 붕괴되었을 때, 사회와 교회에서 올바르고 기능적인 구성원들 사이에는 예측 가능한 동질성이 나타난다. 상처에 대한 인식은 매우 단순하다. 이것이 내가 톨스토이가 틀렸다고 생각하는 이유 중 하나이다. **행복과 건강은 질병보다 훨씬 더 다양하고 더 세분된 질감으로 나타난다.**

현실적인 희망을 품고서 상처를 해결하는 방법을 찾는 것은 더 어렵다. '적절한 약물 치료'를 위한 성급함도 이전에 행했던 순수한 심리적인 처방이나 순수한 '영적인' 처방이 그랬던 것처럼 지나치다고 할 수 있다. 순진한 낙관주의도 복구 작업의 어려움을 견뎌 내지 못할 가능성이 크며, 이는 결국 절망으로 이어질 수 있다. 그러나 무엇을 시도하고 성취해야 하는지에 대한 정보에 입각한 깊은 이해는 환자, 의사, 목회자, 가족, 친구들이 종종 '끝까지 견뎌 내야 하는' 상황을 더 잘 대처할 수 있도록 도와준다(마 10:22; 24:13).

백스터가 그렇다. 그의 조언 중 일부는 절망의 문턱에서 반드시 되돌아가야 하는 사람들을 위한 것이다. 또 어떤 조언은 자신의 태도에 너무 익숙해져서 아직 위기가 **아니라는** 이유로 상황에 대처할 동기를 갖지 못하는 사람들을 위한 것이기도 하며, 또 어떤 조언은 환자에 대한 자신의 의무와 그 책임의 한계에 대해 교육받아야 하는 가족과 친구 등 주변인을 위한 것이다.

이것은 복잡한 문제이다. 백스터의 정서에 내재된 철학적 보수주의는 이러한 어려움에 대한 인식을 시사한다. 상황을 악화시키는 것보다 상황을 개선하는 것이 항상 더 어렵다. 그러나 그는 운명론에 기초한 무사안일이나 얼어붙은 우유부단함에 대한 변명을 용납하지 않는다. 반드시 해야 할 말과 행동이 있고 그 결과가 보장되지는 않더라도, 그러한 불확실성에도 불구하고 신중하고 계산된 대응은 필요하다.

말할 필요도 없이 당연한 이야기지만, 여기서 빼놓고 싶지 않은 이야기가 있다. 이 책은 진단 매뉴얼이나 치료 지침서로 출판되지 않았다. 이 책은 일반 신도와 목회자, 환자(와 가족)와 전문가 모두에게 정보를 제공하고 시야를 넓히기 위한 책이다. 백스터가 제시하는 조언에 공감하는 사람들은 그의 "우울증과 불안증을 앓는 그리스도인들에게 주는 조언"이라는 글의 서두와 맺음말을 매우 진지하게 받아들여야 한다. 바꿔 말하면, **자신의 영혼 상태를 살피고, 자신의 목회자 및 의사와 상담한 후, 그들의 조언을 적절하게 적용하라는 것이다.**

백스터는 환자, 목회자, 친구, 가족, 의사 모두의 충실한 친구이자 동반자이다. 그는 때때로 신랄하고 날카로운 비판으로 도움을 주기도 하지만(필요한 경우 우리가 직설적인 태도를 취하도록 독려하기도 한다), 때로는 따뜻한 긍휼의 마음으로 가혹해지기 쉬운 우리 자신의 성향을 부드럽게 만드는 역할을 하기도 한다. 리처드 백스터가 나에게 그랬던 것처럼, 당신과 당신의 소중한 사람들에게 친구가 되기를 진심으로 소망한다.

제2부

|

우울증에 대한
리처드 백스터 목사의 권고

3장

우울증과 불안증을 앓는
그리스도인들에게 주는 조언

리처드 백스터[1]

이미 우울증[2] 경향이 있는 사람들은 정연하지 않은 사고 방
식이나 통제되지 않은 감정으로 인해 곧잘 더욱 깊은 우울감에
빠진다. 이런 사람이 겪는 곤궁한 상태를 지켜보고 있으면 매
우 안타깝기 그지없다. 따라서 그들을 위한 특별한 조언을 문서

---

1 마이클 S. 런디 박사가 백스터의 저서, 『기독교 생활 지침』에서 "자신들 생각에 우울증에 빠
진 사람들에 대한 지침들"(Directions to the Melancholy about Their Thoughts) 원문을 새롭
게 편집했다.

2 백스터는 여전히 유용하게 사용되는 'melancholy'라는 용어를 채용했다. 그 용어 안에는 오
늘날보다 훨씬 정밀하지만, 굳이 정확하게 분류할 필요는 없는 매우 광범위한 정신 질환들
이 들어 있다. 백스터가 이 'melancholy'를 사용할 때, 거기에는 우울증, 양극성 장애, 불안
장애, 정신병적 장애 등이 포함된다. 나는 현대 독자들을 고려하여 백스터가 'melancholy'를
사용한 일부 경우에 'depression'을 사용할 것이다. 백스터의 언어를 현대화하는 목적은 불명
확한 일부 단어들을 제거하고 문장들을 재구성하여 다중적인 사고의 가닥을 저 위대한 청교
도 위인들만큼은 유지하기 힘들어하는 독자들이 적응할 수 있도록 돕는 데 있다.

로 작성할 필요가 있다고 생각한다.[3] 나는 우울증이나 다른 질병의 본질을 잘 알지 못해 하나님의 이름을 크게 더럽히고 종교적 신앙고백(the profession of religion)을 비웃음거리로 삼는 사람들을 만나곤 하는데, 그들은 우울증에 걸린 사람들의 모든 언행을 성령님께서 행하시는 크고 진귀한 일로 여기는 까닭에 그와 같은 행태를 보이는 것이다.[4] 그러면서 우울증에 걸린 이들의 영혼에 하나님께서 사용하시는 방법과 그 일하심을 추론한다. 뿐만 아니라 사탄의 활동이 허용되었을 때 미칠 수 있는 영향력의 본질이 무엇인지까지도 추론의 대상으로 삼으며, 또 어떤 사람들은 신경증에 걸린 여성의 예언, 귀신 들림, 축사 행위 등을 담은 글, 특히 수사들의 저작을 발행하기도 한다.

설령 증상이 매우 심각할지라도, 정신 능력이 그것을 감당할 만하거나 상상력과 공상력, 지적 능력 등이 뒤틀리거나 병들지 않았다고 한다면, 나는 이성적으로 자신의 죄를 슬퍼하고 비참함을 인식하며 회복과 구원에 대해 전력을 기울이는 사람들은 우울증 환자의 범주에 넣지 않는다. 내가 생각하는 **우울증**이란, 병적인 광기, 정신적 고통, 상상의 오류로 인해 결과적으로 사

---

3 백스터는 독자들이 참조할 수 있도록 『기독교 생활 지침』 중 절망과 싸우는 문제를 다루는 부문에서 훨씬 풍부한 조언을 제공한다.

4 조나단 에드워즈(Jonathan Edwards)는 『성령의 역사 분별 방법』(*The Distinguishing Marks of a Work of the Spirit of God*, 1741)에서 이 문제를 명확하게 다루고 있으며, 이 자료는 『조나단 에드워즈의 부흥론』[*Jonathan Edwards on Revival* (Edinburgh: Banner of Truth, 1991)]에 담겨 있다.

리를 분별하는 능력에 문제가 발생했을 때를 가리켜 말한다.

우울증은 다음과 같은 징후로 나타난다.[5] (이 징후들 전부가 모든
우울증 환자에게서 나타나는 것은 아니다).

1. 우울증에 걸린 사람들은 이유 없이, 말하자면 충분한 이유
   없이 두려움을 느끼는 경우가 많다. 특별히 두려움 자체가
   촉진제 역할을 하는 경우, 듣거나 보는 모든 것으로 인해
   두려움의 정도가 증가하는 경향을 보이며, 이것은 흔히 볼
   수 있는 현상이다.

2. 그들은 지나친 상상력으로 자신들의 죄, 어떤 위험이나 불
   행을 과장하는 경우가 대다수이다. 자신들이 지은 모든 사
   소한 과오에 대해 경악하며, 마치 극악한 죄를 지은 것처럼
   이야기한다. 혹여 생길지도 모를 모든 위험한 상황은 일어
   날 확률이 매우 높은 것으로 여기고, 위험한 일이 생길 개
   연성이 높은 경우는 그런 위험이 반드시 일어나리라 확신
   하며, 별로 위험하지 않은 모든 일들을 대단히 큰 위험이
   도사리고 있다고 여긴다. 그리고 일어난 재앙은 전부 철저

---

5   현대적인 진단법은 생각해 볼 수 있는 거의 모든 증상보다는 몇몇 특정한 증상이 확인되는
    지를 강조하는 방식인데, 백스터는 여기에서 이런 현대적인 진단법을 가지고서 능률적으로
    작업하려고 한다.

한 파멸로 이어진다고 믿는다.

3. 그들은 지나친 슬픔에 사로잡힌다. 이유도 모른 채 울면서,
   그것이 이치에 어긋난다고 생각하지 않는다. 미소를 짓거
   나 신나게 이야기해야 할 때임에도 마치 그런 행동이 잘못
   된 것처럼 양심의 가책을 느낀다.

4. 그들의 종교적 정서와 습관은 비애와 금욕주의를 강조하는
   태도로 나타난다.

5. 그들은 끊임없이 자기 자신을 비난한다. 듣거나 읽는 것,
   보거나 생각하는 것이 무엇이든 상관없이 찾을 수 있는 모
   든 혐의점을 자신에게 부여하는 것이다. 다른 사람과 논쟁
   하기를 즐기는 사람처럼, 자신의 모든 행동에 대해 결과를
   아는 듯이 자신에게 비판을 가한다.

6. 그들은 끊임없이 자신을 하나님에게서 버림받은 존재로 느
   끼고 절망에 빠지는 경향을 보인다. 마치 광야를 떠도는 사
   람처럼, 모든 친구와 위로로부터 버림받고서 낙담하고 실
   의에 빠지는 것이다. "나는 실패자야, 실패자. 망해 버렸
   어!" 끊임없이 이런 생각에 빠져 있다.

7. 그들은 자신들에게서 은혜의 날은 지나갔고, 이제 회개하 거나 궁휼을 찾기에는 너무 늦어 버렸다고 생각한다. 그들 에게 복음을 들려주고, 회개한 모든 신자는 값없이 용서함 을 받는다고 말해 준들, 여전히 통곡하며 "늦어도 너무 늦 어 버렸어. 내게 남은 시간은 없어"라고 말할 뿐이다. 이생 에서 참되게 회개하는 모든 영혼은 마땅히 용서받을 수 있 다는 사실을 전혀 고려하지 못한다.

8. 그들은 자주 예정 교리의 두려운 측면만을 생각하게 되는 유혹에 빠지고, 맥락을 완전히 벗어나 그 교리를 절망의 근 거로 삼는 잘못을 저지른다. 하나님께서 자신들을 거부하 셨다면(선택하지 않으셨다면), 이 세상에 자신을 구원할 수 있는 것은 자신을 포함해 전혀 존재하지 않는다고 판단해 버린다. 그다음으로 자신들은 선택받은 사람 중에 끼지 못 했기 때문에 어떤 도움이나 소망도 있을 수 없다는 강력한 확신에 이르게 된다. 그들은 하나님께서 구원의 방편을 무 시한 채 누군가를 선택하지는 않으신다는 사실을 모른다. 그와는 반대로 하나님은 믿고 회개할 자들을 선택하셔서 구원하신다. 선택은 그 목적과 수단에 모두 적용되는 과정 인 것이다. 회개하여 그리스도와 거룩한 삶을 살 자들은 모 두 구원의 선택을 받는다. 왜냐하면 구원에 필요한 수단과

상태에 따라 선택을 입기 때문이다. 만약 그들이 인내한다면 구원의 기쁨을 누릴 것이다. 회개란 선택받았다는 최상의 증거가 된다.

9. 그들은 성경에 나오는 어떤 비참한 예를 읽거나 들으면, 반드시 그 예와 자신을 동일시한다. 가인 이야기, 강퍅한 마음을 갖게 된 바로 이야기 등을 듣거나, 멸망으로 결정된 진노의 그릇 이야기, 혹은 눈은 있으나 보지 못하고, 귀는 있으나 듣지 못하며, 열심은 있으나 지식은 없다는 교훈을 읽으면 '전부 내 이야기야!' 혹은 '정확히 내가 처한 상황이야'라고 생각한다. 하나님의 심판이 임한 사람의 끔찍한 예에 관한 이야기를 들으면, 자신들도 그런 심판을 받게 되리라 판단한다. 또 누군가 급작스럽게 죽거나 집에 불이 나거나 절망 가운데 광란 상태에 있다가 죽게 되면, 자신에게도 동일한 일들이 벌어질 것으로 생각한다. 스피라(Spira)[6]의 이야기를 읽은 사람 중에서 우울증이 생기거나 우울증이 더욱 심각해진 경우가 발생했다. 이 이야기를 쓴 무지한 작가는 실제로 양심을 거스른 죄로 말미암아 중증의 우울증

---

6 나다니엘 베이컨(Nathaniel Bacon) 저, 『프랜시스 스피라가 처한 무시무시한 상황』[*The Fearful Estate of Francis Spira* (London, 1638)]. 스피라는 16세기 이탈리아의 뛰어난 변호사로서 로마 가톨릭교회의 압력을 받아 자신이 확신하던 복음적 신앙고백을 부인한 인물이다. 그는 신앙을 부인한 결과로 자신이 정죄를 받았다고 믿었으며, 중증의 우울증에 걸려 사망했다.

에 걸렸다고 묘사했다. 그러면서도 그는 이 경우를 마치 용서할 수 없는 절망이 건강한 지적 능력에서 발생한 것처럼 설명하고 있다.

10. 동시에 이 사람들은 자신들만이 이러한 곤경을 경험하며 다른 사람들은 이를 전혀 이해할 수 없다고 생각한다. 나는 몇 주 동안에 걸쳐 유사한 경험을 하고 있는 사람을 많이 보았는데, 그들은 누구도 자신과 같은 사람은 없을 거라고 말했다.[7]

11. 그들은 삶의 즐거움을 누릴 능력이 전혀 없다. 위로를 얻을 무언가를 파악하거나 믿거나 혹은 생각할 수 없다. 인식하고 적용할 준비를 단단히 하고서 성경에 나오는 경고성 위협 내용들을 빠짐없이 읽지만, 주의를 집중하지 않은 채 그저 반복적으로 성경을 읽을 뿐이다. 그래서 전혀 읽은 적이 없는 듯한 결과를 낳는 것이다. 즉, 그들은 "그 성경의 내용과 나는 아무런 상관이 없다. 하나님의 자비와 은혜의 풍성함이 클수록 나는 그것들과 무관하므로 비

---

7 애 1:12의 비탄을 자신에게 돌리는 위험이 도사리고 있다. 그와 같은 위험을 '자아 몰두 (self-preoccupation)'라고 한다.
"길 가는 모든 나그네들이여, 이 일이 그대들과는 관계가 없는가? 주님께서 분노하신 날에 내리신 이 슬픔, 내가 겪은 이러한 슬픔이, 어디에 또 있단 말인가!" (새번역)

참함은 더욱 심해진다"라고 말한다. 그런 사람들은 계속해서 고통과 병에 시달리는 사람과 같아서 자신이 느끼는 고통 때문에 기뻐할 여력이 없다. 어떠한 즐거움도 누리지 못한 채로 남편이나 아내, 친구, 아이들, 집, 소유물 등을 그저 바라만 볼 뿐이다. 이는 범죄를 저지르고 사형을 기다리는 죄수의 모습과 다를 바 없다.

12. 그들의 양심은 주저함 없이 냉큼 그들에게 죄에 관해 언급하고 사기를 꺾는 노력이 의무라고 생각하도록 만든다. 하지만 위안을 줄 수 있는 모든 의무는 기억하지 않고 있다. 자비하심에 감사하고 하나님을 찬양하며, 그 사랑과 은혜를 묵상하고 그리스도와 그의 약속을 묵상하는 문제에 관한 한 자신의 의지를 발휘하여 확고하게 그들을 가르쳐야 한다. 그들은 이런 것들이 자신들의 의무라는 사실을 모른다. 오히려 다른 사람들에게는 의무이지만 자신들에게는 어울리지 않은 행위로 생각한다.

13. 그들은 항상 자신은 믿을 수 없다고 말하며, 따라서 자신은 구원받을 수 없다고 생각한다. 이렇게 말하는 이유는 그들이 대개 믿음의 본질을 제대로 이해하지 못하고 있기 때문이다. 믿음이란 스스로 하나님의 용서를 받아 은

혜 가운데 있음을 신뢰하는 것이라 여기며, 그 믿음으로 말미암아 구원을 얻는다고 여긴다. 그런데 그들은 자신의 질병이 이를 믿지 못하도록 방해하여 이 사실을 믿을 수 없으므로, 자신들이 신자일 리 없다고 생각하는 것이다. 그러나 구원에 이르는 믿음이란, 복음은 참된 것이며 그리스도는 우리 영혼을 의탁할 수 있는 구세주라는 사실만을 오롯이 신뢰하는 것이다. 이 신뢰로 말미암아 우리는 그분이 우리의 것이 되고 우리가 그분의 것이 되는 것에 찬동하게 되며, 따라서 은혜 언약에도 동의하게 된다. 하지만 그들은 그것에 전적으로 동의하면서도(또한 그리스도가 그들의 것이요 그들이 완전히 거룩해지는 것을 확신할 수 있도록 세상을 내어 주셨을지라도), 아직 이를 믿는 것이 아니라고 생각한다. 왜냐하면 그리스도께서 자신들 개개인을 용서하시거나 구원하실 거라고 믿지 않기 때문이다.

14. 불평불만이 많고 완고한 사람이 다른 사람들에게 불평을 늘어놓는 것처럼, 그들은 자기 자신에게도 만족하지 못하며 언짢은 태도를 취한다. 무엇으로도 만족시키기 어렵고, 자신이 보거나 듣는 일마다 사사건건 잘못을 찾으려 하며, 모든 사람의 기분을 상하게 할 뿐만 아니라, 수군거리는 사람들마다 의심의 눈초리로 바라보는 사람이 있다

고 생각해 보라. 우울증에 걸린 사람은 바로 이와 같이 자신에 대해 의심하고 불만족스러워하며 만사에 결점을 찾으려고 한다.

15. 그들은 고독감에 **빠져** 동료들을 곧잘 회피한다.

16. 그들은 고집스럽게 무엇인가를 곱씹어 생각하고, 사소한 목표에 오랫동안 생각을 집중하는 데 열중한다. 따라서 깊이 심사숙고하는 것은 그들이 최우선으로 하는 행동이며, 우울증의 상당 부분을 차지한다.

17. 그들은 소명으로 받은 과업을 수행하기 매우 싫어하고 게으름을 피우려 든다. 그리고 침대에 누워 있거나 홀로 앉아서 적절하지 않은 생각에 **빠지곤** 한다.

18. 그들의 생각은 거의 자기에 관한 것으로 한정된다. 곡물도 없는데 두 돌덩이가 서로 계속 물려 돌아가는 맷돌마냥 한 가지 생각이 다른 생각을 불러온다. 그들이 생각하는 것은 자신들의 생각에 **관한** 것이다. 묘한 생각을 하면 그들은 방금 생각한 그것을 수단 삼아 또 생각하는 것이다. 보통 그들은 하나님(그의 진노하심을 제외하고서), 천국, 그

리스도, 교회의 상황 혹은 자기 외부의 상황에 관해 묵상하지 않는다. 오히려 그들의 모든 생각은 수축되고 내부로 돌아선다. '자기 고문'은 그들의 생각과 생활을 요약해 주는 표현이라 할 수 있다.

19. 그들의 혼란스러운 생각은 엉켜 있는 명주실과 같다. 혹은 미로나 광야에서 헤매는 사람이나 밤에 길을 잃어버린 사람과 같은 상황이다. 더듬거리며 찾는 까닭에 변변한 소득을 얻을 수 없다. 방황하고 어리둥절해하며, 이전보다 훨씬 더 복잡하게 휘말리며, 또한 회의감과 고난이 가득한 채 탈출할 방법을 찾지 못한다.

20. 그들이 느끼는 양심의 가책에는 끝이 없다. 자신의 모든 말, 생각과 겉모양, 먹는 음식과 옷차림을 통해 범죄 할 것 같은 염려로 가득하다. 개선할 방법을 생각한다고 할지라도 자신들에게 제시된 치유법에 의심을 품는다. 여행을 하지도 않으면서, 집에 머물러 있으려 하지도 않는다. 말을 하는 것도 아니고 그렇다고 침묵을 고수하는 것도 아니다. 모순적인 자기 의심만으로 똘똘 뭉쳐 있는 것처럼, 그 사람에게는 온통 걱정뿐이다.

21. 그에 따라 그 사람은 매우 미신적인 행동을 보이며, 하나
님께서 결코 요구하지 않으셨던 수많은 규칙을 스스로 만
든다. 그리고 불필요한 맹세와 결단, 해로운 금욕주의에
자신을 가두어 버린다. '접촉 금지, 맛보기 금지, 조작 금
지' 등이 그 예에 속한다. 그 사람의 신앙은 이와 같이 외
적이고 자기 부과적인 과업들(골 2:18-23 참조)로 구성되
어 있어서, 많은 시간을 그 과업에 소비하거나 스스로 만
들어 낸 헌신의 행위, 이를테면 지금 가진 의복을 입되
질이 더 좋은 의복은 거부하기, 맛있는 음식 거절하기 등
과 유사한 행위에 집착한다. 이러한 종파의 교회 구조가
비록 오만과 탐욕의 산물일지라도, 미신적이고 예전적
헌신[8]에 속하는 수많은 완벽주의적 양상은 대부분 우울증
에서 발흥하는 것이다.

22. 그런 사람들은 자기 생각을 이성적으로 통제하는 능력
을 상실해 버린 이들이다. 자가당착적이며 부적절한 생각
을 버리고, 다른 주제들을 생각하거나 단순하게 휴식을
취하게 하려고 설득해도 그들은 그것을 받아들이지 못한

---

8 백스터는 이를 '교황주의적'이라 칭하며 로마 가톨릭적인 헌신과 관련되었던 고도의 예전적
측면을 언급한다. 그가 보여 주는 로마 가톨릭교회에 대한 반감은 신학적인 동시에 도덕적
인 측면이 있으며, 당대의 잉글랜드 기독교 종파들 곧 국교도와 분리파의 입장은 일맥상통
하는 측면이 있다.

다. 그들은 강박과 속박에 묶여 있다. 따라서 문제투성이인 생각을 내쫓을 능력이 없다. 마음의 방향을 다시 잡을수도 없고, 사랑과 자비를 생각할 수도 없다. 마치 치통을 앓는 사람이 그 고통 이외에 아무런 생각을 할 수 없는 것처럼, 그들은 자기가 생각하는 것 외에는 아무런 생각도할 수 없다.

23. 그들은 대개 이 단계를 지나면 점진적으로 악화하여 개인기도나 묵상을 할 수 있는 능력이 없어지고, 생각이 뒤틀린다. 묵상이나 기도를 해야 할 때 수많은 생각으로 확산되어 자기의 생각을 어느 한 가지에 고정하지 못한다. 이것이야말로 그들이 앓고 있는 우울증의 본질이다. 곧 잘못된 방향으로 이끌리며, 혼란에 빠진 상상력이 통제력을 잃어버리고 약화한 이성과 결합한 상태가 된다. 때때로 공포로 인해 기도할 수도 없다. 감히 소망을 품을 수 없으므로 기도도 할 수 없고, 대개 성찬도 받지 않는다. 여기서 그들은 가장 두려워 떤다. 성찬을 받으려고 하면 그들에게 공포가 엄습하고, 이를 부당하게 받으면 정죄를 받을까 무서워한다(고전 11:28-29).

24. 따라서 그들은 모든 종교적 의무를 강력하게 회피하는 데

로 나아간다. 두려움과 절망에 빠져 말뚝으로 끌려가는 곰처럼 마지못해 기도하고, 설교를 듣고, 성경을 읽으려 한다. 그러면서 자신들은 하나님과 경건을 혐오한다는 결론을 내고는 앓고 있는 질병의 증상에 대해 자신들의 영혼을 탓한다. 그런데도 역설적인 것은 그런 사람 중에 경건한 이들은 세상의 모든 부와 영예를 소유하기보다 모든 죄에서 자유로워지고 온전히 거룩해지고 싶어 한다는 점이다.

25. 그들은 보통 격렬하고 짓눌리는 생각에 몰두하고 있으며, 흐트러진 정신으로 남과 경쟁하고 다툰다. 자기 내부에서 어떤 존재가 말하는 것 같고, 자신의 억지스러운 생각이 마치 다른 어떤 사람의 간청이요 충동인 것 같은 경험을 한다. 따라서 그들은 모든 공상을 사탄이나 성령님의 특별한 행위로 돌리는 경향이 있다. 그들은 다음과 같은 말로 자신을 표현한다. "그게 내 마음에 떠올랐어요" 혹은 "뭔가를 해야 할 일이 있다고 해놓고서는, 하면 안 된다고 하면서 다른 일을 해야 한다고 했습니다." 그들은 실제 자기가 **생각하고 있는 것**이 거의 귀에 들리는 **말소리**인 것과 같은 경험을 한다.

26. 우울증이 심해질 때 그들은 자주 하나님이나 그리스도,

성경, 영혼 불멸에 대해 가증한 신성 모독 행위를 하고 싶은 유혹에 빠진다. 그것은 일정 부분 그들이 겪는 두려움에서 연원하는데, 마치 피가 상처에서 자연스럽게 흘러나오는 것처럼 그 두려워하는 것에 자신도 모르는 사이에 붙들려 산다. 그들이 겪는 바로 그 두려움에 대한 고통이 그들 생각을 두려워하는 대상에게로 끌고 가는 것이다. 간절하게 수면을 소원하면서도 수면을 취할 수 없어 두려워하는 사람이 그 두려움과 절망 때문에 불면을 경험하는 것처럼, 우울증 환자의 두려움과 소원은 서로 다투는 관계이다. 덧붙여 사탄은 명백히 이 부분에서도 역시 악의에 찬 의도로 방해자 역할을 한다. 우울 증세를 활용하여 우울증에 걸린 사람들을 유혹하고 곤궁한 상황에 빠지게 하여 자신이 하나님, 그리스도, 성경, 우울증에 걸린 사람들을 혐오한다는 사실을 보여 준다. 사탄은 화를 잘 내는 사람은 분노를, 냉담하고 육감적인 사람은 나태함을, 다혈질적이고 성급한 사람은 욕망과 부도덕함을 이용해 더 쉽게 유혹할 수 있듯이, 우울증 환자들은 신성 모독과 불신앙, 절망감 등의 생각을 이용해 좀 더 쉽게 유혹하는 것이다. 종종 그런 사람들은 마치 내적으로 신성 모독적이거나 어리석은 말을 강요받는 것 같은 절박하고 다급한 감정을 느낀다. 이 같은 충동에 굴복하지 않으면 안정을 찾을 수 없다. 또 다른 어떤 사람들은 침묵하라는 유혹에 굴복해 침묵하면, 너무나 큰 죄를 짓고 말았다는 이유 때문에 철저히 절망하라는 유혹을 다시 받는다. 사탄이 이런 이점을 얻으면, 그는 계속해서 그 사람들을 상대로 악영향을 끼친다.

27. 이런 상황에서 그들은 자신이 성령을 거스르는 죄를 범했다는 생각에 빠지도록 하는 더 큰 유혹을 받는다. 그 죄가 어떤 죄를 말하는지도 모르면서 너무나 무서운 죄를 지었다는 생각 때문에 두려워하며, 적어도 자신이 용서받지 못할 것 같다는 생각에 이르는 것이다. 그들은 유혹과 죄는 서로 별개라는 점, 죄를 짓지 않으려 하고 죄를 가장 혐오하는 사람만큼 자기 죄로 인해 정죄받는 것을 두려워할 이유가 적은 사람도 없다는 점 등을 인정하지 않는다. 극악하고 신성 모독적인 생각으로 고통을 호소하는 이 가련한 영혼들이야말로 자발적으로 죄를 지을 가능성이 거의 없는 이들이다.

28. 그와 같은 생각 때문에 일부 우울증에 걸린 사람들은 스스로 귀신 들렸다는 생각에 이르게 된다. 귀신 들린 사람의 행동 방식이 마음속에 들어가면, 힘들이지 않고 암시

만 그들에게 살짝 주더라도 그는 같은 행동을 하게 된다. 나는 악담과 저주, 신성 모독을 하면서, 자기 내부에서 들리는 낯선 목소리를 모방하는 사람들을 알고 있다. 그들은 자신들 안에 사탄이 활동하고 있다고 생각한다. 하지만 이렇게 극단적으로 나아가는 경우는 거의 없다.

29. 섬망증(Delirium)[9]을 경험하는 사람들은 환청을 듣거나 빛과 환영을 보게 된다. 그리고 그들 앞에 있던 장막이 걷어지고[10] 누군가를 만나 대화를 나눈다고 믿는다.[11] 하지만 이는 단지 기능 부전을 일으킨 뇌의 오류, 뒤틀린 상상[12]일 뿐이다.

30. 우울증 걸린 사람 중 상당수가 혼란스러운 마음이 지속되어 지친 상태에 있으므로, 삶 자체를 지루한 것으로 여기지만, 그럼에도 불구하고 죽음에 대한 두려움을 여전히 가지고 있다. 단단히 마음을 먹고서 아무것도 먹지 않는 이들이 있는가 하면, 어떤 이들은 자살의 유혹을 강하게

---

9 섬망증은 예후가 좋지 않은 심각한 의학적 질환으로서, 혼수상태에 빠지거나 깨어날 때, 혹은 사망하는 과정에서 관찰되는 경우가 많다.

10 현세와 내세, 물질세계와 영적 세계, 혹은 가시 세계와 비가시 세계 사이의 장벽이 허물어지는 것을 의미한다.

11 임사 체험은 많은 입증 자료들이 있으며 새로운 현상이 아니다.

12 백스터는 이러한 증상에 대해 일상적이면서도 주로 생리학적인 설명을 제공한다.

받아 쉴 틈 없이 그것에 홀려서 어디를 가든 그들 내부의 무엇인가가 부추기며 "죽어, 죽으라고!"라고 말하는 것처럼 느낀다. 그래서 결국 많은 가련한 영혼들이 그 유혹에 굴복하고서 자살을 선택한다.

31. 또 어떤 많은 사람들은 자기 가족에게 빈곤, 가난, 불행 등이 덮친다든지, 투옥이나 추방을 당한다든지, 혹은 누구에게 살해당할 것 같다는 확고부동하고 거짓된 두려움[13]으로 인해 고통을 받고 있다. 그들은 누군가가 속삭이고 있는 것을 보면 자신을 죽이려는 음모를 꾸미고 있다고 믿는다.[14]

32. 어떤 이들은 절대 한마디 말도 하지 않겠노라 마음을 먹고, 오랫동안 단호한 태도로 침묵을 유지하기도 한다.

33. 그들은 모두 고집이 세고 완고한 관점에 매여 있어서, 그 관점이 제아무리 비이성적이라 할지라도 설득하기가 불가능하다.

---

13 이것은 망상(delusion)에 대한 실제 표준 임상적 정의이다.
14 이것은 '편집성 망상 상태'라고 불리는 위험스러운 사례이다.

34. 그들 중에 어떤 상식이나 설득, 상담에 대해 긍정적으로 반응하는 이들은 극히 드물다. 지금 당장은 만족감과 평정을 느끼고 활기를 찾은 듯 보여도, 이튿날이 되면 상황은 그 이전만큼 좋지 못하다. 그들의 사고방식[15]이 바로 앓고 있는 질병의 본질이며, 그 바탕을 이루는 질병 자체가 치유되지 못한 채로 남아 있기에, 그들의 생각은 치유되지 않는다.

35. 하지만 이 모든 고충 속에서도 자신들이 우울증에 걸렸다는 것을 믿는 사람은 거의 없으며, 우울증에 걸렸다는 말을 듣는 것도 싫어한다. 그들은 자신이 하나님께 버림받았기에 그 진노 아래 놓여 있어 불행하다고 느끼는 것이며, 이 느낌은 합리적이라고 주장한다. 그러므로 어떤 의료적 지원이나 몸의 치료를 위해서 여러 방편을 사용해 보라는 설득에 좀처럼 응하지 않는다. 그들은 자신이 건강하다고 주장하며, 고통당하고 있는 것은 오직 자기 영혼뿐이라고 확신한다.

지금까지 불행한 사람들에 관한 안타까운 사례들을 들어 보

---

15 백스터가 '피해자 비난하기'를 지양하고 매우 동정심과 이해심 있는 자세를 취하고 있음이 주목할 만하다.

았다. 그러나 그들은 누구에게든지 전적으로 긍휼히 여김을 받아야 하고 경멸받아서는 안 된다. 나는 여기서 단지 내가 직접 수시로 관찰하고 알게 된 내용들만을 기술한 것이다. 아무도 이 불행한 사람들을 얕보지 못하게 하라. 학력이 높든지 문맹이든지, 신분이 높든지 낮든지, 선한 자이든지 악한 자이든지 상관없이 이런 비참한 상황에 떨어질 수 있다. 이전에 하나님께서 그들의 어리석음을 깨우치실 때까지 퇴폐적이고 이기적이며 육적으로 살았던 사람들까지도 말이다.

우울증의 원인은 다음과 같다. (1) 가장 일반적인 경우로 우울증에 걸린 사람들에게 대단히 큰 영향을 미치는 일시적 상실감, 고난, 비탄, 염려. (2) 위험하긴 하지만 흔히 만날 수 있는 상황에 대한 지나친 두려움. (3) 굉장히 정력적이고 쉴 틈 없이 진행되지만, 지나칠 정도의 강도로 상상력에 혼란과 긴장을 유발하는 지적 작업 혹은 사고. (4) 갖가지 두려움과 자기 영혼에 닥칠지 모르는 위험에 대해 너무 깊게 지속적으로, 심각하고 열정적으로 생각하며 관심을 기울이는 성향.[16] (5) 우울증의 주요 소인(素因), 즉 실제 주요 원인인 정신 기능과 이성이 허약해진 상태에서 강력한 감정들이 결합된 경우(상당히 많은 경우의 여성들, 혹

---

[16] 오늘날 사람들은 영혼의 상태에 관하여 흔히 무관심하다. 그런데 오히려 그 무관심 때문에 인간 영혼의 상태에 관한 관심이 도드라져 보인다.

은 자연스럽게 이 주요 원인에 끌리는 사람들). (6) 끝으로 어떤 가증스러운 죄를 짓고 우울증에 빠지는 경우인데, 결국 양심이 깨어나 죄책감을 느끼게 되어 그 가증스러운 죄를 범한 자신을 감당할 수 없기 때문이다.

우울증의 자연스러운 과정이 조금 더 진전되면 이 질병에 걸린 사람에게는 조언이 별 소용이 없다. 왜냐하면 그들은 그 조언을 행동으로 옮길 만한 합리적 판단 능력이나 자유 의지가 없기 때문이다. 오히려 조언이 필요한 이들은 우울증 환자들의 가장 가까운 친구들이다.[17] 하지만 적어도 기본적으로 **대부분**의 사람들은 이성을 발휘하는 힘을 계속 유지하기 때문에, 나는 여기에서 **그들에게** 유익이 될 만한 몇 가지 지침을 주고자 한다.

지침 1.[18]

신학적인 오류로 인해 우울증에 빠지는 일이 없도록 주의하라. 특히 은혜 언약과 그리스도 안에서 계시된 자비의 풍성함에 대한 확고한 지식을 가지라. 이 지식은 여러 진리 중에서 특별

---

17 정신건강의학과 질환을 처치하고 회복시키는 데 가족을 꼭 포함시키는 것은 오래전부터 널리 인정되고 있는 표준 치료법이기 때문이다.
18 광범위하게 설명해 온 백스터는 이제 우울증을 다루는 방법을 서술하면서 이 지식을 적용한다.

히 다음의 진리를 이해하는 데 도움이 될 것이다.

1. 하나님의 무한한 선하심에 관한 생각은 그분의 무한한 능력과 지혜에 관한 생각과 균형을 이루어야 한다.

2. 하나님은 자비를 베푸셔서 모든 인류에게 전혀 부족함이 없는 구세주를 주셨다. 그러므로 그 어떤 죄인도 죄를 용서받기에 충분한 그리스도의 완전한 속죄가 부족해서 멸망에 이르게 되는 일은 없다. 어떤 사람의 구원이나 죄 용서도 그가 자기 죄에 대한 대가를 지불하도록 요구하지 않는다.

3. 그리스도는 (자기희생의 행위를 의미하는) 복음의 언약 안에서 참회와 믿음으로 그 제안을 받아들이는 모든 이들에게 죄 용서와 구원을 베푸셨다. 복음을 듣는 사람은 그리스도와 생명을 끝내 완고하게 거부하는 사람을 제외하고 아무도 멸망하지 않는다.

4. 복음의 진리를 믿어 은혜 언약, 즉 성부 하나님이 나의 주님 되시며, 화목하게 하시는 아버지가 되시고, 그리스도가 나의 구주이시며, 성령님이 자신의 거룩을 이루어 가신다는 언약에 동의하는 사람은 진실로 구원 얻는 믿음과 그 언

약의 복을 받을 권리가 있다.

5. 은혜의 날은 우리의 일생과 동등하거나 그 이상으로 길기 때문에, 죽기 전에 진정으로 회개하고 은혜 언약에 동의하는 사람은 누구든지 죄를 용서받고 생명의 상태에 있게 된다. 이는 죄 용서받기 위해 예외 없이 모든 사람이 수행해야 할 의무이다.

6. 사탄의 유혹을 받는 것 자체는 죄가 아니다. 바로 그 유혹에 굴복했을 때만이 죄인 것이다.

7. 자연스럽게 걸린 질환이나 질병에 따른 결과는 (그 자체로, 혹은 저절로) 죄가 아니다.

8. 온 힘을 다해 범죄 하지 않고 죄를 혐오하는 자세라면, 죄를 짓더라도 (외형적으로) 지극히 작은 죄를 짓는 것이요, 책망받더라도 지극히 가벼운 책망을 받을 것이다.

9. 죄를 사랑하지 않고 미워한다면, 죄에 거하지 않고 오히려 그 자리에서 벗어나 구원받기를 원한다면, 우리에게 정죄함은 없다. 이것이야말로 참된 회개이다.

10. 지극히 큰 쾌락이나, 부나, 세상, 영예, 혹은 이것들을 얻
    는 데 필요한 수단들을 마련하기보다, 마음과 삶이 거룩
    해지고 하나님을 사랑하며 믿음으로 삶을 살아가는 데 온
    전케 되기를 원하는 사람은 참된 성화를 이루어 간다.

11. 이 은혜와 소망을 가진 사람은 자신이 택함받았음을 알 수
    있다. 거룩한 언약에 동의함으로써 우리의 부르심을 굳게
    하는 것이 곧 우리가 택함받은 존재라는 사실을 확신하는
    방법이다(벧후 1:10).

12. 누군가에게 엄한 의무가 몸의 질병(열병, 섬망, 우울증 등)
    으로 인해 수행할 수 없는 사람에게는 전혀 의무가 아닐
    수도 있다.[19]

지침 2.

세상적인 관심사, 슬픔, 불만에 주의하라. 마음을 어지럽힐
만큼 세상 것을 귀하게 여기지 말라. 당신의 염려를 하나님께
맡기는 법을 배우라. 세상적이며 죄로 물든 수단을 통해 들어

---

19 이를 '한정 책임 능력의 원리(the principle of diminished responsibility)'라 하며, 오래전에
확립된 법적 전례이다.

오는 여러 어려움 가운데 평안을 찾기란 쉬운 일이 아니다. 이 세상에 마음을 쓰기보다 천국에 마음을 쓰는 것이 훨씬 더 안전하다.[20]

지침 3.

간결하게 잘 짜인 묵상을 받아들일 수 있는 극소수의 사람들을 제외하고는, 묵상은 우울증 환자들에게 결코 의무가 아니다. 사전에 예정되어 있지 않고 즉흥적으로 이루어지는 통성 기도처럼 짧은 묵상이라면 몰라도, 자신을 괴롭히는 우울증 문제와 묵상 사이에는 최대한 먼 거리가 유지되어야 한다. 경직되고 오랜 시간 지속되는 묵상은 당신에게 좌절과 괴로움만 더할 뿐이며 다른 의무도 실행하지 못하게 만든다. 만약 어떤 사람이 다리가 부러졌다면, 완쾌될 때까지는 걷지 말아야 한다. 그렇지 않으면 몸 전체가 고통을 받게 될 테니 말이다. 부러지고 상해를 입은 부분이 바로 당신의 사고 능력 혹은 상상력이다. 그러므로 당신은 당신을 그토록 괴롭히던 일들을 되돌아보는 데 자기 능력을 사용해서는 안 된다. 아마 당신은 이렇게 말할 것이다. "그것은

---

20 청교도는 이생[존 버니언에 따르면 "파멸의 성(The City of Destreuction)"]에서 천국[역시 버니언에 따르면 "천상의 성(Celestial City)"]으로 이어지는 인생길을 장애물과 대적, 올무로 둘러싸인 위험한 길로 개념화했다. 이 길에는 다른 고전적이며 기독교적인 덕목과 함께 용기(절망과 성급함 사이의 황금률)가 필요하다. 여기서 백스터는 우리에게 신중함 또는 분별력을 행사하라고 권고한다.

세속적이며 하나님과 영혼을 무시하는 것입니다. 시험하는 자에게 빌미를 제공하는 거예요." 하지만 나는 이렇게 답할 것이다. "그것은 다만 지금 할 수 없는 일을 자제하는 것일 뿐입니다. 할 수 있는 다른 일을 함으로써, 지금 할 수 없는 일을 나중에 할 수 있을 겁니다. (현재는) 자신의 다른 의무들을 수행하는 데 방해가 되는 일을 잠시 미루어 놓는 것일 뿐입니다. 지금 당신이 할 수 있는 일은 이성을 정화하여 영혼의 문제를 관리하는 것입니다. 나는 당신이 회개하거나 믿음을 가지는 일을 그만두게 하려는 것이 아니라, 당신에게 위해가 될 수 있는 고정적이고 오랜 시간을 들여 하는 깊은 묵상을 멈추라고 말하는 것입니다."

지침 4.

자신이 감당할 수 없는 개인적인 의무에 너무 많은 시간을 할애하지 말라. 사실상 기도할 여력이 안 될 때는 자신이 할 수 있을 정도로만 기도해야 한다. 지금보다 더 잘하기 어렵다면, 오랜 시간 개인적인 기도를 올리는 것보다 하나님께 짧은 신앙 고백을 하며 간구하는 기도가 더 도움이 될 것이다.[21] 병이 들어 기운이 없는 사람이 조금 무뚝뚝하게 대해도 그것을 용납할 수

---

21 고후 8:12이 전하는 바울의 말과 비교해 보라. "할 마음만 있으면 있는 대로 받으실 터이요 없는 것은 받지 아니 하시리라."

있다면, 동일한 원리가 뇌와 정신이 병이 든 사람에게도 적용될 수 있다. 하나님은 당신에게 해로운 활동에 참여하라고 명령하지 않으셨다.

지침 5.

개인적인 기도를 하기가 어려운 곳이라면 굳이 힘들게 기도하지 말라. 대신 너무 불편하지 않을 속도로 기도에 분발하라. 그 이유는 무엇인가? 능력 밖의 모든 노력은 당신을 방해하고, 의무를 걱정거리로 만들며, 당신의 상황을 악화시켜, 당신을 무력화시킬 뿐이기 때문이다. 그것은 한쪽으로 쏠린 채 끌어당기는 황소나 빨리만 나아가려고 하는 말이 금세 지쳐 버리는 것과 같은 이치이다. 의무를 다하기 위한 자원하는 마음을 잘 간수하고, 비참한 상태로 떨어뜨리는 요소들을 피하라. 배 속이 불편할 때는 건강한 상태로 회복하기 위해 음식을 많이 먹어서는 안 되고 잘 소화시켜야 한다. 소화가 잘되지 않을 때는 먹는 양을 줄여야 하듯이 묵상과 개인 기도의 경우도 마찬가지이다.

지침 6.

자신이 가장 잘 감당할 수 있는 의무에 가장 많은 노력을 기울이라. 이런 의무들에는 통성 기도하기, 사람들과 대면하기, 복된 대화 나누기 등이 포함될 수 있다. 위의 상태가 좋지 않아 대부분의 음식을 먹기 힘든 병자는 감당할 수 있는 음식을 먹어야 한다. 하나님은 다양한 방편을 주셨으므로 어떤 사람에게는 효과가 없을 수 있는 방편이 다른 사람에게는 효과적일 수도 있다. 나를 오해하지 말라. 강조하건대, 절대적으로 필요한 의무라면 그것이 무엇이 되었든 최선을 다해야 한다.[22] 만일 좀처럼 믿지 않고 회개도 하지 않으며, 하나님과 이웃을 사랑하지 않고 절제할 줄 모르며, 불의하거나 경건하지 않고 전혀 기도하지 않는다면, 당신은 이 의무들을 위해 내키지 않는다는 이유로 발뺌하지 말고 오히려 분투해야 한다. 이 의무들을 수행하지 않는다면 당신은 지옥에 떨어지고 말 것이다.[23] 그러나 문맹인 사람은 성경을 읽지 않고도 구원받을 수 있고, 감옥에 있거나 병든 사람은 말씀의 선포 없이도, 혹은 성도의 교제가 없이도 구원받을 수 있다. 같은 이치로 우울증으로 능력이 감퇴한 사람은 공식적이고 긴 시간이 필요한 기도와 홀로 하는 기도가 아닌 간단한

---

22 앞에서 언급했지만, 갈 6:2, 5에서 바울은 말한다. "너희가 짐을 서로 지라. 그리하여 그리스도의 법을 성취하라. … 각각 자기의 짐을 질 것이라." 바울의 말은 겉으로 보기에 역설적이다. 어떤 짐은 너무나 무거워 혼자서는 능히 감당할 수 없으므로, 능력이 되는 사람들이 그 무거운 짐 때문에 고꾸라질 위험이 있는 사람을 도와야 한다. 동시에 꼭 각자가 짊어질 책임, 곧 각자의 짐도 있다. 이것을 무시하고서 다른 사람에게 떠넘기거나 위임해서는 안 된다.

23 백스터는 은혜의 방편들을 부지런히 사용함으로써 구원을 얻을 수 있다고 말하는 것이 아니다. 그가 말하려는 바는 은혜의 방편을 사용하지 않고는 구원을 얻을 수 없다는 것이다.

묵상과 짧은 기도를 통해서도 구원받을 수 있다. 부족한 부분은 수행할 수 있는 다른 의무들로 보충하면 된다. 이것은 자연이 우리에게 두 개의 눈과 귀, 두 개의 콧구멍, 두 개의 신장과 폐를 제공하여, 만일 두 개 중 하나가 고장 나면 나머지 하나가 보충하는 역할을 하는 것과 마찬가지라 할 수 있다.

지침 7.

절대 불필요하게 혼자 있지 말고, 가능하다면 정직하고 쾌활한 동료들과 함께하라. 당신은 다른 사람들이 필요하며, 자기 자신만으로는 충분하지 않다. 하나님은 복을 전달하시기 위해 사람들을 당신의 손처럼 예우하시며 사용하실 것이다. 홀로 있기에 적합한 사람이 있다. 그 사람은 홀로 있을 때 하나님 그리고 자신의 심령과 대화하며 묵상할 수 있는 최상의 시간을 갖는다. 그러나 당신에게 홀로 있는 시간은 시험과 위험이 가득한 순간들이다. 그리스도께서 광야에서 홀로 금식하고 있을 때 사탄이 그분을 유혹한 것을 보면, 사탄은 당신을 얼마나 더 시험에 빠뜨릴 기회로 삼겠는가? 홀로 있는 것은 숙고와 성찰의 기회가 될 수 있다. 그러나 모든 것을 잃지 않으려면 반드시 피해야 하는 것이다.

지침 8.

신성 모독적이고 혼란을 초래하는 생각, 혹은 아무런 열매를 얻을 수 없는 성찰을 하려고 하면 그 즉시 그런 것들에 대항하고서, 자신에게 남아 있는 이성의 권위를 사용해 그것들을 거부하고 떠날 것을 명령하라. 만약 이성을 잃지 않았다면 이성과 의지는 혀, 손, 발 등의 신체 기관뿐만 아니라 생각까지도 통제력을 행사할 수 있을 것이다. 무의미하게 반복적인 행동을 하거나, 자기 주먹과 싸움을 하고서 "어쩔 수 없어"라고 하거나, 하루 종일 쉬지 않고 혼잣말하면서 "멈출 수 없어"라고 한다면 그것은 창피한 일일 것이다. 또한 그와 같이 뒤죽박죽으로 생각하거나 해로운 생각을 하면서 "어쩔 수 없어"라고 말하는 것도 창피하게 여겨야 한다. 상황을 유리하게 이끌 수 있는 최선의 행동을 하고 있는가? 자기 생각을 다른 것으로 옮길 수 없는가? 혹은 자기 자신을 일깨워 유해한 생각들을 떨쳐 버릴 수 없는가? 어떤 사람들은 자기 얼굴에 찬물을 뿌려(혹은 다른 사람에게 찬물을 뿌려 달라 요청하여),[24] 마치 잠에서 깨는 것처럼 우울증적 무

---

[24] 우울증에 빠진 사람이 주도권을 가지고서 이런 처치법을 스스로 관리하거나 요청할 수 있다는 점에 주목하라. 신경증 환자에게 우스꽝스러운 '치료법'을 제공하는 옛날 영화의 내용처럼, 요청받지도 않은 다른 사람의 뺨을 때리거나 물을 끼얹는 행위를 상상하면 안 된다. 그런 영화를 보는 관객들은 풍자의 대상이 된 사람이 항상 "고마워요. 원하던 일이었거든요" 하며 고맙다는 반응을 보여 주길 기대한다. 그러나 이것은 백스터가 말하고 있는 방식이 아니다.

기력에서 깨어나려 한다. 만약 이렇게도 할 수 없다면, 방에서 빠져나와 기분이 전환될 만한 일을 시작해 볼 수는 없는가? 의지가 있다면, 그리고 그렇게 노력해야 할 책임이 얼마나 큰지 알고 있다면, 지금까지 해 온 것보다 더 많은 것을 할 수 있을 것이다.

지침 9.

가장 거룩한 것들로 자기 생각을 채우라. 하나님과 은혜, 예수 그리스도, 천국, 혹은 교우들이나 교회 등을 생각하라. 외적으로 묵상에 집중하되, 세세하게 자신을 살피지 말고, 당신의 생각을 숙고하는 데 시간을 허비하지 말라. 내적으로 경망스러운 죄인의 생각을 지도하고, 세상과 죄에서 자기 자신에게로 향하도록 지도해야 하듯이, 또 다른 방식을 사용하여 자가당착적이고 우울증에 걸린 사람들의 생각을 밖으로 향하게 해야 한다. 왜냐하면 항상 자기 자신을 비난하는 것이 그들이 걸린 질병의 본질이기 때문이다. 자신이 벌레 같은 존재라고 생각하는 것보다 하나님, 그리스도, 천국을 생각하는 일이 훨씬 수준 높고 고귀하며 매력적이라는 점을 기억하라. 우리가 하나님에게 나아갈 때 그것은 사랑과 광명, 자유를 향해 나아가는 것이며, 우리 자신을 내려다볼 때 보이는 것은 지하 감옥, 뇌옥(牢獄), 광야,

흑암, 공포, 추잡함, 비참, 혼란뿐이다. 이런 요소들은 회개하거나 마땅히 수행해야 할 경계 태세를 유지하는 데 필수적이긴 하지만, 비통하고 비루한 것이요, 하나님을 생각하는 것에 비하면 아무런 열매를 얻을 수 없는 것이다. 하나님의 사랑이 있는지를 확인해 보려고 자신의 마음을 면밀히 조사할 때 무엇보다 현명한 행동은 하나님의 무한하신 친밀감을 생각하는 것이다. 그 친밀감에 대해 생각하게 되면 이전의 마음 상태가 어떠했든지 하나님의 사랑으로 고양될 것이다. 마음이 천국에 고정되어 있는지를 알아보기 위해 자신의 마음을 읽는 데 너무 큰 힘을 들이지 말고, **자기 생각을 천국으로 높이 들어 올려** 그 영광을 숙고하라. 그렇게 할 때 당신의 마음은 하늘로 올라가, 당신이 찾는 것을 보여 주며, 또한 줄 것이다. 당신의 마음 밭에 거룩한 소망을 심기 위해 시간을 할애하고, 마음속에 그 거룩한 소망이 자리 잡고 있는지를 분별할 수 있기를 바라면서, 자신을 탐색하고 점검하는 데 시간을 바치라. 우리는 너무나 어둡고 혼란에 빠진 피조물이므로, 우리 마음속을 들여다보면 강한 혐오감과 공포만이 유발되고 우울증에 빠질 만하다. 하지만 사탄이 우리를 속이는 데 실패한다면, 하나님과 그 영광 안에서 우리의 생각을 낙담시킬 것은 아무것도 없으며, 오직 기쁨만이 충만할 것이다.

지침 10.

하나님께서 우리 구주의 놀라운 성육신 사건과 그 직분의 수행 · 삶과 죽음 · 부활과 승천을 통해 보여 주신 사랑의 이적을 가볍게 여기지 말라. 하나님께서 이 모든 내용을 생각의 최우선 요소로 삼으라 명하셨으니 이것에 전념하라. 자신의 죄와 비참함에 관해 나열한 각각의 사항들에 대해 분별력을 가지고 그리스도와 은혜에 대한 많은 생각을 상기해야 한다. 하나님은 당신에게 자신의 죄와 비참함을 주목하라고 요구하시되, 치료 효과를 극대화하고 당신이 그것을 수용할 수 있는 방식으로 요구하신다. 결코 죄와 지옥만을 생각하지 말고, 그리스도와 은혜를 생각하는 길로 나아가라. 이것은 죄인 중의 괴수라 할지라도 수행해야 하는 의무이다. 아니, 죄는 늘 당신 앞에 있는데(시 51:3), 그리스도의 죄 사함의 은혜는 왜 없는가?[25] 지옥 문이 당신 앞에 활짝 열려 있는데, 구세주는 왜 안 보이는가? "내게는 죄와 지옥만 있을 뿐, 그리스도와 거룩함과 천국은 없는데요"라고 말하는가? 그러면 나는 이렇게 답하겠다. "다 당신이 원했기 때문에 그렇게 된 겁니다. 원하지 않았다면 그렇게 **되지 않았을 거**예요." 하나님은 당신 앞에 죽음보다 생명을 먼저 두셨다. 저울

---

25 청교도의 암울하디 암울한 풍자 방식!

한쪽에 그리스도와 거룩함과 천국을 올려놓으신 하나님과는 달리, 사탄은 다른 한쪽에 잠시 누릴 수 있는 죄의 쾌락을 올려놓았다. 가식 없이 선택한 것이 당신의 소유가 된다. 하나님께서 선택권을 주신 것이다. 이는 한 치의 거짓도 없는 진실이다. 하나님은 복음을 듣는 모든 사람에게 그리스도와 생명을 온전히 주셨으므로, 강퍅한 마음으로 끝까지 거절하는 사람은 결국 정죄를 받을 수밖에 없다.[26] 자신의 의지와 선택에 따라 누구든지 그리스도와 생명을 얻을 수 있다. 물론 모든 사람이 그리스도를 받아들이고 선택하지는 않을 테지만 말이다. 그리스도와 생명과 거룩함을 갖고 싶지 않다면, 대체 무엇을 갖고 싶은가? 그게 아니라면, 당신은 대체 무엇을 불평하고 있는 것인가?[27]

지침 11.

자신이 범한 죄에 대해 생각하는 만큼이나 자신이 받은 자비에 대해서도 생각하며 말하라. 마찬가지로 당신이 필요한 자비만큼이나 이미 받은 자비에 집중하라. 이미 받은 자비를 기억하고 언급하는 일이 자신의 모든 죄를 기억하고 언급하는 것보다 가치가 덜하다는 말을 감히 하면 안 된다. 하나님께서 풍성하게

---

26 요 3:16; 5:40; 요일 5:10-12; 계 22:17.
27 상담 기법 중 하나인 '역설'을 사용하는 것은 현대에 출현한 혁신적 방법은 아니다.

자비를 베풀어 주셨을 때 그 자비가 무척이나 빈약하다는 듯이 대하거나, 먹을거리를 생산할 수 없는 황무지처럼 경시하고, 대수롭지 않게 넘기며 무시하면 되겠는가? 그런 크나큰 배은망덕한 죄를 범하지 말라. 사랑과 자비의 생각은 영혼 속에 사랑과 온정을 길러 낸다. 그러나 반대로 죄와 진노의 생각은 오직 불쾌감, 공포, 고통스러움, 혼란함만을 길러 낼 뿐이며, 이것들은 자기 마음을 하나님으로부터 멀어지게 만든다.

지침 12.

지은 죄를 고백하는 것만큼이나 받은 자비를 고백하고, 자신의 비참함을 애달파 하는 것만큼이나 하나님을 찬양하는 데 기도하는 시간의 상당 부분을 할애하라. 당신의 의무를 잘 이해하고 있다면, 이렇게 하는 것이 당신의 의무라는 사실을 부인할 수 없다. 감사와 찬양은 죄와 비참함을 고백하는 것보다 더 큰 의무이다. 그러니 그 의무들에 시간을 가장 많이 할애하기로 작정하라. 그렇게 하기로 마음먹으면 충분히 할 수 있는 정도의 일에 당신의 시간을 충분히 할애한다면, 당신의 영혼이 당하는 고통은 제때 사라질 것이다. 식습관에 변화를 주면 몸에 활력이 생기듯이, 온정이 넘치는 것에 대해 자주 언급하면 마음이 온유해지고 기질과 습관도 바뀔 것이다. 간청하는바, 결심하고서 이 접근법을 실행해 보라. 원하는 만큼 감사하는 마음으로 자비를 언급하기가 힘들거나, 혹은 바라는 만큼 헌신과 찬양의 마음으로 하나님의 탁월성을 언급하기 힘들지라도, 당신의 능력이 허락하는 한도 내에서 할 수 **있는 만큼** 실행하고, 할 수 있는 만큼 그것에 대해 언급하라.[28] 감정을 통제하기가 어려울지라도, 기도할 때 가장 큰 비중을 차지할 내용을 결정해 시간을 배분할 수 있다. 이렇게만 한다면 당신은 매우 큰 유익을 얻을 것이다.

지침 13.

의무를 열정적으로 이행하는 것에 너무 높은 가치를 두지 말라. 그러나 잘 이해하고 있어야 할 것이 있으니, 곧 판단, 의지, 실천, 하나님을 높이 찬양함과 거룩, 단호한 선택, 성실한 노력 등이 은혜와 의무로 사는 삶 자체이고, 느끼는 감정은 그렇게 중요하지 않으며 불확실하다는 것이다. 감정적인 측면을 지나치게 강조하거나 깊고 초월적인 계시를 위해 너무 큰 노력을 기울이면, 자신이 무엇을 하는지 깨닫지 못하게 된다. 이런 것은 중요하지 않으며 거룩함의 본질도 아니다. 그런 감정들을 과하게 느끼게 되면, 당신은 주의력을 잃게 될지도 모른다. 하나님

---

28 우리는 여기서, 진짜 할 수 없는 일이 할 수 있는 일을 소홀히 하는 핑계가 되어서는 안 된다고 충고할 필요가 있다.

은 당신이 얼마나 감당할 수 있는지를 잘 아신다. 열정적인 감정은 본성에 따라 크게 좌우된다. 즉, 어떤 사람들은 다른 사람보다 표현력이 뛰어나며, 어떤 사람들은 사소한 것에 깊은 영향을 받기도 한다. 지극히 현명하고 훌륭하다는 평판을 받는 사람들을 보면, 대개가 열정이 매우 낮은 편이고, 지극히 연약한 사람들은 자기 감정 통제를 어려워한다.[29] 게다가 하나님은 인간의 감각으로 알 수 있는 분이 아니므로, 감정보다는 지성과 의지를 통해 하나님을 경험하는 것이 훨씬 더 나은 방법이다. 가장 거룩한 사람은 하나님을 향해 제대로 기울어지고, 그분을 위해 결단하며, 그분의 뜻을 따르는 이라 할 수 있다. 그 사람은 가장 깊은 슬픔, 두려움, 기쁨, 그밖의 사람을 흥분케 하는 감정에 전혀 영향을 받지 않는다. 그럼에도 불구하고 의무를 이행할수 있을 만큼의 거룩한 감정을 불러일으킬 수 있으면 그것이야말로 최상의 방식일 것이다. 하지만 나는 더 깊이 있게 무언가를 느끼지 못한다며 불만을 터뜨리는 사람들을 많이 알고 있는데, 그들의 느낌(그들은 감정이라 부르지만)이 더 강렬했다면 그들은 주의가 산만해졌을지도 모른다. 오늘 눈물을 흘리고 내일은 다시 죄를 짓는 사람들이 있는데, 죄로 치우친 그들의 감정은 선한 감정만큼이나 신속하게 일어난다. 나는 그런 사람 중 하나가

---

29 백스터는 여기서 자제력을 논하는 것이지 감정 표현의 부재를 가리키는 것이 아니다.

되기보다 (비록 울부짖지는 못할지언정) 죄 때문에 자신을 혐오하고, 죄를 짓지 않으리라 결단하며, 죄를 내어 버리는 그리스도인이 되고 싶다.

지침 14.

자기 생각에 너무 몰두하지 말라. 그런 생각에 지나치게 주목하지 말라. 사탄이 마음속에 던져 놓은 험악한 생각을 제거할 능력이 없다면, 그런 생각을 가볍게 여기며 대수롭지 않게 바라보라. 마음속에 들어오는 모든 생각들을 중요하게 여기면, 그것은 더 오래도록 마음속에 남아 있게 될 것이다. 왜냐하면 인간은 자신이 가장 많이 알고 있는 것을 가장 많이 생각하고, 크게 괘념치 않는 것은 거의 망각하기 때문이다. 마음에 들어온 생각을 제거하고 싶지 안다면, 그것들에 계속 주의를 기울이고 그것들을 대단히 큰 문제로 만들어라. 말썽을 일으키는 생각은 귀찮게 괴롭히는 존재(harpies)와 같아서, 당신이 거기에 집중하고 응대하면 그것들은 결단코 당신을 가만히 내버려 두지 않을 것이다. 그것들이 대화를 나누려고 하면 그 생각들에 주목하지 말고 응대하지 말라. 그렇게 하면 그 귀찮게 괴롭히는 존재는 이내 지쳐 포기할 것이다. 사탄의 계획은 당신을 성가시게 하고 안정을 빼앗는 것이다. 만약 당신이 귀찮아하지도 않고 불안해하지도 않으면 사탄은 이내 포기할 것이다(약 4:7). 나는 이미 당신이 어떻게 반응할는지 알고 있다. "그런 죄악 된 생각을 가볍게 여겨야 할 만큼 제가 그렇게 불경건해야 하나요?" 내가 충고하는 것은 마음속 생각이나 어떤 작은 죄를 별것 아니라는 식으로 가볍게 여기지는 말되, 그렇다고 실제보다 더 엄중하고 위험한 죄로 여기지는 말라는 것이다.[30] 그러한 생각들을 분명하고도 각별한 시선으로 살피지 말고, 혼란을 자초하지도 말라. 그렇지 않으면 그리스도와 천국을 향한 생각을 하거나 당신의 생각 속에 반드시 채워야 할 것들이 들어갈 여지가 없어지게 된다. 오히려 사탄은 당신이 자기 생각(또는 사탄의 유혹)에 사로잡혀 있는 모습을 보고서 당신을 차지할 방법을 알게 되어 기뻐할 것이다.[31] 그리고 하루 종일 당신을 자기 말에 귀 기울이게 만들고, 하나님의 일 대신 자기의 제안을 생각하게 하느라 바쁠 수 있다. 하나님의 종들 중 누구도 일관성 없고 죄악 된 생각에서 자유롭지 않다. 그런 생각에 대해 하나님의 종들은 매일 용서를 구해야 하고, 자신들에게는 전혀 부족함이 없는 구세주와 구제책이 있다는 사실에 기뻐해야 하며, 이로써 죄는 결국 은혜를 높이는 결과만 가져올 것이다. 하지만 그들이 온갖 근거 없는

---

30 요일 5:16-17에서는 어떤 죄가 다른 죄들보다 더 중하다고 분명히 말한다. 백스터는 여기에서 어떤 죄가 '작다'라는 이유로 그것을 '사소한' 것처럼 무시하지 말며, 반대로 그 죄가 '매우 크다'라는 이유로 하나님의 은혜보다 더 높이지 말라고도 조언한다.

31 우리는 오히려 '하나님을 따라 그분의 생각을 숙고'해야 한다.

생각들에 과도한 힘을 쏟으며 어려움을 겪는다면, 그것은 그들의 더 중요한 의무에서 멀어지게 하려고 파놓은 사탄의 함정에 걸려든 것이다. 만약 부하 직원이 맡은 일은 하지도 않으면서 사소한 결함에 관심을 가지며 걱정하고 있다면, 당신은 그 직원을 마음에 들어 하겠는가?

지침 15.

유혹을 받는 것 자체는 죄가 아니며, 유혹에 굴복하는 것만이 죄라는 사실을 기억하라. 그리스도는 친히 마귀에게 이끌려 신성 모독적인 유혹을 받으셨다. 심지어 꿇어 엎드려 사탄을 경배하라는 유혹까지도 받으셨으나, 그 유혹을 유리하게 이끄시고 승리하셔서 자기 영광을 드높이셨다. 마귀의 죄를 당신의 죄라고 여기지 말라. 당신이 받은 시험이 그리스도께서 받으신 것보다 더 무시무시하고 혐오스럽다고 보는가? 마귀가 그리스도께 했던 것처럼, 당신을 성전 꼭대기에 데리고 갔다면 어떠했겠는가? 하나님께서 나를 버리시고 사탄의 권세에 넘겨 주셨다고 생각하지 않았을까? 당신은 자신이 그리스도와는 달리 마귀의 시험에 굴복했으리라 추측할지 모른다. 죄지은 인간이 그리스도께서 그리하셨던 것만큼 순수하게 그 시험을 감당할 수 있다는 말은 어불성설이다. 그렇지 않은가? 사탄은 그리스도가 자신에게 순복할 수 있는 그 어떤 가능성도 그 안에서 찾을 수 없지만, 우리 안에서는 죄악 된 본성을 찾아낼 수 있다! 마치 밀랍에는 자국을 남길 수 있지만, 대리석에는 불가능한 것처럼 말이다. 그러나 죄로 인해 생긴 자국 모두가 우리를 유혹하는 죄를 허용했기 때문에 생기는 것은 아니다.

지침 16.

이러한 죄악 된 생각을 사랑하고, 기뻐하며, 그 생각에서 떠나기를 망설이는 태도 등에서 자신이 얼마나 멀리 떨어져 있는지를 깊이 따져 보라. 당신이 너무 사랑하고 기뻐한 나머지, 버리지 못하고 그대로 가지고 있는 죄야말로 정죄의 대상이다.[32] 당신은 이 모든 무시무시한 생각과 죄로부터 구원받고 싶지 않은가? 죄에서 벗어날 수만 있다면 불명예를 감수하고 가난에 허덕이며 추방당하는 삶을 살지 않겠는가? 만일 그렇다면 왜 죄 사함받는 것을 의심하는가? 당신은 죄를 사랑하거나 욕망하지 **않는다는** 사실보다 더 확실한 회개의 표징 혹은 당신의 죄가 지배적이지도 않고 용서받지 못할 죄도 아니라는 표징을 가

---

32 청교도는 필연적으로 결과보다는 원인에 더 큰 관심을 가졌을 것이다. 따라서 최종적인 정죄(죄)의 원인을 두려워하고 미워하는 사람은 단순히 결과(지옥)만을 두려워하는 사람보다 두려움이 덜하다.

질 수 있는가? 죄를 지으려는 의지가 적을수록 죄는 더 줄어들고, 죄를 지으려는 의지가 많을수록 죄는 더 늘어나는 법이다. 탐욕스러운 사람은 돈을 사랑하고, 음란한 사람은 음욕을 사랑하고, 교만한 사람은 명예를 사랑하고, 술꾼은 술을 사랑하고, 대식가는 자기 식욕 탐닉하기를 사랑한다. 그들은 이런 것들을 너무 사랑하는 나머지 그것들을 버리지 못할 것이다. 불안과 혼란, 신성 모독적인 생각을 사랑하는가? 그런 생각들로 인해 삶이 지칠 정도로, 그것들이 힘겹지 않은가? 다시는 그런 생각들로 어려움을 겪지 않게 되어, 기쁨과 감사가 넘치지 않는가? 그렇다면 어찌 죄 사함받은 것을 의심할 수 있는가?

지침 17.

질병의 원인에 대해 더 이상 자신을 탓하지 말라. 정신이 산만하여 부적절하게 말하거나 생각하는 사람은 간접적으로 **자기 죄가 병을 일으킨 정도까지는** 잘못이 있다고 말할 수 있다. 하지만 직접적으로나 본질적으로, **질병으로 인해 생긴 부득이한 결과는 죄악 된 것이 아니다.** 우울증은 비록 병이 아닌 것처럼 느껴지지만, 감정과 상상력에 영향을 미치는 확실한 질병이다. 인지 능력이 떨어진 사람이 열병을 앓으며 횡설수설하는 것처럼, 우울증에 걸린 사람은 의심, 두려움, 절망적인 생각, 신성 모독적인 유혹에 시달림으로 충동적이고 고통스러워할 수 있다. 열병 때문에 엄청난 갈증과 물을 먹고 싶은 욕구를 느끼는 것은 참으로 흔한 일이다. 열병을 앓는 사람이 갈증을 느껴 물을 먹고 싶은 생각이나 말을 한다고 해서 그를 비난할 수 있겠는가? 꿈속에서 품었던 끔찍한 생각을 잠에서 깬 지금 기억한다면, 그 생각을 '용서받지 못할 죄'라고 하기보다는 '불가피함'으로 분류하지 않겠는가? 따라서 질병 때문에 하게 되는 도덕적으로 악한 생각은 우리가 꾸는 꿈과 방불한 것이다.

지침 18.

당신의 힘이 허락하는 한, 합법적인 부르심 안에서 부지런히 일하면서, 꾸준하고 바쁜 일상을 반드시 유지하고,[33] 게으름을 피우면서 귀한 시간을 허비하지 말라. 게으름은 시험하는 자의 기회를 제공한다. 게으름을 피우고 있는 것은 사탄이 와서 당신을 괴롭히도록 초대하는 행위이다. 당신은 사탄의 속삭임에 귀 기울이고 마음속에 심어 놓은 온갖 것을 생각하게 될 것이며, 그 생각을 또다시 숙고하게 될 것이다![34] 당신이 더 이상 할 일

---

33 직업적 부르심의 개념에 대해 폴 헬름(Paul Helm)은 자신의 저서 *The Callings: The Gospel in the World* (부르심: 세상 속의 복음)에서 멋지게 설명하고 있다.
34 만일 하나님을 따라 그분의 생각이 어떠한지 숙고하지 않는다면, 우리는 먼저 우리 생각을 반복해서 숙고하게 될 것이고, 결국 사탄을 따라 사탄의 생각을 숙고하는 지경에 이를 것

을 찾지 못했을 때, 사탄은 당신에게 이런 종류의 일거리를 찾아줄 것이다. 그러면 당신은 조용히 앉아 생각에 잠길 것이고, 진흙탕에서 노는 아이들처럼 당신의 생각은 필연적으로 난잡하기 이를 데 없는 마음의 이상 상태 속에서 크게 동요할 것이다. 그러니 **게으름은 분명 죄고**, 하나님께서 원하시는 모습이 아니다. 그분은 우리에게 "엿새 동안 일하라"(출 20:9)[35], "얼굴에 땀을 흘려야 먹을 것을 먹으리라"(창 3:19)라고 명령하셨다. 또한 "누구든지 일하기 싫어하거든 먹지도 말게 하라"(살후 3:10)라는 말씀도 주셨다. 시간은 귀하나 멀리 흘러가 버리며, 하나님은 목적이 없는 것은 아무것도 우리에게 주지 않으셨음을 기억하라. 그러므로 다른 죄들로 인해 괴로울 때에는 이 죄를 양심의 문제로 삼고, 한순간도 허비하지 말며, 무익한 생각에 잠기지도 말라. 만약 당신이 일찍 일어나 합법적인 일터에 나가지 않는다면, 하나님께서 당신의 죄 자체를 징벌로 삼으시고, 그 나태한 생각을 매일 당신을 꾸짖는 도구로 이용하실 것이다.

이러한 하나님의 방식은 참으로 합당하다. 기도나 헌신을 가식적으로 하는 행위는 나태함에 대한 변명거리가 될 수 없다. 왜냐하면 그것은 하나님의 법을 어기는 것이기 때문이다. 그러므로 내가 무엇보다도 먼저 하고 싶은 말은 이 한 가지 지침에

이다. 백스터가 하는 말은 그런 뜻으로 보인다.
35 제4계명.

순종하라는 간청이다. 나는 절망과 우울증에 빠진 사람들이 결연하고 근면한 태도로 자신들의 임무에 전념함으로써 (또 장소와 교제 대상자 등을 바꾸며, 야외 활동을 함으로써) 치유되는 것을 보았다. 만약 당신이 어느 구석진 곳에서 골똘히 생각에 잠겨 있고, 게으름과 시간 낭비로 하나님을 대적하는 죄를 지으며, 직무 수행을 위해 정신을 일깨우지 않으려는 고집을 부린다면, 당신이 혹 비극적인 결과를 맞는다고 해도 전혀 부당한 처사가 아니다. 할 수 있는 일이 거의 없다거나 전무하다고 말하지 말라. 얼마나 부유한지에 상관없이 하나님은 지위와 능력에 어울리는 일자리에서 일해야 하는 의무를 모든 이들에게 명하셨다.

지침 19.

사탄이 당신을 슬픔과 낙심 가득한 생각에 가두어 두기를 얼마나 기뻐하는지 유심히 살펴보라. 그러한 시각이 사탄에게 매우 유익하고 기쁨을 주는 것이라면, 그것이 당신의 의무이거나 유익이 될 수 없다는 점을 쉽게 알 수 있지 않을까. 사탄은 당신을 자가당착적인 의심과 두려움 속에 계속 가두어 둠으로써, 하나님께서 베풀어 주신 모든 자비하심으로 인해 마땅히 올려드려야 할 감사와 찬양을 강탈한다. 이는 마치 자신에게 속한 것이 아닌 것처럼 그 지고의 의무들을 저버리는 결과를 낳는다.

구속하심 가운데 부어 주신 기적과 같은 자비에 대해 그 영예를 하나님께 돌려드리지 못하게 되며, 예수 그리스도 안에 있는 은혜의 풍성함을 연구하거나 즐거워하거나 감탄하거나 찬송할 수도 없게 된다. 하나님의 무한하신 사랑을 생각하기에는 마음이 빈곤하고 쇠약하며, 합당하게 평가할 수도 없고, 지각할 수도 없다. 당신은 계속해서 신물이 올라오는 경험을 하는 사람과 같다. 입안이 끊임없이 쓴맛으로 가득하며, 식도락도 빼앗긴 상태에 처한 것과 같다는 말이다. 하나님에 대해 제대로 생각하지 못하게 되면 하나님을 사랑하는 마음은 사라지고, 미워하게 되며, 원수에게서 도망치듯 멀어지려 한다. 그동안에 사탄은 속임수를 써서 하나님이 당신을 싫어하신다고 생각하게 만든다. 이로써 당신은 시간을 허비하게 되고, 꾸준함과 즐거움으로 수행해야 할 모든 의무에서 멀어지며, 하나님께서 공급해 주시는 것을 짐으로 여겨 귀찮은 것으로 받아들이게 된다. 이것은 입양의 정신에 반하는 행위요, 복음이 가르치는 예배와 순종의 전체 틀에도 전혀 부합하지 않는 모습이다. 당신은 보다 겸손하고 슬픔에 잠겨 있으며 사려 깊은 척하면서 사탄과 자신을 만족시키며 하나님을 중상할 것인가?[36]

---

36 '극단적 완벽주의'는 자기 의가 가장 거만한 형태로 드러난 것이라 말할 수 있다. 표면적으로는 자기 부정으로 보일지라도 그것은 겸손을 가장한 교만이다. 관용적인 표현을 빌리자면, 그런 이중적인 행태를 "교황보다도 더한 가톨릭 신자 되기(being more Catholic than the pope)"라고 표현할 수 있다. 백스터는 그와 같은 완벽주의를 가리켜, 실제적인 죄가 될

지침 20.

우울하고 불안한 상태에서 자신의 판단을 신뢰하여 자기 영혼의 상태가 어떠한지를 결정하거나, 생각과 방법을 스스로 선택하여 이를 행동으로 옮기는 등의 태도를 보이지 말라. 경험이 풍부하고 신실한 인도자가 내리는 판단과 지침을 온전히 따르라. 이 어둡고 뒤틀린 상황 속에서 자신의 상태나 의무에 접근하는 방식을 판단하는 것은 적절하지 못한 행동이다. 당신의 마음과 상상력은 건강할 수도 있고, 병들어 있을 수도 있다. 만약 건강하다면, 어째서 마음의 불안과 혼란, 묵상하고 기도하는 데 필요한 능력의 부재 등을 두고 불평하고 있는가? 만일 병들었다면, 왜 그렇게 불안한 상상과 생각을 하면서 스스로 자신을 평가할 수 있다고 생각할 만큼 자만한가? 우울증에 빠진 사람들에게서 나타나는 최악의 특징은 뇌가 가장 크게 병들고 이성도 가장 크게 약해져 있음에도, 종종 자기들이 현명하다고 느끼는 동시에 완고하다는 자체 평가를 내린다는 점이다.

더욱이 그들은 독선적이고 고집이 세며 가르침을 듣지 않는 태도를 보인다. 마치 자신들의 가련한 이해력을 자랑스럽게 여기고 자신들만큼 아는 사람이 아무도 없다고 생각하는 것처럼

만큼 고아한 은혜의 상태에서 멀리 떨어져 있는 꼴이라고 말한다.

행동한다는 것이다.[37] 그들은 "당신은 내 사정을 이해하지 못하는군요!"라고 말한다. 우울증으로 고생하는 많은 사람을 봐 온 내가 자기 자신 이외에 우울증에 걸린 사람을 경험한 적 없는 당신보다 당신 사정을 훨씬 잘 이해할 수 있지 않을까? 예민한 지각력을 가진 제3자가 몽상에 빠진 사람이 이해하는 것보다 그 사람의 상황을 훨씬 잘 이해할 수 있다. 당신은 "내가 느끼는 것을 다른 사람들은 느끼지 못해요"라고 항변한다! 의사는 열병이나 뇌전증 혹은 섬망을 앓은 사람이 느끼는 만큼을 경험하지는 못할 것이다. 하지만 당신이 느끼고 보는 바를 말해 주면, 의사는 그것을 바탕으로 당신이 앓고 있는 질병의 본질과 치료책을 포함해 많은 사항을 훨씬 잘 이해할 것이다.

병이 들었어도 현명한 사람은 하나님의 주권 아래에서 의사의 지도와 친구들의 도움을 받고 따르며, 그저 기분이 나쁘다는 이유로 그들의 도움과 조언에 저항하거나 완고한 태도로 거절하지 않는다. 만약 당신이 현명한 사람이라면 현명한 사람답게 행동하라. 적절한 조언을 듣는 자기 자신에 대해 신뢰하라. 당신이 처한 상태나 수행해야 할 의무를 두고서 조언해 주는 사람의 판단을 멸시하지 말라. 당신은 길을 잃었고 소망이라고는 전혀 없다고 생각하지 않는가. 그러니 당신보다 유리한 상황에 있

---

37 모든 지식을 다 가지고 있다면, 무엇인가를 배운다는 것은 불가능하다.

는 사람이 내리는 판단에 귀를 기울이라. 당신의 제한된 이해를 가지고서 고집불통의 태도로 그 사람과 맞서지 말라. 그가 오류를 범할 만큼 어리석은 사람이라고 생각하는가? 겸손한 마음으로 자신이 오류를 범할 수도 있다는 생각을 가져야 하지 않겠는가? 당신의 생각, 개인 기도의 방식과 길이, 조언이 필요한 여러 의구심 등에 대한 그 사람의 조언을 수용하라. 이 질문에 답해 보라. 당신보다 현명하고 능력 면에서 뛰어나서, 당신의 상태를 평가하고 조언해 줄 수 있는 사람을 알고 있는가? 없다면, 당신은 그 미친 분별력을 얼마나 자랑스럽게 여기고 있는 것인가! 당신에게 조언해 줄 수 있는 사람을 알고 있다면, 그 사람을 믿고 신뢰하라. 그리고 그가 내린 지침을 따라 문제를 해결하라. 당신에게 묻고 싶은 것이 있는데, 이전에 당신은 자신에 대해 전혀 다른 견해를 견지하지 않았는가? 만일 그랬다면 그때는 지금보다 더 정신이 건전하고, 판단 능력이 살아 있으며, 더 올바른 모습을 취할 가능성이 높지 않았겠는가?

지침 21.

끝으로 이렇게 조언하고 싶다. 자신의 질병을 치료하는 데 힘을 쏟고, 의사의 치료에 전적으로 맡기며 순종하라. 대부분의 우울증 환자들과 같은 태도를 버리라. 그들은 약물 치료로 좋아질 수 있다는 사실을 믿지 않고, 문제의 핵심은 단지 자신들의 영혼일 뿐이라고 생각한다. 그 이유는 (이 점을 잘 이해하라) 화학적, 이성적, 감정적 균형이 무너졌기 때문이다. 따라서 그 사람은 색유리를 통해 보면서 모든 것이 그 색유리와 같은 색이라고 생각하는 사람과 같다. 나는 개인적으로 약물 치료를 통해 치유된 사람들을 많이 알고 있다.[38] 더욱이 몸이 치료되지 않는 한 마음의 치료는 요원하므로,[39] 아무리 명쾌하고 논리 정연한 충고라고 해도 효과는 없을 것이다.[40]

---

38 백스터가 언급한 많은 약물들은 오늘날에는 독약으로 평가된다. 그런 약물('약제')들은 종종 소위 치료적 효과보다 훨씬 많은 부작용이 현저하게 나타나기 때문이다. 그럼에도 백스터는 아마추어 의료인이자 교회 회중에게 있어 유일한 의료 전문가로서 당대의 약물류에 익숙했다. 우리는 그의 증언("나는 개인적으로 약물 처치를 받아 치료된 사람들을 많이 알고 있다")을 액면 그대로 받아들여야 한다. 왜냐하면 백스터 당대의 약물들이 특정한 현대 약물들에 대해 부정적인 영향을 끼쳤다고 할 만큼 보편적이라고 주장하는 것 같지 않기 때문이다. 하지만 수은제나 비소제 등과 같은 물질들을 포함해 백스터 시대의 조잡한 약물들이 때때로 효과를 나타냈다면, 현대 약리학적 처방의 유용성은 최소한 인정해야 하는 것이 합리적 추론일 것이다.

39 백스터는 마음(정신)보다 몸이 우월하다는 것을 말하는 것이 아니다. 마음(정신)이 제대로 존재하고 기능하기 위해서는 몸의 건강이 꼭 필요하다는 점을 주장하는 것이다.

40 조언, 상담, 혹은 형식적 심리 치료 요법 등만으로 불안증과 우울증을 처치하는 데 충분할 때가 있다. 그러나 약물 치료를 하지 않으면 이 방법들이 효과적이지 않을 때가 있으며, 만약 적절한 약물 치료가 동반되지 않으면 효과적이지 않을 뿐만 아니라 훨씬 상태가 악화할 수도 있다.

4장

믿음으로 우울증과 극도의 슬픔을
해결하는 방법

리처드 백스터[1]

질문: 우울증과 극도의 슬픔에 대한 최선의 예방책은 무엇일까요?

"그 사람이 지나친 슬픔에 짓눌리는 일이 없도록 해야 합니
다"(고후 2:7, 새번역).

시간의 제약을 받는 상황에서 설명을 길게 할 수 없으므로,
이 구절의 문맥을 전개해 나가거나 언급된 사람이 고린도전서
5장에서 근친상간 죄로 비난과 판정을 받은 사람과 동일 인물

---

1 마이클 S. 런디 박사가 백스터의 원저, "The Cure of Melancholy and Overmuch Sorrow, by
Faith"(믿음으로 우울증과 과도한 슬픔을 치료하는 법)을 새롭게 편집하였다.

인지 아닌지를 분석하는 데 시간을 할애하지는 않겠다. 같은 이유로 그 정죄된 인물이 아가야 지역에 있는 교회의 감독이었고, 동료 감독들이 공식 회합을 통해 그를 출교했다는 어떤 주석가의 주장을 찬성할 마음도 없다. 또한 특정 감독을 중심으로 개별 교회의 비례 대표제에 관한 여러 견해를 부가적으로 분석하는 작업도 여기에서는 적절하지 않다. 언급된 사람이 감독이었는지, (바울의 요구에 의한) 출교를 두고 그것을 거부했던 일단의 세력을 어떤 능숙한 방법으로 유지하였는지 등의 분열 관련 문제에 대한 논의 역시도 적절하지 않다. 이 구절에서 현재 내 관심 사항과 관련 있는 부분은 오직 마지막 부분, "그 사람이 지나친 슬픔에 짓눌리는 일이 없도록 해야 합니다"이다. 이 부분은 죄를 짓고 사람들의 비난을 받는 사람이 진심 어린 회개를 보일 때는 용서받고 회복되어야 한다는 근거를 제시하고 있다.

이 마지막 문장은 세 가지 실제적인 원리를 말해 주고 있으며, 이 원리들은 서로 긴밀하게 연결되어 있으므로, 나는 이 세 가지 원리를 하나로 묶어 다루려고 한다. 요점은 다음과 같다.

1. 실제적이고 중대한 죄를 범한 경우에도 슬픔과 비탄이 지나칠 수 있다.
2. 슬픔이 지나치면 사람을 집어삼킬 수 있다.
3. 따라서 그러한 슬픔은 다른 사람들이 주는 적절한 위로에

서 힘을 얻어 그와 같은 슬픔에 맞서며 그것을 완화해야 한
다. 그러나 그것 또한 자기 영혼에서 우러나오는 것이어야
한다.

나는 위의 세 가지 사항을 아래의 방식과 순서로 설명할 것
이다.

1. 실제로 지나친 슬픔이 의미하는 것
2. 이런 종류의 슬픔은 한 사람을 집어삼키고 파괴하는 수단임
3. 지나친 슬픔의 원인
4. 지나친 슬픔에 대한 효과적인 해결책

죄로 인한 지나친 슬픔은 두말할 나위 없이 세상에서 흔히
볼 수 있는 일이 아니다. 오히려 의도적으로 무시하고 완고한
성향은 사람들이 지옥에 떨어지는 일반적인 원인이다. 굳어진
마음과 둔감한 양심은 사람들 대부분이 정당하게 느껴야 할 죄
의 무게감을 느끼지 못하게 만들거나, 최소한 죄책 있는 영혼에
임할 위험과 비참함, 영원히 받게 될 악한 영향 등을 인식하지
못하게 한다. 죄에 무뎌지고 익숙해지면, 대부분은 자기 죄에
대한 인식이나 이해력을 잃게 된다. 그들은 외적인 종교 행위를
수행할 수는 있다. 하지만 그것은 마치 꿈을 꾸는 행위나 마찬

가지이다. 교회에 출석하면 예배 중에 사도신경이나 주기도문, 십계명 암송을 반복한다. 심지어 성찬까지 받지만, 그 모든 것들에 무감하여 죽은 것과 같을 뿐이다. 그들은 죄가 하나님께서 가장 혐오하는 대상이요 자기 동료들에게 치명적임을 인정하면서도 기쁨과 완고함으로 죄 가운데 살아간다. 스스로는 죄를 회개했다고 상상하지만, 실제로 죄에서 벗어나라고 설득당하는 상황을 맞이하면 오히려 자기들에게 그와 같은 충언을 하고 격려하는 사람들을 향해 혐오감을 드러낸다.

그런 사람들은 과거의 죄나 현재의 불의한 상태에 대해 효험 있는 슬픔을 경험하는 사람들, 또는 새롭고 거룩한 삶을 살기로 굳게 결심하는 사람들만큼 자신들을 악하거나 한쪽으로 치우쳐 있는 사람으로 보지 않을 것이다. 심판과 천국과 지옥에 관한 몽상에 빠져 있으면서도, 정작 그들이 그런 종말의 내용에 반응하는 모습은 그 내용들이 지닌 감당할 수 없는 무게감과 어울리지 않는다.[2] 만일 그들이 이런 문제에 영적으로 깨어 있다면, 여기에 훨씬 많은 관심을 기울이지 않겠는가? 그들은 그리스도에 의한 인간의 구속, 의롭게 하며 거룩하게 하는 은혜의 필요성, 다가오는 삶의 기쁨과 비참 등에 관한 위대한 역사를 경박하기 이를 데 없는 철저하게 괴리된 방식으로 생각하고, 듣고, 심지

---

2 Paul Helm, *The Last Things: Death, Judgement, Heaven and Hell* (Carlisle, PA: Banner of Truth, 1989)을 보라.

어 토론하기까지 한다. 그럼에도 자신들은 이런 것을 믿는다고 말하는 것이다! 가장 중요한 문제들, 곧 영원한 진리에 대한 최상의 증거를 언급하며 가장 평이하면서도 진솔한 어휘로 설교하거나 대화를 나눌 때, 그들은 마치 죽은 사람 혹은 잠에 빠진 사람처럼 보인다. 귀가 있어도 듣지 못하며 마음에 어떠한 영향도 받지 못하는 사람들인 것이다.

성경을 읽고 성경이 약속한 영원한 영광과 영원하고 두려운 형벌을 믿는 믿음을 고백하는 사람은 특정 문제를 매우 잘 인식한다고 생각할 수 있다. 즉, 앞서 말한 약속을 받기 위한 거룩의 필요성, 자기들의 죄와 그로 인한 지옥 형벌에서 구원할 구세주의 필요성을 깨달을 수 있으리라 기대할 수 있다는 말이다. 그 보이지 않는 세계로 들어갈 수 있다는 확신과 그곳으로 이어지는 길이 가까워 누구나 언제든지 그 길에 들어설 수 있다는 인식은 위험성을 완화하고 감당하기 어려운 또 다른 무게를 짊어질 수 있도록 하는 활기차고 지속적인 노력을 불러일으킬 것이다. 하지만 대부분의 경우는 여기에 해당하지 않으며, 관심이 거의 없거나 최소한 그 중대성을 인식하지 못한다. 그래서 시간을 따로 할애하거나 마음속에 여유를 마련하기 어렵다. 오히려 그들은 개인적인 관심도 없고, 방문해 볼 생각도 없는 어떤 낯선 나라를 대하는 듯한 태도로 듣는다. 피할 수 없는 운명을 대비하라는 요구를 태연하게 거부하고 이생의 삶에만 집중하는 사람들에게는 그것이 농담거리가 될 뿐이다.[3] 혹은 어느 날엔가 죽음이 찾아올 것을 인정하면서도 비몽사몽의 상태에 머물러 있는 것처럼 보인다. 친구들이 죽어 땅에 묻히고 죽음의 가혹한 증거를 목도하게 될 때, 그들은 마치 꿈을 꾸듯, 죽음이 가까이 올 수 없는 것처럼 행동할 것이다. 만약 우리가 진작에 그런 죄인들을 깨울 방법을 알았더라면, 그들은 정신을 차린 듯 스스로를 돌아보고 그 중대한 문제를 매우 다르게 생각했을 것이다. 그리고 진지한 마음의 변화는 전혀 다른 종류의 삶을 사는 모습으로 드러났을 것이다. 그럼에도 불구하고 하나님은 결국 은혜 혹은 형벌을 통해서 지금은 의지가 약한 사람들을 포함한 모든 사람을 깨우실 것이다.

그렇게 되는 이유를 정확하게 말하자면, 딱딱하게 굳은 마음은 회심하지 않은 사람들을 수많은 오류와 비참에 빠지게 만들며, 부드럽고 온화한 마음은 그리스도께서 약속하셨듯이 새로운 본성에 매우 필수적이기 때문이다. 이로써 새로 회심한 사람 중에는 자신들이 죄에 대해 새롭게 발견한 슬픔을 결코 지나치게 느낄 수 없다고 여긴다. 오히려 그들은 돌같이 딱딱한 마음이 될까 두려운 나머지 지나치고 과장된 슬픔에 사로잡혀 산 채

---

3 창 19:14 참조. "롯이 나가서 그 딸들과 결혼할 사위들에게 말하여 이르기를 여호와께서 이 성을 멸하실 터이니 너희는 일어나 이곳에서 떠나라 하되 그의 사위들은 농담으로 여겼더라"

로 잡아먹힐 뻔한다. 설령 이 지나친 슬픔이 과거나 현재에 실제 지은 죄 때문일 수도 있지만, 그것은 위험한 덕목이요 그 기능 면에서도 절대 그럴 수 없는 것이다. 지나친 슬픔을 훈장이나 의무의 증표처럼 갖고 있거나, 혹은 그러한 잘못된 태도의 위험성을 제대로 이해하지 못하는 경우 더욱 심각한 문제가 발생한다. 그래서 어떤 사람들은 의심이 많고 두려움이 크며 깊이 슬퍼하는 그리스도인, 침울하고 매사에 불평만 할 것 같은 그리스도인만이 진실로 신앙을 가진 사람이라고 여기기도 한다. 이런 생각이야말로 심각한 오류를 드러내는 것이다.

지나친 슬픔은 언제 나타나는가?

1. 지나친 슬픔은 전제에 오류가 있을 때 나타나게 된다. 어떤 슬픔이든 상황에 전혀 맞지 않으면 지나친 것이고, 큰 슬픔도 실제 원인에 어울리지 않으면 지나친 것이다. 전혀 의무가 아닌 일을 반드시 성취해야 할 의무로 생각하고 있으면서도 실제 행동으로 옮기지 않아 죄책감을 느낀다면, 이것은 오류로 인한 죄책감이다. 많은 사람들이 충분한 열정을 가지고 기도하지 못했거나 충분한 기간 동안 기도할 능력도 없고 시간도 없다는 사실 때문에 큰 죄책감에 시달려 왔다. 또 어떤 이들은 공식적인 질책보다는 지혜롭게 교훈하며 조심스러운 말로 가르치는

것이 실제로 필요한 상황에서, 다른 사람의 죄를 지적하지 않은 것을 두고 죄책감을 느꼈다. 또는 일터에서 일하는 시간에 하나님보다 사업에 필요한 '영적이지 않은' 것들을 생각할 때, 죄의식에 더 사로잡히기도 한다.

이러한 죄책감은 미신에서 비롯된다. 하나님께서 요구하지 않으신 종교적 의무를 자신에게 부과하며, 그렇게 부과한 의무를 제대로 수행하지 못했을 때 나타난다. 어떤 이들은 한때 참된 교리로 믿었던 것이 어쩌면 거짓 교리일 수도 있다는 그릇된 확신을 갖게 된 후 혼란스러움에 빠져, 오랫동안 진리로 여겨온 것이 거짓이므로 그것을 버려야만 한다고 생각한다. 또 어떤 이들은 입는 것, 먹는 것, 말하는 것 하나하나에 집착하기도 한다. 그렇게 되면 그들은 선과 악의 개념을 뒤집어 발전시키면서, 선행을 죄악으로 생각하고, 어쩔 수 없는 사소한 결점도 중대한 범죄로 과장한다. 이는 타당한 이유가 없어 과장된 고통과 죄책감의 예를 든 것이다.

2. 신체적이든 지적이든 그것이 자기 파괴적이라면 그것은 지나친 죄책감이라 할 수 있다. 자연을 받아들일 때는 진중한 자세가 필요하며, 그 자연을 향유하기 위해서는 건강한 삶과 밀접하게 연결된 의무를 적절히 이행해야 한다. 그러나 분명한 것은 그런 중요성 및 관련 의무들을 개별적이든 종합적이든 누군

가의 복지에 해를 끼치는 방식으로 이해하거나 수행해서는 안 된다는 사실이다. 시민법, 교회법, 가족법 등의 목적이 각 영역을 발전시키고 파멸에 이르지 않도록 하는 것에 있듯이, 개인에 대한 규율은 사람에게 해로움이 아닌 유익을 끼치기 위함인 것이다. 하나님께서 희생 제사보다 자비를 더 원하신다고 말씀하셨듯이(마 12:7), 우리는 종교를 핑계 삼아 우리 자신이나 이웃에게 해를 끼치는 구실로 사용해서는 절대 안 된다. 우리는 '네 이웃을 네 몸과 같이 사랑하라'는 명령을 받은 사람들이기 때문이다. 예를 들어 금식은 어느 특정한 선(겸허를 표하거나 특정 유혹을 제어하여 얻는 유익 같은)을 증진할 때만 하나의 의무로 생각할 수 있다. 마찬가지로 슬픔은 유익보다 해로움이 더 많을 때 지나친 것이다. 이 구체적인 문제에 대해서는 나중에 자세히 설명하겠다.

지나친 슬픔은 어떤 방식으로 사람을 장악하는가?

자신을 죄인으로 인식하는 사람을 슬픔이 짓누르게 되면, 그 사람은 지나친 슬픔에 빠지게 되므로, 반드시 그 슬픔을 진정시킬 필요가 있다. 다음의 예들을 보라.

1. 어떤 사람의 정신 기능이 근심과 역경으로 인해 약화되면, 판단력이 흐려지고 왜곡되어 신뢰성이 떨어진다. 마찬가지

로, 분노에 차 있는 사람처럼 큰 두려움과 당혹 가운데 빠진 사람도 사물을 있는 그대로 보지 못하고 감정이 흥분된 상태에서 그것을 이해하게 된다. 하나님과 종교 문제, 영혼 상태와 행동, 친구와 적, 판단력 등이 손상되어 신뢰할 수 없게 되는 것이다. 만약 조금이라도 신뢰할 수 있는 부분이 있다면, 그것은 정확하다기보다는 거짓일 가능성이 더 높다고 할 수 있다. 마치 눈에 심각한 염증이 생겼는데도 그 눈을 통해 보이는 것이 사물의 실체라고 생각하는 것과 같다. 따라서 이성이 슬픔에 의해 장악되면, 슬픔 자체가 지나치게 된다.

2. 지나친 비탄에 빠지게 되면, 사람은 자기 생각을 다스리지 못하게 된다. 그런 상태에서 하는 생각은 필연적으로 죄악과 고통을 낳을 수밖에 없다. 비탄은 급류와 같이 그 생각을 싣고 흘러간다. 불안한 상태에 빠진 사람 안에 평온한 생각을 일으키는 일은 폭풍우 속 흔들림 없는 나무에서 잎사귀가 떨어지지 않는 일보다 더 어려운 일이다. 고뇌를 일으키는 주제에서 벗어나 있게 하거나 좀 더 즐거운 상황으로 이끌기 위한 노력으로 이성을 활용한다 해도, 그 결과는 아무런 소득이 없음으로 드러날 것이다. 이성만으로는 격렬한 감정의 흐름에 대항할 수 없기 때문이다.

3. 그러한 짓누르는 슬픔은 믿음 자체를 삼켜 버리고 신앙 생활을 하지 못하도록 방해한다. 복음은 우리에게 말로 형용할 수 없는 기쁨을 구성하는 여러 가지 것들을 믿으라고 요구한다. 하지만 슬픔에 짓눌린 마음으로는 기쁨이 가득한 무언가를 참된 것으로 믿기 정말 어렵고, 죄 사함과 구원만큼 진실로 기쁨을 주는 것들을 믿기가 더더욱 어려운 것이 사실이다. 감히 하나님을 거짓말쟁이라 부르지는 못한다 할지라도, 슬픔에 짓눌린 사람은 하나님의 약속이 거저 주어지고 그것이 풍성하다는 사실을 믿기 어려워하며, 하나님이 회개하고 돌아오는 모든 자를 받아 주실 준비가 되어 있으시다는 사실도 믿기 어려워한다. 그러므로 그런 비탄에 빠진 마음은 복음이 주는 은혜 및 약속과 상반되는 감정을 일으키며, 그 감정은 그 자체로 믿음을 방해한다.

4. 지나친 슬픔은 믿음보다 소망에 훨씬 큰 장애물이다. 이것은 자기를 신자로 여기는 사람들이 하나님의 말씀과 약속을 **자기를 제외한 모든 이들에게** 참되고 적용이 가능한 것으로 인식할 때 발생한다. 소망은 복음이 말하는 바를 믿게 할 뿐만 아니라, 그 동일한 복음의 약속이 다른 사람들만이 아닌 자기 자신의 것이 될 거라는 위안 중에 안식하게 하는 은혜이다. 그것은 적용하는 행위이다. 믿음의 첫 번째 행동은 복음이 참되고

그리스도를 통해 은혜와 장래의 영광을 약속한다는 사실을 인정하는 것이다. 두 번째 행동은 그 믿음이 "나는 **나의** 영혼과 나의 모든 것을 그 복음에 의지하고, 그리스도를 **나의** 구세주요 **나의** 도움으로 삼을 것이다"라고 말할 때 나타난다. 그때 소망은 그리스도로부터 구원을 기대하며 바라보게 한다. 그러나 우울증, 지나친 슬픔, 낙망은 그와 같은 소망의 불꽃을 꺼뜨려 버린다. 절망은 그러한 소망과 대척하는 것이다. 우울증에 걸린 사람은 절실한 심정으로 소망을 품지만 그렇게 할 수 없다는 것을 깨닫게 된다. 그와 같은 문제에 대한 그들의 생각은 의심과 의혹으로 가득 차 있기 때문이다. 따라서 그들은 위험하고 비참한 미래를 바라보며 무력감을 느낀다. 확신하건대 소망은 영혼의 닻이다. 그 소망이 부재할 때, 인생 중 몰아치는 폭풍우에 이리저리 끊임없이 흔들리는 것은 전혀 이상한 일이 아니다.

5. 그러한 지나친 비탄의 감정은 다른 상황에서 하나님의 사랑과 선하심 가운데 발견할 수 있는 위로를 허비하게 만들고, 하나님을 향한 사랑도 방해함으로써, 거룩한 삶을 살아가지 못하게 한다. 그렇게 괴로워하는 사람이 하나님의 드넓은 선하심을 부여잡는 것은 거의 불가능한 일일뿐더러, 인격적 친밀감을 나누거나 선하시고 친근한 하나님을 경험하는 일은 더더욱 어려운 일이다. 그런 상태에 있는 사람은 자기 영혼이 사하라 사

막 한가운데 떨어져 강하게 내리쬐는 햇빛으로 인해 발에 물집이 잡히고 탈수로 기진맥진해져 거의 죽을 지경에 이른 것과 같다고 생각한다. 태양이 지상 생명의 원천이요 인류가 보편적으로 누릴 복이라는 점은 인정하면서도, 그에게는 비참과 죽음을 가져다주는 것으로밖에는 인식되지 않는다. 그렇게 슬픔과 죄책감에 짓눌린 이들은 다른 사람들을 향한 하나님의 선하심은 인정하지만, 하나님을 자신들의 멸망을 위해 준비된 대적자로서 경험한다. 하나님께서 자신들을 혐오하여 버리셨고 결국 거부하시기로 작정하시되 창세전부터 그렇게 하기로 결정하셨으며, 정죄라는 명백한 목적을 위해 자신들을 창조하셨다고 생각한다. 그들은 중상자, 압제자, 혹은 학대자들을 사랑하는 일이 거의 불가능하다고 생각하며, 자신들을 정죄하려 하고 도망칠 수 있는 모든 수단을 차단하셨다고 믿는 그 하나님을 사랑하는 일은 훨씬 더 어렵다고 생각한다.

6. 이런 뒤틀린 정서가 하나님의 말씀, 사역, 자비, 징계 등을 곡해하고 편견에 사로잡힌 관점을 만들어 내는 것은 당연한 결과이다. 우울증에 걸린 사람은 성경을 듣거나 읽을 때, 그 말씀이 개인적으로 자기 자신에게 부정적으로 작용한다고 생각한다. 모든 애가와 심판에 대한 경고를 자기에게 향하는 것처럼 받아들이면서, 마치 개인적으로 명목상 그것들에서 자신을 배

제한 것과 같이 모든 약속과 위로의 구절들로부터 자신을 배제해 버린다. 그래서 그는 하나님의 은혜가 제한되어 자신은 그 은혜를 받을 수 없게 되었다고 생각한다. 하나님께서 자기를 보며 비웃으시면서 죄 용서받기 더 힘들게 만드시고, 임박한 심판의 무게를 더하사 정죄받음을 피할 수 없도록 하시며, 심지어 자기를 재앙으로 이끄신다는 것이다.[4] 또한 그는 하나님께서 지옥이라는 더 가혹한 곳에 떨어뜨릴 목적으로 독을 사탕인 듯 주시고 사랑을 가장하여 미워하신다고 생각한다. 그리고 하나님께서 그를 징계하실 때는, 자기가 회개하는 자리로 인도받고 있다고 생각하기보다 하나님이 안겨 주실 고통부터 생각한다. 다시 말해, 이런 낙담에 빠진 영혼들은 지옥의 언어를 사용한다. 그리스도께 대항한 악마들이 했던 언행처럼 말이다.

"이에 그들이 소리 질러 이르되 하나님의 아들이여 우리가 당신과 무슨 상관이 있나이까 때가 이르기 전에 우리를 괴롭게 하려고 여기 오셨나이까 하더니"(마 8:29).

7. 그러한 생각이 감사하는 마음을 파괴한다는 것은 분명하다. 지나친 슬픔에 빠진 사람들은 진심으로 감사하기는커녕, 오

---

4 그런 사람은 예수님이 오직 가룟 유다에게만 하신 말씀을 자신에게 잘못 사용하고 있는 것이다. 마 26:24. "그 사람은 차라리 태어나지 아니하였더라면 제게 좋을 뻔하였느니라."

히려 하나님께서 베푸신 긍휼이 마치 잔인하다는 듯이 하나님을 비난한다.

8. 이렇게 병든 이성은 전반적으로 성령님께서 주시는 희락 및 하나님 나라를 구성하는 것과 연관된 화평과 마찰을 일으킨다. 이 비참한 사람들에게는 그 어떤 것도 희락이 되지 못한다. 하나님과 그분의 말씀 및 방식 등을 기뻐하는 것은 참된 영성의 증거이자 본질이다. 하지만 하나님이나 그분의 말씀, 혹은 그분에 대한 의무 등을 전혀 기쁘게 누리지 못하는 사람은 구역질이 날 만큼 싫어함에도 불구하고 어쩔 수 없이 필요에 의해 음식을 먹는 병자와 다를 바 없다.

9. 위에서 설명한 내용은 우울증이라고 부르는 이 질병이 사실상 복음의 의미와 정반대 되는 것임을 보여 주는 것이다. 그리스도는 구세주로 우리에게 내려와 포로 된 자들에게 자유를 주고, 하나님과 화해하게 하였으며, 용서와 영원한 희락이라는 '기쁜 소식'을 전해 주셨다. 천사가 전했든 인간이 전했든 동일한 복음을 받는 곳마다 큰 기쁨을 가져다준다. 그러나 우울증의 영향 아래에서는 그리스도께서 성취하시고, 값을 치르시고, 전달해 주시고, 보증해 주신 그 모든 것이 의심스럽게 보이며, 심지어 그러한 것들이 참된 것으로 보일지라도 기쁨보다는 슬픔

을 더 불러일으키는 것처럼 보이기도 한다.

10. 사탄은 이 질병을 꾸준히 활용하여 하나님이 마치 악한 존재인 듯 여기는 신성 모독적 사고를 일으켜 주님을 기쁘시게 하려는 이들을 미워하고 파괴하게 만든다. 사탄의 계획은 우리에게 하나님이 자기와 같이 악한 존재인 것처럼 보여 주는 것이다. 그는 실상 악의에 찬 원수로서 상해를 입히기를 즐기는 존재이기 때문이다. 사람들이 사탄의 악의 때문에 그를 미워하므로, 사탄은 인간이 하나님을 미워하고 신성 모독하도록 부추기며, 하나님이 자신, 즉 사탄보다 더 악한 의도를 가지고 있다고 확신시키려 한다. 형상을 통해 하나님을 예배하는 행위는 하나님께서 극히 싫어하시는 것이다. 이는 그분을 다만 상징하기 위해 사용된 피조물 수준으로 격하시키는 것처럼 보이기 때문이다. 따라서 하나님을 악한 귀신들처럼 보이도록 만드는 행위는 얼마나 더 신성 모독적인가?! 하나님의 위대하심뿐만 아니라 그 선하심을 매우 작고 열등한 것으로 여기는 것은 하나님을 지상의 아비나 친구들보다 더 못한 분으로 여기는 것이므로 하나님을 지극히 모욕하는 행위이다. 뒤틀린 사고를 가진 사람들의 상상은 얼마다 더 심할까? 거짓 선지자들을 가시나 엉겅퀴, 늑대 등으로 묘사하신 그리스도의 방식 그대로 의로운 복음 사역자들을 묘사하는 것은 그들을 모욕하는 언사인데, 하물며 하나

님 그분에 대해 훨씬 불결한 생각을 하는 것은 얼마나 더 악한 범죄가 아니라 하겠는가?[5]

11. 이 지나친 슬픔은 사람들이 건설적인 묵상을 할 수 없게 만든다. 그들의 생각을 혼란스럽게 하고 해로운 혼돈과 유혹으로 이끈다. 그래서 더 많이 반추하면 할수록 슬픔에 압도당하게 되는 것이다. 기도는 어린아이와 같은 신앙에서 나오는 간구가 아닌 단순한 불평불만으로 변질되어 버리며, 하나님의 백성들과 함께 모이는 것에 비우호적인 태도를 보이게 만들고, 교회의 성찬식에 참여함으로써 얻을 수 있는 위안을 등한히 여기게 만든다. 대신, 그들은 그 자리에 합당하지 않게 참여하며 자신의 정죄가 앞당겨지고 늘어날까 두려워한다. 설교와 상담 역시 그와 같은 생각 앞에서는 아무런 효과를 낳을 수 없게 되며, 아무리 설득력 있는 말을 해도 그들에게 아무런 영향을 미치지 못하거나 일시적인 효과에 그칠 뿐이다.

12. 이러한 장애는 모든 부가적인 고통의 무게를 증가시키

---

5 톨킨(Tolkien)은 기꺼이 선한 자들을 비난하고 경멸하려는 본원적인 태도(와 그런 태도를 촉진하며 즐거워하는 사탄의 모습)를 '보로미르(Boromir)'라는 비극적 캐릭터를 통해 표현한다. 보로미르는 악의 세력 밑에서 거짓을 일삼으며 신실하고 참된 동료들을 배신자들이라 비난한다. "'비참한 협잡꾼들아!' 보로미르는 소리쳤다. '너희들을 가만두지 않을 것이니, 너희의 꿍꿍이를 알고 있기 때문이다.'" J. R. R. Tolkien, *The Fellowship of the Ring* (New York: Houghton Mifflin Harcourt, 2002), bk. 2, chap. 10.

며, 이미 고뇌의 구렁텅이에 빠져 그 비참함을 상쇄할 만한 위로를 찾을 길 없는 사람에게 허락된다. 왜냐하면 그들에게는 눈앞에 오직 지옥의 문만이 열려 있는 것 같기 때문이다. 그들에게 삶은 버거운 짐이지만, 죽음은 공포이다. 그들은 삶에 지쳐 있지만 동시에 죽는 것도 두려워한다. 그러므로 이 과도한 슬픔은 그러한 처지에 놓인 사람을 완전히 장악해 버린다.

원인과 치유책

질문: 이렇게 지나치고 그릇된 방향으로 이끌린 슬픔과 죄책감을 일으킨 원인과 그 치유책은 무엇일까?

답변: 많은 사람들의 경우를 볼 때, 우울증의 원인에는 생리적 장애, 신체적 질병, 일반적인 '연약함'이 다수를 차지한다.[6] 그 영혼은 만족할 만큼의 위안을 찾을 수 없다. 여기서 다시 한번 강조하고 싶은 것은, 그 영혼의 상태가 개인의 선택과 통제를 벗어나 눈에 보이지 않는 생리적 과정에서 불가피하게 발생한 것일수록, 죄와 거리가 멀고 위험도도 낮은 상태라는 것이다. 설령 원인을 입증할 수 없어 더욱 당황스러울 수 있다 하더

---

6 예스럽고 구체성이 떨어지는 용어는 우울증의 실제 원인에 관하여 의사들의 무지를 덮어 주는 역할을 했을 수도 있다.

라도 말이다.

세 가지 특정 질환

특정 세 가지 질환이 지나친 슬픔의 원인으로 보인다.

1. 어떤 질환은 견디기 힘든 크고 격렬한 고통을 일으킨다. 이 질환은 대개 오래가지 않기 때문에 길게 언급하지는 않을 것이다.

2. 또 어떤 질환은 선천적으로 강한 감정적 반응을 포함하며, 우발적으로 보이는 반응에 대한 완화력이 부족하다. 매우 쇠약해진 노인의 경우 종종 아프고 쉽게 격해지는 기질을 보이는 경향이 있는 데 반해, 연령 스펙트럼에서 노인들과 대척점에 있는 어린아이들은 몸에 상처가 생겼을 때 울음을 참지 못하기도 한다. (일부 남성들과 마찬가지로) 많은 성인 여성들 또한 감정이 쉽게 동요하고 평정을 되찾는 데 어려움을 느낀다. 그런 점에서 그들은 자제력이 약하며, 비록 하나님을 두려워하고 이해력이 매우 건전하며 재치가 뛰어날지라도 누구나 상상할 수 있듯 분노와 비탄, 특별히 두려움과 같은 감정에 맞설 힘이 거의 없다. 기질상 그들은 쉽게 불안해하고 두려워하며 불평하는 경향

이 있다. 실제로 우울증이 없는 사람도 음울하고 인내심이 부족한 방식으로 성격적인 미성숙함을 보이는 경향을 보이기 때문에, 항상 몇 가지 일들로 인해 당혹스럽고 언짢은 기분을 느끼며, 깜짝깜짝 놀라는 태도를 보이고, 그들은 사시나무 잎사귀처럼 삶의 가장 미세한 변화에 떨며 살아간다. 가장 지혜롭고 인내심이 많은 사람도 그런 사람을 만족시키거나 안심시킬 수 없다. 그들은 다른 이들이 던진 말 한마디나 흘끗 쳐다본 일에 기분 상해하거나, 갖가지 슬픈 풍문에 소스라치게 놀라거나, 들리는 소음마다 깜짝깜짝 놀란다. 또 어린아이처럼 자기 욕구가 충족되지 않으면 울음을 멈추지 않는 사람들도 있다. 우리는 그들을 감내해야 하는 사람들이 겪는 슬픔도 이해해야 하지만, 이런 비참한 증상으로 직접 고통받는 이들은 더 큰 슬픔을 겪고 있음을 이해해야만 할 것이다. 근래에 슬픈 일을 당해 우울증에 빠진 사람과 함께 지내는 일은 그다지 큰 문젯거리가 되지 않는다. 아직 이성이 완전히 상실되지 않았다면, 이러한 경우는 그리 절망적인 상황이 아니며, 그가 모든 개인적 책임에서 면제되는 것도 아니다.

3. 그러나 실제 질병으로 인해 이성이 상당한 정도로 상실되었을 때는 회복이 더 힘들고 더디게 된다. 이미 감정 기복이 심하고 신경질적인 성향이 있는 사람이 우울증 증세가 심각해지

면, 기질과 질병이 서로 결합하면서 그 비참함이 배가 된다.

중증의 우울증과 불안증 징후에 대한 재검토

중증의 우울증과 불안증의 일반적인 특성을 다른 곳에서 몇 차례 언급했지만, 다시 한번 살펴보고자 한다.

1. 걱정이 많고 평온함이 없는 마음은 각자에게 두려움과 걱정거리 외에는 거의 혹은 아무것도 느끼지 못하는 만성적이고 지속적인 상태가 된다. 듣고 행동하는 모든 것이 그들의 두려움에 반영되며, 위험 요소가 그들 주변을 온통 둘러싸고 있다고 생각하기 때문에, 읽고 듣는 것 전부가 그들의 모든 즐거움을 앗아간다. 밤에는 초조한 생각으로 잠들지 못해 깨어 있기 일쑤고, 잠이 들었을 때는 악몽이 그들을 맞이한다. 그리고 다른 사람들이 유쾌하게 웃고 떠드는 것을 보면 독선적인 상태로 모욕감을 느끼면서도, 자신들이 겪는 고충이 가장 불행한 거지들의 것보다 못하다고 생각한다. 나는 그들과 다르지 않아 보이고 비슷한 상황에 처해 있는 사람들을 일주일, 심지어 하루에도 두세 명씩 만난다. 하지만 그들은 자신들만큼 어려운 처지에 있는 사람이 있다고 전혀 상상하지 못한다. 그리고 친구들이나 가족, 가정, 그 어떤 것에서도 기쁨을 누리지 못하며, 자신들은 하나

님에게서 버림받았고 은혜의 날은 지나 버렸으며 더 이상 소망이 없다고 주장하기도 한다.

그들은 이런 신념이 그들의 울부짖음과 신음을 멈추게 하지 못할뿐더러 하나님께서 자기들에게 절대 귀 기울이지 않을 거라는 생각을 계속 하므로, 자신들은 기도할 수 없다고 생각한다. 그들은 자신들이 진실과 은혜를 소유하리라는 것도 믿지 않는다. 회개할 수도 없고 믿음을 가질 수도 없다고 말하며, 자기 마음이 강퍅하다고 생각하면서, 성령을 거스르는 죄를 짓는 것에는 두려움을 갖는다. 요컨대 그들의 지속적인 마음가짐은 두려움, 혼란, 그리고 거의 절망에 가까운 상태이다.

2. 만약 당신이 그들에게 진정성의 증거를 보여 주면서, 그 두려움이 근거 없고 자신들에게도 해가 되지 않으며 하나님을 영화롭게 할 수 없는 것이라고 어렵사리 확신시킨다고 할지라도, 그들은 그것에 동의할 수 없고, 아무런 위안도 얻을 수 없으며, 위안을 얻었다 할지라도 오래 지속되지 못한다. 조금이라도 안도감을 얻으면 이튿날 다시 두려움이 찾아온다. 그 두려움의 원인은 육체적 질병에 있는 것이지 신학적 오해에 있지 않으므로, 할 수 있는 대로 자주 그들을 위로하라. 두려움은 수도 없이 돌아오고 그 속도도 빠르다.

3. 그들의 비참함은 그들이 생각할 수밖에 없는 것에서 비롯된다. 질병에서 그들의 생각이 흘러나오는 것이다. 추운데 떨지 말라거나 상해를 입었는데 고통을 느끼지 말라고 설득하는 것이, 생각하는 일을 생각하지 않게 만드는 일보다 쉬울 것이다. 자신이 통제할 수 없는 일을 멈추라고 명령하는 것은 부질없는 일이며, 그들이 질병에 얼마나 많이 시달려 왔으며 벗어날 수만 있다면 벗어나고 싶은 그러한 생각에 사로잡혀 있다는 사실을 인정해 주지 못하는 것은 참 잔인한 일이다. 말 그대로 그들은 때때로 밤낮없이 벗어날 수 없는 정신병적 생각에 시달리고 있다.

4. 이러한 증상이 아주 확고하게 굳어진 사람들은 주변에 누군가 있는 것처럼 느끼고 그 존재들이 이런저런 말을 걸며 갖가지 일을 지시한다고 말한다. 그리고 어느 때는 자기에게 이렇게 말했다가 다른 때에는 다르게 말을 전한다고도 진술한다. 그들은 그 목소리가 자신의 질병과 뒤틀린 상상력의 산물이라는 사실을 좀처럼 믿기 어려울 것이다.

5. 이런 경우들 중에는 비정상적으로 자신들이 신적 계시를 받았다고 믿는 사람들이 있다. 마음속에 무엇이 들어오든지 그것을 신적 현현으로 받아들이며, 이런 말을 하곤 한다. "지금

이 순간, 이 성경 구절이 내 마음속에 떠올랐습니다", "마침 그때 이 구절이 떠올랐습니다." 하지만 그런 경우 실제로는 그 구절을 왜곡하여 이해한 것이거나 적용에 오류가 있을 때가 많다. 어쩌면 그들은 몇몇 구절을 한데 모아 모순적인 결론에 이르도록 적용했을 수도 있다. 마치 어떤 구절은 소망을 주지만, 다른 구절에서는 그 소망을 빼앗는 것처럼 말이다.

유사한 맥락에서 어떤 이들은 하나님이 자신들에게 장래 일을 미리 계시하셨다고 확신하게 된다. 그 확신은 그들의 예언이 틀렸음을 증거하는 사건들이 발생해 자신들이 크게 부끄러움을 당할 때까지 이어진다.

또 어떤 이들은 종교적 문제에서 명확한 오류(즉, 이단)로 빠져들어 하나님이 그런 신앙을 지지해 주신다고 믿으며, 그렇기 때문에 그 오류에 대한 확고한 확신을 갖게 된다. 사실상 한번 만성적인 불안증에 빠진 사람이 그와 같은 신념의 변화를 겪으며 화평과 기쁨을 얻게 되는 경험을 하게 되면, 자신들은 분명코 하나님의 방식대로 살고 있으며 이전에 화평함이 없었던 것은 자신들이 오류에 빠져 있었다는 증거가 틀림없다는 확신이 더욱 강해진다. 나는 자신들이 오래도록 견지했던 것과는 정반대인 입장에서 위안을 찾은 사람들을 많이 알고 있다. 어떤 이들은 형식주의자(교황주의자)와 미신에서 벗어나 재세례파, 율법폐기론자, 아르미니우스주의자, 완전주의자, 퀘이커교도 등이 되었고, 또 어떤 이들은 모든 기독교 종파를 떠나 아예 배교자가 되어 내세를 부인하기도 하며 방탕과 방종의 삶을 살았다. 그러나 이 이단들과 배교자들은 자신들의 행동으로 슬픈 현실을 벗어난 사람들이기 때문에, 내가 이제부터 언급할 사람들과는 구별되는 사람들이다.

6. 그러나 더 슬프고 역설적이게도, 자기 마음을 요동시키는 내면의 소리를 들은 사람들은 종종 자신들이 귀신 들린 상태이며, 적어도 악한 세력 밑에 억눌려 있다는 것을 한 치도 의심하지 않는다. 이 부분에 대해서는 나중에 좀 더 이야기해 보겠다.

7. 후자에 속한 사람들 대부분은 신성 모독적인 생각으로 인해 공격적으로 괴롭힘을 당한다. 그들은 그런 생각에 실제 두려워하며 벌벌 떨지만, 그 생각이 마음속으로 들어오지 못하도록 막을 수는 없다. 그리고 유혹에 넘어가 성경, 기독교, 내세 등에 대해 의구심을 품는 데 사로잡힌다. 그뿐만 아니라 하나님을 악한 존재로 여기라는 유혹도 받는다. 어떤 때에는 하나님께 맞서며 신성 모독적인 발언을 일삼고, 그분을 부인하고 싶은 강한 충동이 마음 가득 넘친다. 그러면서도 그와 같은 행동을 하려는 생각 때문에 두려워 떠는 사이, 그 생각은 그들을 유령처럼 끊임없이 괴롭힌다. 그리고 실제로 어떤 이들은 자기 생각에 굴복

하여 큰 소리로 신성 모독적인 발언을 하기도 한다. 그들이 그 생각을 행동으로 옮기고 나면 내부의 목소리가 말하는 것을 듣게 된다. "이제 너의 정죄는 확정되었어. 성령을 거스르는 죄를 짓고 만 거야. 모든 소망은 사라지고 없어."

8. 이런 상황이 계속되자, 절망에 빠져 다시는 말을 하지 않겠다거나 먹지 않겠다는 맹세를 하는 사람들이 생기기도 했고, 실제로 굶어 죽는 사람도 있었다.

9. 절망에 빠져 죽음에 임박한 많은 사람이 다양한 사람의 환영을 보았다고 말한다. 특히 밤에 침대 주변을 희미한 빛이 둘러싸는 경험을 했다고 진술한다. 그들은 때때로 목소리를 듣고, 누군가 자신을 만지거나 상해를 입힌다고 확신한다.

10. 그들은 다른 사람들과 나누는 교제의 장에서 도망친다. 오롯이 혼자 앉아 있거나 어두운 곳에서 골똘히 생각에 잠기는 것 외에는 견디기 힘들어한다.

11. 그들은 자신들의 직무를 소홀히 대하기 때문에, 일관되게 확실하고 분명한 자기 의무들에 책임을 다할 수 없게 된다.

12. 마지막 극한에 이르게 되면, 그들은 삶 자체에 지쳐 자살하고 싶은 강한 유혹을 받는다. 말하자면 물에 뛰어들고 싶거나, 칼로 목을 긋고 싶거나, 목을 매달거나, 혹은 높은 곳에서 뛰어내리고 싶은 강한 충동에 사로잡히게 된다. 안타깝게도 많은 이들이 실제로 그러한 일들을 저지르고 말았다.

13. 비록 그런 끔찍한 운명에서 벗어난다고 해도, 그들은 여전히 비참하고 무력한 상태에 남아 있게 된다.

그러니 당신은 이제 심각한 우울증이 일으키는 고통스러운 증상과 영향이 무엇인지, 그리고 앞서 간략히 설명한 대로 우울증 말기 단계로 진행되기 전에 이를 예방하는 일이나 가능한 한 빨리 치료하는 일이 얼마나 중요한지 알 수 있다. 이 시점에서 종종 받는 질문에 답을 해야 할 필요가 있다. "우울증 증세가 귀신 들림 때문인가, 아닌가?", "이 우울증에 대한 설명에서 어느 정도까지가 사탄이 끼친 영향인가?"

귀신 들림의 문제

진심으로 알고 싶어 하는 우울증 환자들에게는 사탄의 하수인에 대한 정확한 평가가 불안보다는 위안이 될 수 있다고 말하고 싶다.

첫째, 몸이 되었든 영혼이 되었든 귀신이 들렸다는 말이 무엇을 의미하는지 정의해야 한다. 귀신이 들렸다는 말은 단순히 사탄이나 그 하수인들이 인간의 몸 안에 공간적으로 존재하거나 그 거처를 둔다는 뜻만은 아니다. 우리는 사실 귀신이 선인의 반대 개념인 악인과 어느 정도까지 함께하는지에 관해 거의 알지 못한다. '귀신은 효과적인 조종 수단을 사용하여 누군가에게 자기 힘을 발휘한다'라는 정도가 적절한 설명이 되지 않을까 싶다. 예를 들어 성령님은 극악한 인간과도 함께하시며 완고한 인간의 영혼 속에서 선한 영향력을 행사하시기도 하지만, 주로 신실한 신자들의 영혼에 고유하고 강력한 영향력을 끼치신다. 따라서 성령님이 신자들 안에 '거하신다', 혹은 헌신과 사랑을 통한 소유권(ownership)의 관점에서 '사로잡다(possess)' 등의 말은 바른 표현이다. 사탄 역시도 신실하게 하나님을 따르는 사람들에게 매우 빈번하게 내적 충동을 일으키지만, 사탄이 '소유권'을 행사할 수 있는 이들은 오직 불신앙과 육욕만을 탐닉하는 자들의 영혼들뿐이다.

이와 마찬가지로 사탄은 하나님의 허용 범위 안에서 아무런 잘못이 없는 의인들을 박해하고, 고난을 주며, 일반적인 질병에 걸리게도 한다. 그리고 사탄 역시 특별한 고난을 담당하는 하나님의 집행자로서, 특별히 뇌에 영향을 끼쳐 사람들의 감각과 이해력을 빼앗고 전적으로 우울증의 생리적 기반 위에서 역사한다. 이를 '귀신 들림'으로 부를 수 있는 것이다.

영혼에 끼치는 대부분의 악한 영향력에 있어 우리 마음이 어머니와 같다면, 사탄은 아버지와도 같다. 따라서 질병의 원인이 신체 내부에 있을 수 있지만, 상당수의 신체적 질병은 (욥의 경우처럼) 하나님의 허락하에서 사탄이 일으킨 것으로 이해하는 것이 나을 것이다. 비록 우리가 저지른 잘못과 성향, 계절, 날씨, 사고 등이 질병의 원인일 수는 있을지라도, 사탄은 그 모든 일 이면에서 교묘히 일을 꾸민다.

사탄의 교묘한 계략이 너무 직접적이어서 우리가 이를 '빙의'(사로잡음, possession)라고 부를 때는 그가 여전히 사람의 신체적 약점을 통해 활동한다고 볼 수 있다. 하지만 때때로 어떤 질병 자체의 위력을 넘어서는 모습으로 더 강하게 활동한다고도 알려져 있다. 배운 적 없는 낯선 언어를 자발적으로 말하게 한다든지, 마법에 걸린 사람에게서 철이나 유리 등 여러 이물질을 토하게 하는 식으로 말이다. 뿐만 아니라 사탄은 때때로 뇌전증이나 정신 질환처럼 순전히 질병 자체를 이용하여 활동하기도

한다.

영적 원인과 혼란에 대한 재검토

여러 사안에서 볼 수 있듯 이러한 복잡한 상황에서 최소한
다음과 같은 사항들은 분명히 해야 한다.

1. 사탄이 사람의 몸을 사로잡을지라도 그것이 은혜받지 못
한 상태를 나타내는 것은 아니며, 영혼 자체가 귀신 들리지 않
았다면 그 영혼을 정죄할 수도 없다. 욥의 경우처럼 하나님은
그 자녀들을 고치시고 훈련시키기 위한 방편으로 사탄을 사용
하셔서 역경을 경험하도록 하신다. 어떤 사람들이 반박을 할지
모르지만 바울의 육체의 가시는 그에게 고통을 주려는 사탄의
도구로 묘사되었다. 그 가시는 신장 결석과 같은 특별한 **신체**
질병으로 보이는데, 바울이 세 번이나 간구하였으나 완전히 제
거되지 않았다. 그 대신 바울은 분명 극심했을 그 시련을 견뎌
낼 수 있는 충분한 은혜를 약속받았다.

2. 사탄이 불신자의 영혼을 사로잡는다는 것은 비참한 일이
다. 이는 그저 몸만 사로잡는 것보다 훨씬 더 심각한 일이다. 그
럼에도 모든 악한 성향이나 죄가 그와 같이 귀신이 들렸다는 것

을 보여 주는 예일 수는 없다. 왜냐하면 사람은 완벽하지도, 죄에서 자유롭지도 않기 때문이다.

3. 죄를 미워하지 않고 더 사랑하거나, 죄를 제거하지 않고 거기에 매여 있거나, 죄를 짓되 어쩔 수 없이 짓는 것이 아니라 의도적으로 짓는 것을 제외하고, 어떤 특정 죄가 사람에 대해 사탄이 지속적이고 파멸적인 소유권을 갖고 있다는 것을 증명하지 못한다.

4. 우울증이 있지만 정직한 영혼들이 이러한 사실을 받아들일 만한 이해력이 있다면, 적잖은 위안이 될 것이다. 죄의 무거운 짐에 눌려 신음하는 사람들은 그 누구보다 자기 죄를 사랑하지 않는다. 이렇게 물어보고 싶다. 당신은 자신의 불신앙, 두려움, 산만해진 생각, 신성 모독에 대한 유혹을 소중히 여기는가? 아니면 차라리 이런 것들을 제거해 버리겠는가? 아니면 집착하겠는가? 교만한 자, 야심만만한 자, 성적으로 부도덕한 자, 주정뱅이, 도박꾼, 한가로운 수다쟁이, 자신에게 한없이 관대한 자. 이들은 모두 자기 죄를 사랑하고, 그 죄에서 떠나지 않으며, 떠날 생각도 없을 것이다. 팥죽 한 그릇에 장자권을 팔아 버린 에서와 같이, 그들은 자기 영혼을 잃어버리고 돼지우리처럼 불결한 죄의 처소를 벗어나지 않은 채 하나님과 그리스도, 천국을 잃

어버리는 위험을 감수할 것이다. 당신의 경우는 어떠한가? 당신의 상태가 마음에 드는가? 그렇지 않을 것이다. 당신은 병들고 지쳐 있으며 중상을 입은 상태이다. 문자 그대로 쉼을 얻기 위해 그리스도께로 나오라는 요청을 받는 사람이다(마 11:28-29).

5. 말하자면, 이것은 마귀가 매력적이고 파멸적인 수단이 먹히지 않는 사람들을 성가시고 달갑지 않은 유혹 거리로 괴롭히는 표준적인 작전 방식이다. 그들이 가까스로 자신의 기만적인 덫을 피해 도망하면 사탄은 외적으로 그들에게 박해의 폭풍우를 일으키는데, 후에 동일한 방식으로 내적 공격을 감행한다. 그러나 그 공격은 하나님이 허용하신 범위 안에서 이루어지는 것이다.

사탄 개입의 증거

그러한 우울증 환자의 삶이 사탄의 활동 범위에 들어간다는 점을 부인하는 것은 아니다.

1. 인간은 자신이 지은 죄에 대해 하나님의 교정을 받게 되는데, 때때로 사탄의 유혹은 바로 그 죄에 대한 제1원인일 때가 있다.

2. 사탄의 역사는 종종 신체 생리적 불균형을 나타내는 증거가 될 때가 많다.

3. 유혹자로서 사탄은 죄악 되고 성가신 생각, 의심과 두려움, 감정적 혼란을 일으키는 주요 원인이다. 우울증은 이런 상태에 이르게 하는 부차적 원인이라고 할 수 있다. 그러나 사탄은 하고 싶은 일을 모두 할 수 있는 것이 아니며, 그저 허용된 만큼만 우리 곁에서 활동할 수 있다. 쉽게 말해 사탄은 우리 마음 문을 부술 수는 없지만, 그 문을 열어 놓으면 자유롭게 드나들 수 있는 것이다. 그러므로 사탄은 손쉽게 몸 상태가 나쁘고 뚱뚱한 사람을 나태한 생활을 하게 만들고, 무례하고 다혈질적인 사람을 분노하게 만들고, 건강하고 '온혈적인' 사람을 정욕에 빠지게 만들고, 매우 막무가내로 행동하는 사람을 폭식이나 폭음 혹은 둘 다에 빠지게 만들고, 삶이 지루한 젊은이가 놀이나 오락을 즐기며 시간을 허비하게 만든다. 반면 어떤 이들은 자신의 기질이나 낮은 신뢰도 때문에 이런 문제들로 유혹을 받지 않는 경우도 있다.[7] 하지만 대적자가 우울증에 빠지게 할 수 있다면 당신을 과도한 긴장과 두려움에 밀어 넣거나, 의심과 생각들로 마음을 산란하게 만들거나, 하나님께 불평하게 하거나, 절망

---

7 C. S. 루이스는 『순전한 기독교』(*Mere Christianity*) 서문에서, 자신은 단 한 번도 어떤 특정한 죄의 유혹을 받은 적이 없으며, 따라서 마음을 빼앗긴 적 없는 것들에게서 달아났다고 자부할 수 없음을 언급했다.

하게 만들기는 쉬운 일이다. 그로부터 자신을 실패자로 믿게 하거나 하나님에 대하여 신성 모독적인 생각을 하게 만드는 데는 그리 많은 시간이 필요하지 않다. 혹은 다른 극단에서는 때때로 자신들이 계시와 예언의 은사를 받은 자로서 우월한 자리에 앉는 상상을 하는 경우도 있다.[8]

4. 하지만 서둘러 첨언하건대, 당신이 사탄의 유혹을 거절하고 혐오하는 한 그것이 아무리 가증스럽다고 할지라도 하나님께서는 그것을 당신이 아닌 사탄에게 돌려주실 것이다. 또한 마찬가지로 육체의 질병 때문에 생긴 어쩔 수 없는 결과에 책임을 질 일은 없을 것이다. 하나님은 섬망증이나 명백한 정신병으로 인한 말과 생각 때문에 어떤 사람을 정죄하지는 않으신다. 그럼에도 이성과 감정을 다스릴 수 있는 의지를 유지할 수 있는 한 최대한 이성과 의지를 사용해야 한다. 그것을 사용하지 않는다면 그것은 당신의 잘못이다. 비록 분명히 실행하기가 어려운 상황으로 인해 책망을 조금 덜 받을 수 있을지라도 말이다.

우울증의 일상적이고 일반적인 원인

하지만 (개인의 내적 성향을 제외한다면) 다른 요인들로 인해 우울

---

8 두 극단이 모두 관찰되며, 둘 다 정도에서 벗어난 것이다.

증이 발생하는 경우가 일반적이므로, 우울증의 치유책을 설명하기 전에 그 원인을 조금 더 언급해야 할 것이다.

우울증의 가장 흔한 원인에는 조급증, 불평불만, 염려 등이 있다. 이런 원인은 세속적인 관심거리에 과도하게 몰두하거나, 하나님의 뜻에 복종하지도 신뢰하지도 못하거나, 만족스러운 보상으로서 천국을 진지하게 받아들이지 않기 때문에 생긴다. 이 질병의 참으로 복잡한 본질을 전달하기 위해서는 많은 설명이 필요하다. 선택된 명칭들은 많은 죄가 서로 융합한 결과물임을 암시하며, 각 개별 죄들도 작지 않은 해악들이라는 점을 암시한다. 만약 그 죄들이 마음과 삶의 두드러진 성향과 습관이라면, 그것은 타락한 상태를 보여 주는 표지일 것이다. 그러나 우리는 죄를 혐오하고 은혜를 더 중요시하며, 천국의 분깃을 이 땅에서 이루는 성공보다 더 가치 있다 여겨 끝내 선택할 것이므로, 그리스도를 통한 하나님의 자비하심으로 인해 용서받고 마침내는 모든 죄에서 구원을 얻게 되리라 믿을 수 있다. 그러나 용서받은 죄인이라 할지라도 자기 죄의 심각성을 인식하여 죄에 치우치지 않으며 죄 사함이라는 선물에 배은망덕하지 않는 것이 마땅하다.

나는 이제 많은 사람들을 암울한 우울증에 빠지게 하는 이 죄의 여러 측면들을 명확하게 논하고자 한다.

육체의 경향성

1. 조급증(impatience)은 종종 죄악 된 상태를 만드는 근원이 되기도 한다. 본성적으로 우리는 모두 육체를 돌보는 데 치중하는 경향이 있어 무거운 짐과 같은 근심이나 걱정을 감당하는 면에서는 너무나 연약하다. 그리고 가난은 그러한 시련에 안락하고 부한 사람들이 경험한 적 없는 더 큰 무게를 더하는 역할을 한다. 보통 안락하고 부한 사람들은 가난이라는 짐까지 짊어져야 할 이들을 불쌍히 여기지 않는다. 특히 다음의 두 가지 경우가 이를 더욱 악화시킨다.

첫 번째는, 자신뿐만 아니라 아내와 자녀들까지 책임을 지고 있는 남자들의 경우이다.

두 번째는, 채무가 있는 사람들의 경우이다. 비양심적인 채권자는 별것 아닌 듯 행동할지라도 순진한 채무자에게 빚은 너무나도 무거운 것이다. 그와 같은 속박과 시련을 직면하게 될 때 인간은 자연스럽게 그 채무의 빚을 지나치게 의식하게 되고 그로 인해 조바심을 갖게 된다. 가족들에게 식량, 의복, 난방 연료 및 기타 생활필수품이 부족하게 되어 그것을 어떻게 공급해야 할지 방법을 명확하게 찾을 수 없을 때, 그리고 지주와 채권자가 쉽게 갚을 수 없는 빚을 변제하라고 다그칠 때는 낙담하지 않고서 하나님께 순종하며 참고 견디기란 쉽지 않은 일이다. 특히 여성이나 감정적으로 격해지기 쉬운 이들에게는 더욱 힘든 상황일 수 있다.

2. 조급증은 불평불만을 지속시키고, 정신에 쉼을 얻을 수 없도록 하며, 신체 자체에도 영향을 미칠 뿐만 아니라, 온종일 무거운 짐을 짊어진 듯 느끼게 하거나 끊임없이 마음을 괴롭히기도 한다.

3. 조급증과 불평불만은 슬픔과 지속적인 염려로 생각을 괴롭히고, 그 영향으로 말미암아 다른 생각을 할 여력을 빼앗는다. 그리고 이런 염려로 말미암아 영혼은 잠식당하고, 마음은 불타는 듯한 열병에 걸린 몸과 같은 처지가 된다.

4. 이 모든 문제에는 사실 숨겨진 시초 혹은 근원이 있는데, 이는 죄의 상당 부분을 차지하고 있다. 그것은 바로 자기 몸과 세상을 지나치게 사랑하는 것이다. 만일 어떤 대상을 지나치게 사랑하지 않는다면 그 대상은 우리를 괴롭힐 만한 힘을 가질수 없다. 위안과 건강에 너무 깊이 몰두하지 않는다면 고통이나 질병을 감당하기는 훨씬 수월할 것이다. 또 자녀들과 친구들에 대한 사랑에서 균형이 잡혀 있다면 그들의 죽음으로 인해 사무치는 슬픔에 압도당할 일은 없을 것이다. 마찬가지로 육체

적인 안녕, 세상의 부와 번영을 지나치게 강조하지 않는다면 견디기 힘든 상황, 고된 노동, 빈곤 등을 견디는 것은 더욱 쉬워질 것이다.

하나님께서 주기 원하시면 호사품과 문명의 이기뿐만 아니라 건강과 생명에 필수적인 것들까지도 주실 수 있다. 그러나 이러한 것들을 지나치게 사랑하지 않는다면 최소한 불안과 초조함, 염려, 극단적으로 느껴지는 비탄과 화평의 상실 등을 피할 수 있다.

5. 우리 모두의 마음 깊은 곳에는 위에서 언급한 죄 이외에도 다른 죄들이 항상 존재한다. 인간의 의지란 자기중심적이어서 하나님의 뜻에 제대로 순복하지 않으려 하는 특성을 증명한다. 진정으로 우리는 우리 자신의 신이 되어 선택하는 대로 행하고 원하는 것을 소유하려 한다. 적정한 수준에서 자신을 포기하지도 않고, 하나님을 향한 관심이나 어린아이와 같은 신뢰도 부족하며, 그분을 의지하여 일용할 양식을 구할 생각도 없다. 오히려 독립된 존재로서 살기 위한 필요성을 더 많이 의식한다.

6. 이것은 우리가 죄에 대해 얼마나 겸손한 태도를 갖지 않았는지를 보여 준다. 그것이 사실이 아니라면 우리는 최악의 상황에서조차 감사하고, 실제보다 더 가치 있는 존재로 대접받고 있

음을 인정해야 한다.

7. 확실히 불평불만과 염려함은 하나님께 엄청난 불신앙과 의심을 품고 있음을 반영하는 것이다. 만약 자기 자신이나 신실한 친구를 신뢰하는 것 혹은 자녀가 아버지를 신뢰하는 것만큼 하나님을 신뢰하지 못한다면, 어떻게 우리 마음이 하나님의 지혜와 완전한 충족성, 사랑을 인식하며 안정을 찾을 수 있겠는가!

8. 이 불신앙은 일시적인 어려움보다 더 나쁜 결과를 낳는다. 그것은 사람들이 실제로 하나님의 사랑과 그 영광을 만족스럽게 받아들이지 않는다는 사실을 보여 준다. 만일 이 세상 사는 동안 원하는 것이나 자기 몸을 위한 것을 얻지 못한다면, 가난, 고난, 초조함, 상처, 고통 등을 피할 수 없다면, 그야말로 난장판이 되고 말 것이다. 왜냐하면 하나님께서 지금과 이후로 자신들에게 하신 모든 약속이 불충분한 것으로 드러날 것이기 때문이다. 하나님, 그리스도, 천국이 마음의 안정을 주기에 불충분하다고 느끼는 사람에게 그것은 의식주보다 더 중요한 믿음, 소망, 사랑이 없어 극심한 가난에 빠져 있음을 뜻하는 것이다.

사악하고 고의적인 죄

그러한 괴로운 마음을 일으키는 또 하나의 원인은 크고 고의적인 죄에 대해 느끼는 실제적인 죄책감이다. 양심이 찔려도 영혼의 회개는 없고, 죄를 사랑하는 동시에 두려워한다. 하나님의 진노가 공포감을 불러일으킨다 해도 고의적으로 죄를 지으려는 사람이 죄를 극복할 만큼은 아니다. 은밀하게 사기와 횡령을 계속 저지르는 이들도 있고, 음주에 빠져 있거나 한 가지 형태 이상의 외설 문학과 그에 따른 죄악을 저지르는 이들도 있고, 공공연한 성적 방종까지 일삼는 경우도 있다. 설령 그들이 "이에 따라 하나님의 진노가 불순종의 아들들에게 임한다"[9]라는 사실을 깨달을지라도, 맹렬히 타오르는 욕망과 욕정은 가히 압도적이어서 절망감을 느끼면서도 죄를 짓는다. 지옥의 불꽃이 그들 양심에 떨어질지언정 마음이나 삶의 변화는 일어나지 않는다. 그래도 죽은 심령 혹은 불신앙에 빠진 죄인들보다는 이들이 회복될 수 있는 가능성이 더 많다. 불신앙에 빠진 죄인들은 양심의 가책 따위는 안중에도 없이 일종의 탐욕에 사로잡힌 행동을 근본으로 하여 움직이고, 자신들의 잘못된 행동을 변호할 정도로 눈이 먼 상태이며, 하나님에 대한 순종을 거부하기 때문이

---

9 골 3:6의 난외주 읽기.

다. 짐승과도 같은 야만성이 악마적인 행위보다는 낫다. 그렇지만 내가 쓴 글에서 언급하는 이들은 그런 사람들이 아니다. 그들의 슬픔은 지나치지 않지만, 너무 소소해서 죄를 짓지 못하게 할 수 없는 것이다.

그러나 하나님이 이 같은 사람들을 회심시키신다면, 그들이 행복하게 살며 짓는 죄는 나중에 반성할 때 그 영혼들을 깊은 슬픔에 빠뜨려 압도할 수도 있다. 이와 유사하게, 진실로 회심한 이들이 죄에 매혹되어 잘못된 행동을 하고서 정도에서 일탈하여 양심이 새로운 상처를 입게 되면, 슬픔과 두려움이 그들에게 다시 돌아온다고 해도 이상할 것이 없다. 사악한 죄는 많은 사람의 양심을 붙잡고 놓아주지 않아 사람들을 고치기 힘든 격정성 우울증의 늪으로 던져 넣어 버린다.

무지와 오류의 역할

하나님을 경외하는 이들에게서 우울증과 지나친 슬픔을 일으키는 또 다른 원인을 찾을 수 있다. 그들의 화평과 위안의 필수적인 요소들과 관련한 무지와 오류가 보인다는 것이다. 이와 관련한 몇 가지 오해에 대해 자세히 설명해 보고자 한다.

1. 첫 번째 오해는 복음의 대의(代議), 곧 은혜 언약에 관한 무

지인데, (때때로 율법폐기론자로 언급되는) 자유 신봉자들(libertines)이 이를 잘 드러내 보인다. 은혜 언약에 관한 무지로 인해 사람들은 위험한 확신을 하게 된다. 이들은 위험하게도 그리스도께서 **사람들을 위한** 회개와 믿음의 역사를 완료하셨고, 또한 그리스도의 의로우심에 대해 의문을 품지 말아야 하듯이 우리 자신의 믿음과 회개에 관해 더 이상 물음을 가지면 안 된다고 확언한다.

따라서 많은 진실한 그리스도인들은 복음이 그것을 믿는 모든 자에게 형언할 수 없는 기쁨을 가져다주며, 그리스도를 받아들이는 누구나 그리스도와 생명을 값없이 얻게 된다는 진리를 제대로 이해하지 못한다. 제아무리 크고 많은 죄를 지었다고 할지라도 가식과 감추는 것 없이 용서를 받고자 할 때 용서받지 못하는 죄는 있을 수 없다. 생명수를 원하는 사람은 누구나 마실 수 있으며, 지치고 목마른 사람은 예외 없이 그리스도께 나아와 위로와 쉼의 자리에 앉을 수 있는 것이다.

그러나 어떤 사람들은 용서의 조건을 제대로 이해하지 못하는 것 같다. 용서의 조건은 단지 용서하고 구원하는 세례 언약에 동의하는 것일 뿐이다.

2. 많은 사람이 죄를 슬퍼하는 문제와 마음의 강퍅함 속 본질에 대해서도 오해한다. 그들은 슬픔으로 인해 눈물을 흘리거나

크나큰 곤궁에 빠지지 않으면 단연코 죄 용서를 받을 수 없을 거라고 생각한다. 비록 죄 용서의 언약에는 동의한다 해도, 그들은 하나님께서 죄 자체에 대한 슬픔보다 교만의 제거를 더욱 귀히 여기신다는 사실을 깨닫지 못한다. 그리스도와 그분의 자비가 필요함을 깨닫고 그분의 제자가 되기로 진심으로 동의하게 하는 겸손을 이끌어 낼 만큼의 죄, 위험, 비참함을 느끼는 것이야말로, 하나님께서 자신의 언약에 명시하신 대로 구원받기를 원하는 사람에게 요구하시는 것이다. 슬픔을 세밀하게 계량화할 필요는 없다. 앞서 설명한 겸손을 이끌어 내기에 충분하다면, 죄인은 구원받을 것이다.

그리고 어떤 사람들은 경건한 슬픔의 지속 기간에 대해 말하길, 거듭남의 고통을 오래 지속시켜야 한다고 말하기도 한다. 그러나 성경에서 볼 수 있듯이, 죄를 뉘우치는 죄인은 지체 없이 그리스도의 선물로서 복음을[10] 기쁘게 받아들여 죄 용서와 영생을 얻는다. 물론 겸손과 죄에 대한 혐오감은 지속되고 날로 증가해야 마땅하다. 하지만 그것에 대한 우리의 가장 큰 참회는 거룩한 감사와 기쁨으로 대체될 수 있다.

마음의 강퍅함에 관해서도 말해 보자면, 이 표현은 성경에서 하나님의 명령과 위협에 순종해야 함에도 불구하고 죄에서

---

10 사도 바울이 아그립바 왕에게 믿음을 얻는 데 걸리는 시간에 관해 말했듯이, '짧든 길든' 중요한 것은 결국 믿게 되는 데에 있다(행 26:29).

떠나지 않으려는 맹렬하고 반역적인 완고함을 나타낼 때 사용된다. 종종 '강철 같은 의지'나 '곧은 목'이 비유적으로 사용되지만, 기꺼이 순종하려는 사람에게서 단순히 눈물이 없거나 격정적으로 슬픔하는 모습이 부족함을 묘사하는 데 결코 사용되지 않는다. 오히려 마음이 강퍅하다는 것은 회개하지 않음을 뜻한다. 죄에 대한 슬픔은 지나칠 수 있고, 감정적인 사람은 자신이 버리지 못한 죄로 인해 쉽게 슬퍼하며 울 수도 있다. 반면에 순종은 절대 지나칠 수가 없다.

3. 수많은 영혼이 자신에 대한 이해가 부족하여 움츠러든다. 그들은 하나님께서 주신 진심(sincerity)을 깨닫지 못한다. 이생에서 아무리 잘난 사람이라도 은혜는 늘 박약하고, 그나마 미미한 은혜는 쉽게 깨닫지를 못한다. 그러한 은혜는 박약하고 불안정하여 꾸준히 행동으로 이어지지 않으며, 겨우 행동할 때 그 모습을 드러낸다. 마찬가지로 박약한 은혜는 예외 없이 죄에 대한 매우 강력한 성향과 더불어 존재하는 것으로 판명된다. 마음과 행동에 담긴 죄와 은혜 사이에는 불화가 일어나며 은혜를 희미한 것으로 만든다. 그런 사람은 말하자면 자신의 고향에서 이방인 취급을 받을 정도로 지식 수준이 매우 낮으며, 마음 상태를 점검하고 살펴 자신을 책임지는 데도 무능하다. 그렇다면, 그러한 방해를 받는 처지에서 그들 중 누가 자신의 진정성

에 대한 견고한 확신을 유지할 수 있겠는가? 엄청난 노력을 들여 약간의 확신을 얻는다 할지라도, 그 후에 의무에 태만하여 열심이 부족하거나 유혹에 굴복하거나 심지어 철저한 순종(close obedience)의 자세가 일관되게 이어지지 않는다면,[11] 그 즉시 사람들은 모든 것을 의심하게 되고 그들이 행한 모든 노력을 단순한 위선으로 비난하게 될 것이다. 슬픔과 낙심으로 구조화된 마음은 항상 최악의 결론에 닿을 준비가 되어 있으며, 위안이 될 수 있는 어떤 좋은 것도 좀처럼 보지 못한다.

4. 이런 경우, 가능성이 전무한 상태에서 위안을 얻을 수 있는 사람은 거의 없다. 은혜와 구원을 받고자 아무리 열심을 낼지라도, 그들은 은혜와 구원으로 말미암는 확신을 얻지 못하기 때문이다. 오직 자신의 진정성과 구원을 온전히 확신하는 사람만이 위안을 얻을 수 있다면, 대부분의 참된 신자들의 영혼은 절망에 휩싸이고 말 것이다.

5. '존경받는' 그리스도인들이 가지고 있는 결점에 대한 무지

---

11 '철저한 순종'은 철저하고 완벽하게 주의력을 발휘하는 종에게서 잘 묘사된다. 그 종은 늘 주인의 지시가 떨어지면 즉시 순종하고, 추가적인 지시를 기다리는 동안 주의를 흩뜨리지 않는다. 혹은 지시가 떨어지지 않은 일이나 주인이 원치 않는 일을 미리 단정하여 추진하지 않는다. 추가적인 지시가 없을 경우 그 자체로 기다리라는 뜻의 지시로 받아들인다. 그리고 이전에 내려진 "대기하라"라는 명령을 매일 반복할 필요 없이 기억하고 수행하며, 앞서 달리지도 않고 뒤처지지도 않는다.

는 어떤 이들의 두려움과 비통함을 가중시키기도 한다. 그들은 우리의 설교와 글 때문에 우리를 실제보다 훨씬 나은 사람처럼 생각한다. 그리고서는 우리가 생각하는 덕성에 미치지 못하기 때문에, 자기들에게는 은혜가 없다고 생각한다. 그러나 만약 그들이 우리 곁에 살면서 우리의 실패를 보았거나 우리가 우리 자신을 아는 것만큼 우리를 알았더라면, 혹은 우리의 죄악 된 생각을 읽고 우리의 악한 기질을 알았더라면, 그들은 이런 오류에서 벗어날 수 있었을 것이다!

6. 성경 교사들의 미숙한 실력은 많은 사람을 비통함에 빠지게 하고 당혹감을 느끼게 하기도 한다. 어떤 성경 교사들은 은혜 언약의 핵심을 청중들에게 제대로 설명하지 못한다. 또 영적인 천상의 위로를 생소하게 여기거나, 성령에 의해 인격적으로 거룩해지거나 새로워지는 모습을 찾아볼 수 없기도 하며, 신실함의 의미가 무엇인지도 잘 알지 못한다. 그들은 경건한 사람과 회개하지 않은 죄인 간의 차이점을 말하지 못하며, 악한 사기꾼이 되어 선악 사이의 구별을 흐릿하게 만들며, 심지어 최악의 것임에도 최선을 다할 수 있게 한다. 다시 말해, 영적인 문제에 능숙하지 않은 사람들은 의무가 아닌 사항들을 터무니없이 강조한다는 것이다. 로마 가톨릭교회 신자들이 많은 발명품과 미신 가운데 행한 것처럼, 또는 많은 종파가 건전하지 못한 의견

을 가지고서 그렇게 행한 것처럼 말이다.

또 어떤 이들은 은혜의 상태를 거칠고 부정확하게 묘사하고, 실제로 위선자가 회심하지 않았음에도 믿음의 길을 걷는 척하며 얼마나 멀리 걷는 것처럼 보일 수 있는지 상세히 말하면서 연약한 신자들의 기를 꺾고 혼란스럽게 한다. 그런 교사들은 자신들의 출판물[12]이나 혹은 자기 스승의 오류를 수정할 능력이 없다. 또 어떤 이들은 구원은 아닐지라도 자신들의 이해력을 뛰어넘는 논쟁에 기대어 사람들에게 평화를 주려 하고, 자신이 충분히 파악하지 못한 문제들(유 9-10)을 이단과 파문의 대상처럼 대담하게 비난한다. 심지어 기독교 세계 자체도 오랫동안 본문을 둘러싼 어리석은 논쟁과 해석 경쟁으로 인해 사분오열하는 역사를 보여 줬다. 오늘날, 그러한 논쟁을 듣는 사람들이 혼란스러워 하는 게 당연한 것일까?

지나친 슬픔을 위한 치유책

지나친 슬픔의 원인을 개략적으로 설명하였기에, 이제 그 치유책을 설명할 차례이다. 그러나 실제 치유가 이루어진 결과보다 그 치유책에 관해 설명할 생각이다. 나는 우울증의 시작점이

---

12   아마도 동시대의 인명을 언급하는 것은 현명하지 못한 처사였을 것이다.

라고 믿는 곳에서부터 시작해 환자 자신이 해야 할 일과 친구나 동료들이 해야 할 일, 두 가지로 나눠 설명할 것이다.

1. 먼저, 지금 자신이 처한 상황과 연관된 죄를 키우거나 줄이지 말고 있는 그대로 평가하라.

   a. 참으로 많은 사람들은 자신들의 고통과 슬픔으로 인해 자신에게는 동정받을 자격이 충분히 있다고 믿는다. 따라서 그들은 고통을 일으켜 왔던 죄, 혹은 계속 범하고 있는 죄에 대해서는 별로 주목하지 않는다. 순진한 친구들과 목회자들은 그들에게 그저 위로만 건넬지 모른다. 그러나 사실 그들의 죄를 밝히고 꾸짖는 것이 그들을 치유하는 데 훨씬 더 좋은 방법이 될 수 있다. 즉, 세상을 과대평가하고 하나님을 신뢰하지 않으며, 그분에 관해 적의를 품은 생각과 주님의 선하심에 대해 빈곤하고 불경건한 생각을 하면서, (최악의 절망적 상태에서조차 위안을 줄) 하늘의 영광을 깎아내릴 뿐만 아니라 자주 조급해하고, 염려하며, 불평하고, 이전에 받은 자비나 은혜를 부인하는 것이 얼마나 죄악된 것인지 더 잘 아는 것이야말로, 말로만 하는 위로보다 훨씬 유익한 영향을 미친다는 것이다. 그들이 요나처럼 "성내는 것이 옳습니다"(욘 4:9)라고 하며 은혜를 부인하고, 하나님의 사랑

과 자비에 관해 관심이 멀어지며, 그에 맞서는 주장을 하는 것이 자신들의 의무라고 말한다면, 그들이 얼마나 큰 죄인인지 깨닫게 해야 할 때이다.

b. 반면에 이러한 모든 죄가 자신에게 은혜가 없음을 보여 주는 것이라 생각하고, 하나님께서 사탄의 유혹을 자신들의 개인적인 죄로 치부하실 것이라 생각하며, 자신들이 혐오하는 바로 그 일로 정죄하시면서 우울증이라는 질병을 범죄로 간주하실 거라는 어리석은 생각을 한다면, 그와 같은 개념은 논파되고 폐기 처분되어야 한다. 그렇지 않으면 그들은 자신들의 뒤틀린 감정과 고통을 즐기는 잘못을 범할 수도 있다.

2. 고집스러운 조급증 같은 습관에 굴복하지 않는 것이 특히 중요하다. 비록 그것이 이기적인 사랑일지라도, 무엇보다 하나님과 그 영광을 거스르는 죄가 더욱 악할지라도 조급증을 결코 무죄한 것으로 가장해서는 안 된다. 당신은 처음 자신을 그리스도께 드렸을 때 고난과 십자가를 감당하리라 생각하지 않았는가? 그런데 이제 그것을 이상하다고 여기는가?[13] 하나님께서 당

---

13 베드로 사도는 벧전 4:12에서 말한다. "사랑하는 자들아 너희를 연단하려고 오는 불 시험을 이상한 일 당하는 것같이 이상히 여기지 말고."

신이 가는 길에 어떤 시험을 허락하실는지 기대하며 대비하라. 자녀와 친구들의 상실, 이 세상 좋은 것들의 사라짐, 가난과 결핍을 각오하라. 중상모략, 사고와 독소, 질병에 따라붙는 통증, 죽음 등을 대비하라. 그런 요소들이 감당하기 어렵게 보인다면 아직 준비가 덜 된 것이다.

당신이 늘 알고 있는 한 가지, 고통받으며 후패하는 몸은 죽음과 함께 먼지가 되어 흙으로 돌아갈 것임을 기억하라. 당신이 무엇을 통해 고통받고 있든지 그것을 통해 당신을 시험하는 분은 하나님이시다. 따라서 사람들만으로는 행복하지 않다고 생각될 때, 하나님을 향해 투덜거리는 당신은 무고하지 않다. 그렇지 않으면 하나님의 압도적인 영향력이 당신을 인내하며 복종할 수 있도록 설복할 것이다.

불평불만이 고착화되지 않도록 양심에 따라 행동하라. 당신은 자신의 가치보다 더한 대접을 받고 있지 않은가? 얼마나 많은 세월 동안 분에 넘치는 자비를 받아 즐겼는지 잊어버렸는가? 불평불만은 하나님의 뜻(God's disposing will)에 대한 지속적인 저항이요, 심지어 당신의 뜻이 하나님의 뜻에 반기를 들고 일어나 하나님께 반역하는 것과 같다. 그러니 자신의 고통이 하나님의 섭리에 속하지 않는다고 생각하는 것은 사실상 무신론이다. 감히 하나님께 맞서 불평불만을 끊임없이 반복해 늘어놓고 있는가? 당신의 상황을 결정지을 권한이 누구에게 있는가?

당신의 상황은 물론이요, 전 세계의 상황에 대해서는 또 어떠한가?[14]

그리고 자포자기 상태로 구원만을 바라고 있는 것 또한 하나님을 신뢰하는 것이 아님을 기억하라. 본연의 임무에 충실하고 주님의 명령에 순종하되, 앞으로 다가올 일은 주님께 맡겨라. 괴로움과 염려는 고통만을 가중할 뿐이다. 이와 같은 조바심을 금하시며 당신을 돌보리라 약속하신 것은 바로 하나님의 큰 자비하심이다.[15] 비록 부드러운 어투로 말씀하셨지만, 구주께서 친히 그런 태도를 금하시며[16], 그렇게 염려하는 것이 얼마나 죄악 되고 무용한 것인지를 당신에게 말씀하신다. 또한 하늘 아버지께서 그 필요를 다 아신다고도 말씀하신다. 하나님께서 그 필요한 것을 허락하지 않으신다면 거기에는 정당한 이유가 있을 것이며, 당신을 교정하기 위한 것이라면 그것은 여전히 당신에게 선한 것이다. 당신이 만약 주님께 순복하고 그 주시는 선물을 받아들인다면, 하나님은 당신에게서 걷어가신 것보다 훨씬 좋은 것을 주실 것이다. 그것은 곧 그리스도와 영생이다.

---

14 욥 12:7-10.
"이제 모든 짐승에게 물어보라 그것들이 네게 가르치리라
공중의 새에게 물어보라 그것들이 또한 네게 말하리라
땅에게 말하라 네게 가르치리라
바다의 고기도 네게 설명하리라
이것들 중에 어느 것이 여호와의 손이 이를 행하신 줄을 알지 못하랴?
모든 생물의 생명과 모든 사람의 육신의 목숨이 다 그의 손에 있느니라"
15 벧전 5:7을 보라. "너희 염려를 다 주께 맡기라 이는 그가 너희를 돌보심이라."
16 마 6:25-34를 보라.

3. 세상에 대한 지나친 사랑을 극복하기 위해 이전보다 더 근면한 태도로 생활할 것을 결단하라. 말하자면, 만약 당신의 문제가 어디에서 시작되었는지 그 근원을 추적하면서 견디기 힘든 것과 결과적으로 과대평가한 것들이 무엇인지 배울 수 있다면, 그 문제는 유용하게 사용될 것이다. 하나님은 그분의 사랑 안에서도 지나친 애정을 보이는 모든 우상과 그분에게 속한 사랑 중 어떤 것에 대해서도 매우 질투하는 분이시다. 만약 하나님께서 그 모든 것을 우리 손과 마음에서 빼앗아 가신다면, 그것은 자비할 뿐만 아니라 의로운 처사이다.

나는 단지 믿음과 거룩함, 하나님과 나누는 교제, 구원의 확신 등이 부족한 사람들에게만 이 이야기를 하는 것이 아니다. 괴로움을 겪는 사람들이 그 괴로움의 근원과 의미를 바르게 이해한다면, 그 괴로움은 오히려 많은 위로를 가져다줄 수 있는 것이다. 일시적인 시련에 대한 성마른 염려가 세상을 너무 사랑하고 있음을 증명하듯이, 거룩함과 하나님과 나누는 영적 교제가 부족하다고 느끼며 더욱더 그것을 위해 조바심치는 모습은 거룩함과 하나님을 사랑한다는 것을 확증해 준다. 욕망이나 슬픔보다 우선하는 것이 바로 어떤 대상에 대한 사랑이다. 무엇을 사랑하든 사람은 소유하면 기쁘고, 없으면 슬퍼하며, 그 사랑하는 것을 얻고 싶어 한다. 그 의지를 움직이는 것이 사랑이며, 애초에 자신이 원하지 않는 대상이 부족하다고 해서 그것을 두고 괴로워하는 사람은 아무도 없다.

그러나 중증의 우울증에 빠뜨리는 가장 흔한 원인은 일차적으로 현세적인 불만족과 염려이다. 욕망이나 시련, 고난을 겪는 것에 대한 두려움이나 그것들의 본질인 불공평과 그것이 악화하는 느낌, 혹은 수치심과 모멸감에 빠지게 되는 것 등 그것이 무엇이든 불평불만을 양산해 낸다. 원하는 것을 얻을 수 없을 때, 그 결핍이 사고를 흐리고 편향되게 만들 때, 그 순간이 바로 영적 유혹의 문이 활짝 열리는 때이다. 따라서 지극히 현세적 고통으로 시작된 일은 전적으로 믿음과 양심에 관한 것이거나 죄와 은혜의 부족에 관한 것, 둘 중 하나로 귀결된다.

당신은 언쟁, 악행, 상실감, 짊어져야 할 십자가를 왜 인내로 견디지 못했는가? 왜 이런 육체적이고 덧없는 문제들을 그다지도 중시했는가? 그런 문제들을 지나치게 사랑했기 때문이 아닌가? 그런 것들을 헛된 것이라 부르며 하나님의 뜻에 맡기겠노라 약속했을 때, 진심으로 진지하지 않았는가? 세상을 사랑하고 주님이 마땅히 받으셔야 할 경배를 피조물에 돌리는 엄청난 죄악 가운데 있으면서, 하나님께 당신을 그냥 내버려 두라고 요구하겠는가? 만약 당신이 사랑해야 할 것과 붙잡아야 할 것이 무엇인지를 수월하게 가르치지 못하거나 감각적이고 세속적인 태도로 위험한 상황에 처해 있는 당신을 치료하지 못하는 분이 하나님이시라면, 그런 하나님은 당신을 거룩하게도, 천국에 어울리는 사람으로도 만들지 못하실 것이다. 영혼은 하늘을 향해 쏘아 올린 화살처럼, 자신의 성향에 반하여 천국에 들어가는 것이 아니다. 불길이 자연스럽게 타오르고 화살이 그 특성대로 땅으로 곤두박질하는 것처럼, 거룩한 사람들이 죽으면 그 영혼은 자연스럽게 하늘을 향하게 된다. 그들은 하나님과 천국, 거룩한 동료들과 옛 경건한 친구들, 거룩한 사역과 서로 사랑하는 모습, 기쁘게 하나님을 찬양하는 모습 등을 사랑한다. 이러한 정신과 사랑은 마치 불의 본성과 같아서 그들을 하늘로 올릴 것이다. 천사들이 그들을 강압적으로 끌고 가는 것이 아니다. 혼인식장으로 향하는 신부에게 그 길은 곧 사랑으로 걷는 길이다. 천사들은 마치 혼인식장으로 들어가는 신부를 맞이하는 것처럼 그들을 하늘로 끌어올릴 뿐이다.

반면에 악한 자들의 영혼은 육적이고 세속적인 성향을 갖고 있다. 그들은 천상의 것이나 천상의 무리를 사랑하지 않으며, 그들 안에는 하나님께 가져갈 수 있는 것이 아무것도 없다. 오히려 그들은 비록 실제로는 만끽할 수 없을지라도 세상의 찌끼와 관능적이고 짐승 같은 쾌락을 사랑한다. 가난한 사람들이 자신들에게는 없는 부를 사랑하듯이, 이들은 자신들이 사랑하는 것들이 없어 절망에 빠진다. 사악한 영혼들이 저 열등한 영적 처소와 이 지상 세계에서 귀신들과 더불어 서로 한 무리를 이루는 일이나, 하나님이 허락하신다면 사악한 영혼들이 스스로 거룩한 이들에게 망령과도 같은 존재들로 자신들을 드러내리라는 사실도 절대 이상할 것이 없다. 또한 거룩한 영혼들이 그와 같은 몰락의 대상이 아니라는 사실도 놀라운 일이 아니다. 사랑은 중립적인 평형 상태이자 잠재 능력이기에, 경우에 따라 영혼을 비천의 상태 혹은 존귀의 상태로 이끌 수 있다.

그러므로 지상 세계에 기반을 둔 사랑일랑 당장 그만두라. 이 세상에서 살면 얼마나 더 오래 살 것이며, 이 지상 세계와 그 무가치한 것들이 당신에게 무엇을 해 줄 것인가? 그것들이 거룩함과 천국으로 나아가게 한다면, 하나님은 순복하는 자녀들에게 그것을 주지 않으실 리가 없다. 하지만 균형 감각을 잃어버린 채 어떤 대상을 사랑하는 것은 하나님에게서 벗어나는 것과 같은 것이다. 이것은 영혼에 위험한 악폐이고 영혼을 천국에서 끌어내리는 행동이다. 만약 그리스도를 위해 모든 것을 버리기 위한 훨씬 나은 방법, 혹은 사도 바울이 설명했듯이(빌 3:18) 상실과 거절로만 모든 것을 설명하는 것보다 훨씬 나은 방법을 배운 적이 있다면, 당신은 누구보다도 쉽게 결핍의 상태를 잘 견딜 수 있을 것이다. 불평불만이 가득하고 우울증과 비통함에 괴로워하며, 시시하고 보잘것없는 물건이나 그림자 혹은 단순한 꿈이 부족하여 근심에 쌓여 있는 사람의 이야기를 들어본 적 있는가? 만약 당신이 세상을 다르게 바라보려고 하지 않는다면, 하나님은 당신이 슬픔 가운데서 세상을 다르게 바라보도록 이끄실 것이다.

4. 만약 당신이 '오직 하나님만, 오직 그리스도만, 오직 천국만으로 행복과 자족함을 누리는 데 충분하다'라는 말에 만족하지 않는다면 그 문제를 면밀하게 살펴보라. 그러면 확신을 갖게 될 수도 있다. 가서 교리 문답서를 읽고 종교적 기본 가르침을 재검토하라. 그러면 보물을 이 땅이 아닌 천국에 쌓는 법을 배울 것이며, 그리스도와 함께 거하는 것이 최상의 삶이요, 모든 세상 영광을 멸하고 빈부를 파괴하는 죽음은 천국과 지옥으로 들어가는 공통의 문이라는 사실을 깨닫게 될 것이다. 그 문을 넘어서는 순간, 양심은 당신에게 그간 편안하게 살았는지 고통스럽게 살았는지, 부유하게 살았는지 가난하게 살았는지를 묻지 않을 것이다. 오히려 이렇게 물을 것이다. 하나님을 위해 살았는가 아니면 자기를 위해 살았는가? 하늘을 위해 살았는가 아니면 땅을 위해 살았는가? 그리고 당신의 마음과 삶에서 가장 중요한 곳은 어디였는가? 천국에 수치심이 존재한다고 한다면, 당신은 지상에서 물리적 즐거움을 누리지 못했다는 이유로 애처로운 소리로 불평을 늘어놓고 자기 육체가 지상에서 고통을 받았다는 이유를 들며 애통해하면서 천국에 들어간 것을 부끄러워할 것이다. 믿음과 소망으로 살아가는 방법, 그리고 그리스도와 함께하는 보이지 않는 영광의 약속에 이전보다 더욱 집

중하라. 그러면 삶을 살아가는 동안 만나는 어떠한 고난도 능히 견뎌 낼 수 있을 것이다.

5. 하나님의 지혜 · 뜻 · 섭리에 불만을 품고 그 반대 자리에 우리 자신의 뜻과 욕망을 놓는 것, 마치 우리가 신인 것처럼 하나님의 뜻은 무시하고 우리의 뜻을 앞세우는 것이 얼마나 큰 죄인지 배우라. 당신은 은연중에 마음속으로 투덜거리듯 불평하며 하나님을 비난한 적이 있지 않은가? 하나님을 향한 모든 비난 속에는 신성 모독의 요소가 포함되어 있다. 왜냐하면 비난하는 자들은 하나님도 비난받을 만하시다는 전제를 깔고 있기 때문이다. 만약 감히 입 밖으로 하나님을 비난하지 않을 거면 하나님을 비난하려는 마음속의 생각 또한 버려라. 종교와 거룩함을 구성하는 요소는 이 반역적인 자기 의를 완벽하게 단념하고, 복종하며, 하나님의 뜻에 순응하는 것임을 인식하라. 하나님의 뜻 안에서 안식할 수 있을 때까지 당신은 어디에서도 안식을 얻지 못할 것이다.[17]

6. 우리의 영혼과 몸, 모든 소유를 사용하여 하나님과 복되신 구속주를 전적으로 신뢰하는 일이 얼마나 큰 의무인지를 곰

---

17 마 11:28. "수고하고 무거운 짐 진 자들아 다 내게로 오라 내가 너희를 쉬게 하리라."; "주님, 당신을 위해 우리를 지으셨으니 우리의 심령은 주 안에 있는 쉼을 찾을 때까지 쉼을 얻을 수 없나이다"(아우구스티누스, 고백록 1.1.1).

곰이 생각해 보라. 그분의 무한하신 능력과 지혜, 선하심을 신뢰할 만하지 않은가? 우리의 구주는 죄인을 구원하시기 위해 인간의 몸을 입고 하늘에서 내려와 인간이 이해할 수 없는 사랑을 실천하셨다. 참으로 큰 희생을 치르시고 우리를 구원하신 주님을 신뢰할 수 없는가? 당신은 누구를 신뢰할 것인가? 자기 자신 아니면 당신의 친구들을 신뢰할 것인가? 누가 당신의 전 생애를 보존하시고 당신을 위해 이미 성취된 이 모든 일들을 행하셨는가? 누가 지금 천국에 있는 모든 영혼을 구원하셨는가? 믿음으로 사는 삶이 아니라면 기독교란 무엇인가? 하나님께서 당신의 기대와 다르게 섭리하신다면, 당신의 믿음은 걱정과 염려에 사로잡힌 채 약화되는가? 먼저 그의 나라와 그의 의를 구하라. 이 모든 것을 당신에게 더하시며 머리털까지도 다 계수하시는 주님께서 그 한 올이라도 잃어버리지 않게 하시겠다고 친히 약속하셨다. 참새 한 마리라도 하나님의 섭리에서 벗어나 땅에 떨어지는 일이 일어날 수 없다. 그렇다면 주님께 기쁨을 드리고 싶어 하는 사람들에게 하나님께서 관심을 덜 두시겠는가? 하나님을 믿고 신뢰하라. 그러면 걱정과 두려움, 슬픔이 사라질 것이다.

자신을 신뢰하라는 하나님의 요구가 얼마나 자비롭고 위안이 되는 말씀인가! 하나님께서 당신과 약속하지 않으셨을지라도 이것은 약속과 동일할 것이다. 주님이 당신에게 자신을 신뢰하라 요구하신다면, 당신의 신뢰를 저버리지 않으실 거라고 확신할 수 있다. 도울 능력이 있는 신실한 친구가 당신에게 자신을 신뢰하라 요구한다면, 당신은 그가 당신을 속일 거라고 상상하지 않을 것이다. 그러나 애석하게도, 내게는 자신들의 재산·삶·영혼을 두고서 **나를** 신뢰하겠다고 과감하게 말하는 친구들이 있었다. 그들이 내 영향력 안에 있어도 내가 자신들을 망하게 하거나 해롭게 하지는 않을까 전혀 걱정하지 않은 것이다. 하지만 하나님이 자신을 신뢰하라 명령하시며 절대로 버리지 않겠다는 약속을 하셨음에도 불구하고 이들은 똑같은 조건을 두고서 무한히 선하신 하나님을 신뢰하지 못한다.[18] 그러나 나의 아버지이시며 구속자이신 하나님께서 몸과 건강, 자유와 재산 등을 맡기고 자신을 신뢰하라 명하심은, 두려움 가운데에서도 나를 평온하게 하는 내 영혼의 피난처이다. 그리고 눈으로 볼 수 없어 두려운 저 영원이 불쑥 찾아올 때 육체를 벗어던진 내 영혼은 여전히 주님을 신뢰할 수 있다! 하늘과 땅을 유지하시고 보존하시는 하나님, 내가 그분을 신뢰하지 못할 이유가 어디 있는가?

---

18 히 13:5. "그가 친히 말씀하시기를 내가 결코 너희를 버리지 아니하고 너희를 떠나지 아니하리라 하셨느니라."

당신의 반론: 하나님은 자기 자녀들만 구원하실 것이다.

나의 답변: 맞다. 그런데 참으로 기꺼이 하나님께 순종하고 기
쁨을 돌리는 사람들이 하나님의 자녀이다. 만약 당
신이 참으로 기꺼이 거룩해지고, 그 명령에 순종하
며, 경건·의로움·절제 등을 좇는 삶을 산다면,
하나님의 뜻 안에서 담대히 쉼을 얻을 것이요 보상
하시고 수용하시는 뜻 안에서 기쁨을 누릴 것이다.
하나님은 그리스도의 중보와 공로를 통해 우리의
모든 연약함을 용서해 주실 것이기 때문이다.

7. 슬픔의 포로가 되지 않으려면 죄로 물든 즐거움이 주는 유
혹을 물리쳐라. 화를 잘 내는 것, 무관심, 의무를 소홀히 하는
것 등은 나름대로 죄책감을 수반한다. 그러나 탐닉하는 죄는 위
험하고도 깊은 상처를 남긴다. 정욕, 교만, 야심, 탐욕 등의 유
혹으로부터 도망쳐라. 그리고 술과 음식을 지나치게 탐하지 말
라. 죄책, 비탄, 위협으로부터 달아나듯이 그것을 떠나 도망쳐
라. 죄를 즐기면 즐길수록 더 많은 슬픔이 몰려올 것이다. 그것
이 죄이며 하나님도 그런 범죄를 반대하신다고 말하는 양심을
거슬러, 탐닉에 빠져 멈추지 않고 양심을 억누를수록 나중에 양
심의 가책은 더욱 날카롭게 찌를 것이다. 그리고 양심은 마침내
깨달아 회개에 이를 때까지 더욱 크고 강하게 소리 지를 것이

다. 겸손한 영혼이 은혜로 말미암아 죄 사함을 받고 자신이 용서받았다는 사실을 믿을지라도, 여전히 자신을 쉽게 용서하지는 못할 것이다. 고의로 저지른 죄에 대한 기억, 우리를 장악했던 유혹의 저속한 본질, 그리고 그것을 탐닉하기 위해 억눌렀던 자비와 선한 동기가 우리 자신에게 의분(義憤)을 일으킬 것이다. 또 우리의 악한 마음에 대한 혐오감은 우리가 우리 자신과 수월하고 빠르게 화해하는 데 어려움을 줄 것이다. 배운 지식에 반하는 죄를 짓고, 심지어 하나님께서 지켜보고 계신다는 사실을 알고 있음에도 불구하고, 죄를 범하고 주님에 대해 적개심을 드러냈다는 사실을 떠올리면 우리는 우리 마음의 진정성에 대한 회의가 멈추지 않을 것이다. 우리는 그런 진실하지 않은 마음을 계속 갖지 않을 수 있는지, 동일한 유혹 앞에서 이전과 같은 방식으로 스스로 탐닉에 빠지지는 않을지 의구심을 품을 것이다. 그러므로 그것을 좋아해서든 고의적이든 계속 죄를 짓는다면 화평과 기쁨을 기대하지 말라. 하나님께서 당신을 무감각한 마음 상태로 내버려 두시고 사탄이 더 큰 슬픔의 전주곡이 될 뿐인 거짓 화평을 주지 않는 한, 여러분의 고통이 안락함으로 바뀌기 전에 그 가시를 마음에서 제거해야 한다.

8. 하지만 당신의 슬픔이 앞서 언급한 죄의 결과가 **아니라**, 단지 영적 문제나 영혼의 상태에 대한 혼란, 버림받은 죄에 내

려지는 하나님의 진노에 대한 두려움, 혹은 어쩌면 자신의 진정성이나 구원에 대한 의구심 때문에 발생한 것이라면, 위에서 열거한 죄에 대한 책망은 당신과 상관이 없다. 나는 이제 당신에게 필요한 적절한 치유책을 간략하게 제시할 것이다. 그것은 곧 당신의 문제의 근원인 무지와 오류를 치유하기 위한 방책이다.

많은 사람이 종교적 논쟁으로 인해 혼란을 겪는다. 서로 경쟁하는 종파들마다 확신을 두고서 청중에게 생소하고 반박하기 어려워 참인 것 같은 수많은 주장을 쏟아 내고 있다. 각 종파는 자신들의 주장이 유일한 해결책이라 주장하며, 이에 동의하지 않는 쪽에게 정죄의 위협을 가한다. 교황주의자들은 "가톨릭교회 밖에는 구원이 없다"라고 말한다. 즉 로마 주교의 통치권 밖에서는 구원을 얻을 사람이 아무도 없다는 말이다. 어느 파벌이든 자기 관점의 정당성을 강조하듯이, 그리스인들은 가톨릭교회를 비난하고서 자신들이 속한 동방 교회를 드높인다. 실제로 어떤 이들은 "우리 교회에 들어오지 않으면 감옥에 가게 될 것"이라며 불과 칼로 개종을 강요한다. 혹은 자신들의 교회 자체를 감옥으로 만들고는 개종할 능력이 없거나 개종할 생각이 없는 사람들을 몰아넣는다.

당신의 반론: 이렇게 온갖 주장이 난무하는 가운데서 무지한 이들이 어떻게 적절한 선택을 할 수 있겠는가?

나의 답변: 슬픈 상황이 아닐 수 없다. 하지만 세상에서 가장 넓은 지역을 바라보노라면 그 상황이 그다지 슬프다고 보기는 어렵다. 그 지역에 사는 사람들은 기독교와 상관없이 이방 종교를 따르며, 종교적 관심이 조금도 없고, 그저 자기 나라의 관습과 법을 좇으며 살아가고 있다. 그래서 그들은 개인적인 고난을 겪지 않는다. 당신이 종교에 관심을 갖고 세심하게 바른길을 알고자 노력하는 일이야말로 하나님과 구원을 향한 관심을 보여 주는 실제적 증거이다.

정치적으로 수용할 수 있으면 그것이 무엇이 되었든 지지를 보내는 무관심한 무신론보다는 논쟁이 그나마 낫다. 돼지들에게 도토리나 옥수수를 던져 주면 그들은 그것을 차지하기 위해 서로 싸운다. 개들에게 고기를 던져 줘도 마찬가지이다. 그러나 돼지나 개들에게 금과 보석을 던져 주면, 그것을 차지하기 위해 싸우지 않고 도리어 진흙처럼 다루어 밟아 버릴 것이다. 사람들 앞에 금과 보석을 던져 보라. 그러면 그것을 움켜쥐기 위해 온 힘을 다할 것이다. 변호사는 법을 두고 싸우며 통치자들은 권력을 두고 싸운다. 하지만 그 외 다른 이들은 법이나 권력에 별 관심이 없다. 종교인들은 종교에 대해 불완전한 이해를 갖고 있다고 해도 종교적인 것에 열정을 다한다. 그러나 당신이 이런 간단한 가르침을 따른다면 종교적 논쟁은 당신이 누릴 화평을 방해하지 못할 것이다.

마음을 진정시키는 방법

1. 자연의 빛과 법칙은 모든 인류가 마땅히 준수해야 하는 것으로서, 자신이 이것에 충실한지를 주의 깊게 살펴보라.

성경도 없고 기독교도 믿지 않는다면, 자연(즉, 하나님의 피조물)은 하나님의 존재와 "그가 자기를 찾는 자들에게 상 주시는 이"(히 11:6)라는 사실을 말해 줄 것이다. 또한 하나님은 그 능력과 지식, 선하심에 있어 절대적으로 완전하신 분이시요, 인간은 하나님의 피조물로서 이성적이요 자유로운 대행자(agent)여서 그분의 뜻과 통치에 복종할 의무가 있다는 사실도 알려 줄 것이다. 자연은 인간의 행위가 도덕적으로 중립적이지 않고, 해야 할 것과 하지 말아야 할 것이 있다고 말한다. 덕성과 악덕, 도덕적 선과 악은 분명코 크나큰 차이가 있으므로, 우주적 법이 우리에게 선을 명령하고 악을 금한다는 사실도 말한다. 그리고 그것은 바로 우주적 지배자의 법이며 그 지배자는 바로 하나님이라는 점을 전해 준다.

모든 인간은 이 하나님께 절대적으로 순종해야 할 의무가 있다. 하나님이야말로 지극히 지혜로우신 절대 통치자이시기 때문이다. 인간은 가장 큰 사랑을 하나님께 드려야 할 의무가 있다. 하나님이야말로 최고의 시혜자(施惠子)이실 뿐만 아니라 그분 자체로서 완벽한 찬탄의 대상이시기 때문이다. 그리고 자연은 우리에게, 하나님께서 인류 모두를 하나의 전 지구적 가족의 일원으로 만드셨으므로 마땅히 서로 사랑해야 할 의무가 있다는 사실과, 하나님께 순종하는 것은 결코 무의미하거나 손해 보는 일이 될 수 없다는 사실을 말해 준다. 더불어 자연은 인간이란 모두 죽을 수밖에 없는 존재이므로, 육체적 쾌락과 이 덧없는 세상은 곧 우리를 버리고 떠날 것이라고 전해 준다. 인간이 인간인지를 의심하는 일이 부질없는 것처럼 이 모든 사실을 의심하는 일 역시 그러하다. 이 정도의 진리는 받아들여라. 그러면 나머지 부분에도 엄청난 도움이 될 것이다.

2. 하나님의 초자연적 계시와 관련하여 성령의 특별한 감동으로 기록된 하나님의 말씀인 성경을 붙들라. 성경은 하나님의 초자연적 계시를 이야기해 주는 데 충분한 자료이다.

하나님의 계시에 의존하지 않는 믿음은 온전한 믿음이 아니며, 하나님의 통치 혹은 명령을 따르지 않는 것도 온전한 순종이 아니다. 사람의 말은 인간의 믿음으로 마땅히 믿어야 할 정도까지만 믿어야 하고, 사람의 법은 인간의 복종심으로 권위의 척도에 알맞게 복종해야 한다. 즉 이는 신성한 믿음이나 복종과는 매우 다르다. 하나님만이 세계 전체나 교회를 다스리시는 우주적 통치자이시다. 인간 혹은 인간의 어떤 협의체에 그러한 능력은 존재하지 않는다. 하나님의 법은 자연과 성경에서만 발견할 수 있다. 우리의 믿음이나 판단 혹은 마음과 삶에 관한 유일한 신적 통치를 제공하는 법은 바로 성경이다. 그런데 성경 모든 부분이 동일하게 명료하거나 필수적이지는 않다. 그리고 성경에 실린 그 수많은 문장을 다 몰라도 사람이 구원받는 데는 전혀 문제가 없다. 왜냐하면 이런 한계 안에 구원에 필요한 모든 내용이 알기 쉽게 포함되어 있기 때문이다. 하나님의 법은 그 지향하는 목적에 완벽하고 인간이 거기에 무언가를 더 더할 필요가 없다. 주저하지 말고 성경의 충분성을 붙들라. 그렇지 않으면 무엇을 붙잡아야 할지 전혀 알 수 없기 때문이다. 각종 공의회와 교회 법령은 훨씬 불확실하다. 이것들이 의무적인 것인지 선택적인 것인지에 대해 옹호자들 사이에 합의된 것이 없을 뿐 아니라, 이에 대한 합의에 도달할 수 있는 방도도 없다.

3. 그럼에도 불구하고 인간이 하나님의 말씀을 이해하고 순종할 수 있도록 사람들이 제공하는 도움을 받아들여라.

변호사들이 스스로 법을 제정할 수는 없지만, 법을 이해하고 적절하게 사용하려면 그들이 필요하다. 그리고 어떤 사람도 교회를 위한 보편적인 법을 만들 권세는 없지만, 우리는 여전히 하나님의 법에 순종하는 방법을 이해하도록 가르쳐 주는 사람에게 의지해야 한다. 우리는 믿음이나 지식을 지닌 채 태어나지 않았다. 감각을 통한 지각과 직관적 통찰로 얻은 정보, 혹은 그 바탕 위에서 이뤄진 추론 과정을 통해 수합된 정보를 제외하면, 그저 배운 만큼만 알 뿐이다.

"우리는 누구에게 배워야 합니까?"라고 묻는다면, 나는 "스스로 배워 지식을 얻은 사람에게 배우십시오"라고 답하겠다. 명성과 직함이 높은 사람이든, 혈연관계가 있는 사람이든, 성직자이든 자신이 모르는 것을 가르칠 수는 없는 법이다.

  a. 아이들은 부모와 교사들에게서 배워야 한다.
  b. 어른들은 자격 조건을 갖춘 신실한 목회자와 교리 교사들
     에게서 배워야 한다.
  c. 모든 그리스도인은 사랑하는 마음으로 서로를 도우며 가르
     치는 선생이 되어야 한다.

하지만 가르치는 것과 규정하는 것은 서로 다른 문제이다. 다른 사람을 가르친다는 것은 교사 자신이 알게 된 진리에 대한 변하지 않는 과학적 증거를 학습자에게 보여 줌으로써 학습자 역시 그것을 이해할 수 있게 하는 것이다. 학습자는 교사를 신뢰해야 한다. 하지만 "내가 참이라고 하는 것을 참이라고 믿어

야 해" 혹은 "이건 그런 의미야"라고 말하는 것은 가르치는 것이 아니라 규정하는 것이다. 그런 주장을 믿는 것은 배우는 것도, 아는 것도 아니다.

4. 성경에 기록되어 있지도 않고 동서고금의 모든 참된 그리스도인이 언급한 적도 없는 가르침이라면, 어떠한 것도 기독교와 구원의 본질적 요소로 받아들이지 말라.

기독교의 진리가 무엇인지를 알려는 목적으로 누군가를 덮어 놓고 그리스도인이라 확신하는 태도는 버려야 한다. 오히려 성경은 모든 이들에게 기독교의 본질을 알기 쉽게 설명해 주며 어떤 사람이 그리스도인인지 아닌지를 판단할 수 있는 근거를 제시한다. 그런데 만약 어떤 교리적 주장이 성경 속 사도들의 기록 이후 새롭게 등장한다면, 그것은 기독교의 본질적 가르침일 수 없다. 만일 그 새로운 주장이 옳다면 필연적으로 기독교는 가변적 신앙이 될 것이요 이전 기독교의 모습과는 전혀 다른 모습을 갖게 될 것이며, 그 대신 결국 새로운 교리 등장 전에는 참된 그리스도인은 존재하지 않았다는 결론에 닿게 되는 것이다. 즉, 진정 그 교리적 주장이 기독교의 **본질**을 담고 있다면 지금까지의 교회는 교회가 아니며, 신앙과 신앙 행위의 본질적 요소가 결핍되어 있던 것이라면 누구도 그리스도인일 수 없다.

여기에서 조심해야 할 것은 바로 그럴듯하게 보이는 기만이다. "모든 건전한 그리스도인들이 믿었던 교리적 가르침 외에 구원에 필요한 것은 전혀 없다"라는 말은 참이다. 그러나 선한 그리스도인들이 믿거나 행했던 모든 것이 구원에 필요하다는 말은 틀린 것이다. 더군다나 (사탄의 유혹에 완전히 빠진 상태라면) 최악의 그리스도인들이 내세웠던 주장들은 더 이상 말할 필요도 없다. 기독교의 본질은 어느 시대, 어느 장소에서나 동일하지만, 그리스도인들의 견해와 실수 및 잘못은 그들 신앙과 신앙 행위의 유효한 구성 요소는 결코 아니었다. 인간 본성은 본질상 아담 안에서, 인류 안에서 동일하지만, 본성이 걸린 질병은 전혀 다른 문제이다. 모든 인간이 죄와 오류를 가지고 있다면, 모든 교회 역시 죄와 오류를 가지고 있다. 기독교는 하나님에게서 나왔지만, 그리스도인들의 타락과 악의는 그렇지 않다. 따라서 당신은 오직 옛 그리스도인들이 하나님의 말씀에서 받아 붙잡았던 가르침만을 붙잡아야 한다. 하지만 그들 모두에게는 잘못과 오류가 있으므로 그들에게서 보이는 모든 것을 붙잡거나 닮을 필요는 없다는 것이다.

5. 이와 같이 모든 참된 그리스도인들과 성령으로 하나 됨을 유지하며, 사랑으로 성도 간에 서로 교통하며 살아가라.

즉, 기독교 신앙과 율법에 거룩하게 순종해야 한다는 것을 믿고 실천하는 사람들과 교제하라. "그들의 열매로 그들을 알리라"(마 7:20). 악의로 가득한 사람들과 연합하는 행위는 성도들의 교통이 아니다. 악의로 가득한 사람들은 참된 실천적 지식과 경건을 억누르고 지극히 선한 이들을 혐오한다. 또한 사악함 중에 기뻐하고, 양심을 지키면서 악의로 가득한 사람들의 강탈과 날조에 맞서 싸우는 이들을 악에 받쳐 박해한다. 늑대, 가시덤불, 엉겅퀴들은 그리스도의 양이나 포도나무가 아니다.

6. 적어도 다른 사람들의 판단이 적용될 수 있는 범위 내에서, 당신이 속한 모임이나 교회 안의 신실한 사람들이 보편적으로 동의하는 내용이 아닌 괴상하고 편협한 종파의 주장은 선호하지 말라.

우리의 믿음은 같은 의견을 가진 사람들의 숫자에 따라 판단되지 않으며, 다수가 최선을 대표하지 않는다. 반면에 소수가 일반적으로 다수보다 지혜롭고 논쟁할 여지가 있는 경우에는 참으로 박식한 소수가 종종 견문이 다소 좁은 사람들에게 대답할 거리를 더 많이 가지고 있다. 하지만 그리스도는 모든 참된 그리스도인의 머리로 계신다. 괴상한 종파나 작은 종교적 소그룹들만의 머리가 아니시다. 그리스도는 그리스도인 모두에게 사랑과 거룩한 교통 안에서 형제로서 살라고 명령하셨다. 과학적으로는 다수의 합의를 이룬 경우가 주변 이론을 가지고 있는 사람들보다 능력은 뛰어나지 않더라도 정확할 가능성은 높다.

결론적으로 말해서 믿음의 비본질적인 문제에 있어 자신이 어느 쪽을 선호하든지, 당신은 언제나 모든 참된 그리스도인들과 하나가 되어야 하며 다른 그리스도인들과 자신 사이에 존재하는 필수적이지 않은 차이점은 회피해야 한다는 것이다.

7. 명확한 진리나 의무를 넘어서는 의심스러운 견해를 선호하지 말라. 명확한 것을 불명확한 것으로 환원하지 말고, 오히려 불명확한 것을 명확하게 만들기 위해 노력하라. 예를 들어, 모든 그리스도인과 더불어 사랑과 화평을 누리며 살아야 한다는 사실이나 다른 이들을 선대하고 해하지 않아야 한다는 사실은 명확한 진리이다. 애매한 의미를 두고 벌어지는 의견의 불일치로 인해 이 법칙을 어기지 않도록 주의하라. 그리고 의문의 여지가 있고 매우 평범한 비본질적인 문제를 과도하게 다뤄 다른 그리스도인들을 미워하고 중상하며 험담함으로써 상처를 입히지 말라. '박하와 회향과 근채', 혹은 다른 종류의 십일조나 의식을 바치거나 행하지 말라. 즉, 이런 것들을 사랑과 정의 등 율법이 더 중하게 말하는 핵심적이고 논쟁의 여지가 없는 문제들보다 중하게 여기지 말라(마 23:23). 이는 기독교와 인류의 본질, 그리고 공통적인 의무에 반하는 불량한 무리 혹은 견해이다.

8. 당신의 지식과 능력이 허용하는 최대한을 발휘하여 그리

스도를 섬기며, 알고 있는 진리에 대해 신실한 태도를 보이라. 하나님께서 당신이 거짓을 믿도록 허용하심으로써 그분의 공의가 당신이 그 지식을 무시하고 있음을 확인시켜 주는 일이 없도록, 진리를 일부러 누락하거나 책임을 떠넘기는 죄를 짓지 말라 (살후 2:11-12 참고).

9. 세상 모든 사람은 무지하며, 사물을 마치 망가진 거울을 들여다보는 것처럼[19] 지각하거나 부분적으로 받아들인다는 사실을 기억하라. 따라서 우리 중에 있는 최고의 지성인이라도 많은 오류를 범한다.[20] 지극히 하찮은 동식물에 대해서도 포괄적이고 완벽한 지식을 갖추고 있는 사람은 없다. 그러니 하나님께서 우리 모두의 결점을 인내하고 계신다면 분명히 우리도 서로에게 인내해야만 한다. 겸손하고, 가르침을 잘 따르며, 기꺼이 배우려는 사람이 되는 것이야말로 합당한 자세이다. 우리는 무죄 완전주의(sinless perfection)를 강력히 주장하는 종파에 속한 사람들보다 더 불완전한 사람들을 거의 만나 보지 못했듯이, 로마 가톨릭도 잘못을 범하기 쉬우며 오류로 가득 찬 종파로서 인식한다. 그들이 아무리 무오류성을 주장하지만 말이다. 로마 가톨릭은 교황과 공의회를 반드시 믿어야 하며, 그렇게 될 때 논

---

19 고전 13:12. "우리가 지금은 거울로 보는 그것같이 희미하나 그때에는 얼굴과 얼굴을 대하여 볼 것이요."
20 우리는 오직 하나님만이 완전히 옳은 분이라 확신을 가지고 말할 수 있지 않은가?

쟁이 종결될 것처럼 주장한다. 그들의 주장에 대해 이렇게 질문해 보자. "지금 여기서 무지와 오류, 죄가 종식될 수 있으리라는 소망을 품어도 되겠습니까? 그렇지 않다면 무지 자체가 종식된 천국에서 모든 논쟁이 종식되리라는 소망을 가져도 될까요?" 우리가 참되고 성숙한 그리스도인이 되면 우리 모두를 통해 기독교의 본질에 관한 논쟁은 끝이 나는 것이다. 남은 문제들은 우리의 지식이 점점 더 풍성하게 자라면 해결될 것이다. 이렇듯 신학이란 많은 논란이 있는 법이나 의학 등보다 더 신비에 속한 영역이다.

10. 이런 한계에도 불구하고 지식의 필요성을 부인하거나 이미 충분한 지식을 소유하고 있다고 가정하지 말라! 오히려 그리스도의 생도들로서 죽을 때까지 계속 배우고 또 배우라. 가장 현명한 사람은 자신의 지식이 여전히 부족한 줄로 알고 배우기를 계속한다. 명확하게 소화된 지식을 소유한 사람과 혼란스럽고 무질서하여 곡해된 지식을 소유한 사람 사이에는 실력, 가치, 안정감에서 하늘과 땅만큼의 차이가 난다.

위에서 언급한 열 가지 원리를 실천하여, 종교 문제에 대해 허세를 부리는 사람들이 제기하는 의심과 논쟁으로 인한 혼란스러움에서 벗어나라.

하나님의 은혜에 관한 진리

그러나 당신의 역경이 교리적 논쟁에 관한 것이 아니라 죄, 은혜의 결여, 영적 상태에 관한 것이라면 아래에 이어질 지침에 주의를 기울여 보라. 치료에 유용할 것이다.

1. 하나님의 선하심은 그분의 위대하심과 정도와 규모 면에서 동등하며, 심지어 하늘과 땅을 다스리는 권능과도 동등하다. 하나님의 각 속성은 대등하며, 그분의 선하심은 그것을 수납할 수 있는 자들에게 베풀어질 것이다. 하나님은 우리가 원수였을 때 우리를 사랑하셨다. 그리고 그분은 본질적으로 사랑 그 자체이신 분이다.

2. 그리스도는 기꺼이 인간이 되셔서 계획대로 세상 죄를 위해 온전한 값을 치르셨다. 따라서 그분의 희생과 공로가 불충분하여 멸망당하는 이들은 있을 수 없다.

3. 그리스도는 자신의 공로 위에서 은혜의 법 곧 언약을 세우셨는데, 이를 믿고 받아들이는 자는 누구든지 죄 사함을 받고 값없이 영생을 얻는다. 그리하여 이 은혜의 법에 따른 조건에 따라 그들의 모든 죄가 끊임없이 사함을 받는다.

4. 우리가 죄 사함과 생명을 얻게 된 것은 우리가 전혀 죄를 짓지 않았거나 하나님께 그에 대한 값을 치렀기 때문이 아니다. 혹은 하나님이 가치 있게 여기시는 행위를 했기 때문도 아니요 은혜에 대한 대가를 지불했기 때문도 아니다. 오히려 우리는 하나님을 믿고, 자비라는 선물의 본질에 따라 그분이 우리에게 값 없이 주시는 그 자비를 기꺼이 받을 뿐이다. 말하자면 우리는 우리를 의롭게 하시고, 거룩하게 하시고, 다스리시고, 구원하시는 그리스도를 그리스도 때문에 받아들이는 것이다.

5. 하나님은 자기 사역자들에게 위임하시기를, 모든 사람에게 이 은혜 언약을 선포하여 제공하고, 이 언약을 받아들이고 주님과 화해를 이루도록 힘을 다해 주의 이름으로 간청하라고 하셨다. 여기에서 예외되는 사람은 아무도 없다.

6. 은혜 언약을 받아들이는 사람에게는 정죄함이 없으나, 숨 질 때까지 이를 거절한 자는 정죄를 받는다.

7. 구원의 날은 어떤 죄인에게도 절대 저물지 않는다. 죄인의 의지에 변함이 없다면 그는 그리스도를 소유한 자로 죄 사함을 받을 수 있다. 만일 그리스도를 통해 죄 사함을 받지 못한다면, 그것은 그 사람이 그것을 소유하려 들지 않았기 때문이다.

그리고 이 은혜의 날은 끝이 없으므로 기꺼이 받아들이는 자 누구든지 구원을 얻을 것이며, 이 은혜는 변함없이 모든 사람에게 즉각 제공될 것이다.

8. 하나님의 뜻은 하나님이 정하신 수 안에 있는 사람에게 있으며, 그 사람이 참으로 어떤 사람이 될 것이고 무엇을 가졌는지, 또 무엇을 가져야 하는지에 있다. 그러므로 세례 언약에 동의하는 것은 참된 은혜요 회심이며, 이에 동의하는 모든 사람은 그리스도와 생명에 대한 권리를 갖는다.

9. 참회하며 회개하는 죄인이 죄 사함을 받을 때는 이전에 지은 죄가 얼마나 되든, 그 심각함이 어떠하든 아무런 걸림돌이 되지 않는다. 하나님은 크든 작든 그런 죄인들에게 용서를 베푸신다. 죄가 더한 곳에 은혜는 더욱 넘치는 법이다. 많은 것이 용서되므로 사람들의 감사와 사랑도 풍성해진다.

10. 눈물을 흘리지도 않고 격정적으로 슬퍼하지 못할지라도, 죄를 짓기보다 오히려 내어 버리며 진심과 (비록 불완전할지라도) 전심으로 그것을 극복하려 한다면, 그 회개는 참된 것이다. 죄를 사랑하기보다 미워하고, 이를 지속하기보다 내어 버리며, 최선을 다해 그와 같은 자세를 증명한다면, 그가 어떤 죄로 인해

정죄받는 일은 없을 것이다.

11. 가장 선한 사람일지라도 그 안에는 악으로 가득하며, 가장 악한 사람일지라도 그 안에 어느 정도의 선은 남아 있다. 그러나 하나님의 의지는 경건한 자와 악한 자로 구별해 내고야 만다. 누구든 판단과 선택과 삶의 문제에서, 이 세상이나 죄에 대한 탐닉보다 하나님과 천국과 거룩함을 더 선호하는 사람은 참으로 경건한 사람이요 구원을 받을 것이다.

12. 우리 가운데 가장 선한 사람도 매일의 삶 속에서 용서함을 받아야 한다. 가장 거룩한 의무를 수행하면서도 잘못할 수 있기 때문이다. 그러므로 우리는 그러한 잘못에 용서를 구하기 위해 날마다 그리스도를 의지하며 살아가야만 한다.

13. 거듭난 자라 할지라도 종종 지식과 양심에 어긋나는 죄를 짓는다. 그들은 다른 사람보다 더 많은 것을 알며 양심은 다른 이들보다 민감하다. 자신들이 선한 존재여야 함을 아는 만큼 선을 행할 수 있는 사람들, 하나님을 사랑해야 하는 존재임을 아는 만큼 그분을 사랑할 수 있는 사람들, 혹은 양심에 죄가 되는 정욕과 불신앙의 모든 유물을 버리고 도망칠 수 있는 사람들은 참으로 복된 사람이다.

14. 하나님은 우리를 향한 사탄의 유혹을 우리의 죄로 여기지 않으실 것이다. 그러나 우리가 저항하지 않고 유혹에 넘어갔을 때는 죄로 여기실 것이다. 그리스도도 친히 가장 끔찍한 죄에 대한 유혹, 곧 성전에서 뛰어내리라거나 사탄을 경배하라는 유혹을 받으셨다. 하나님은 그런 신성 모독적인 유혹에 대해서는 사탄만을 벌하실 것이다.

15. 우울증, 타고난 연약함, 뒤틀린 마음이 필연적으로 야기하는 생각, 두려움, 고통 등은 죄보다는 신체적 질병과 관련이 더 깊다. 그러므로 이런 증상들을 굳이 죄라고 한다면 그중에서 지극히 작은 죄라고 말할 수 있으며, 열병의 극심한 고통 속에서 발열이 있고 갈증을 느끼는 것보다도 더 죄악된 것이 아니다. 분명코 우울증을 일으킨 원인일지도 모를 어떤 죄들보다 미미하며, 남아 있는 이성의 능력으로 저항할 수 있는 범위 안에 있는 것들이다.

16. 비록 믿음과 진정성에 대한 확신이 구원의 필수 조건은 아니라 할지라도, 믿음의 진정성 자체는 반드시 필요하다. 어떤 사람이 자기 행동의 진정성이 어느 정도인지 확신하지 못할지라도, 자신을 그리스도께 완전히 내어 드리기만 하면 그는 구원받을 것이다. 그리스도는 은혜를 소유한 사람이 그것을 의심하

는 때조차도 자기가 베푸신 은혜를 알고 계신다. 참된 그리스도인들 중에서도 구원의 확신에 이르는 사람은 많지 않다. 약화된 은혜가 거대한 부패와 뒤섞이는 경우보다 두려움이나 의심과 뒤섞이는 경우가 훨씬 더 많기 때문이다.

17. 그리스도에 대한 진정성과 신뢰가 있다면, 실제적인 확신 없이도 평화롭고 편안하게 살다가 죽을 수 있다. 그렇지 않다면, 평화롭게 살다가 죽는 그리스도인들은 거의 없을 것이다. 하지만 우리의 경험상, 많은 그리스도인들이 평화롭게 살다 죽는 것을 본다. 기원후 400년 동안 대부분의 교회 저술가들이 말하길, 참고 견디었더라면 구원받을 수 있었을 그리스도인들이 갈팡질팡하는 삶을 살다가 은혜의 상태에서 떨어져 나갔다고 입을 모아 말한다. 그리하여 기껏해야 강하고 확고한 그리스도인들만이 구원의 확신을 가질 수 있을 뿐이라는 견해가 깊이 뿌리 박힌 것이다. 이것은 많은 개신교 교회 안에서도 유지돼 온 견해이지만, 이 견해의 지지자들은 절망과 공포 속에서 살지 않는다. 물론 그 누구도 다윗과 베드로와 같은 끔찍한 타락을 경험하지 않으리라는 확실한 보장이 없고, 그런 경험을 하지 않을 거라고 생각할 근거도 없다. 하지만 그 불확실성으로 인해 공포에 질려 살 필요는 없다. 아내나 자녀들은 자기 남편 혹은 아버지가 자신들을 살해하지 않을 것이라고 100% 확신하지는 않지

만, 그런 일에 대한 두려움을 가지지 않고 평온하게 살아간다.

18. 믿음이 너무 연약해서 복음이 참된 것인지, 사후의 생이 존재하는지에 대한 의심에 시달릴 수 있다. 그리스도에 대한 신뢰가 그런 두려움과 염려를 몰아낼 만큼 충분히 강하지 않을 수도 있다. 하지만 우리의 소망과 선택을 단단히 고정할 만큼 복음이 신뢰할 만한 것이며 죽음 이후에 더 나은 삶이 확실하다면, 먼저 그의 나라와 의를 구하는 소망으로 귀착된다면, 세상이 제공하는 모든 것을 그 소망과 맞바꾸는 대신 포기하고 내버린다면. 그 소망을 얻기 위해 거룩한 삶을 산다면, 이런 종류의 믿음이야말로 우리를 구원할 것이다.

19. 그러나 그리스도 안에 있는 하나님의 사랑과 약속은 믿음과 위로에 필요한 매우 확실한 기초로서, 이 두 가지는 확신과 안정감 가운데 그분을 신뢰하고 거룩한 기대와 소망으로 즐거워하며 살아가는 모든 이에게 큰 의무이자 유익이다.

20. 자기 죄가 너무 커서 구원에 대한 의심을 품고 있을 때 화평을 찾는 가장 빠른 길은 그 즉시 그 죄들을 기꺼이 내어 버리는 것이다. 그렇게 죄의 무게에 대해 불평하는 사람은 자원함으로 거룩하게 되기 위하여 그 죄들을 버리든지, 간직하든지 결

정해야 한다. 죄를 버리는 데 주저하고 오히려 사랑하며 죄 가운데 계속 거하고 있으면서, 왜 그렇게 좋아하는 것을 두고 불평하며 슬퍼하는가? 자녀가 자기가 먹는 사과가 시어서 울고불고하면서도 계속 먹으려 한다면, 당신은 떼를 쓰는 그 모습을 보며 안타까워하기는커녕 심술궂다고 꾸짖을 것이다. 그러나 당신이 참으로 죄에서 즉시 떠나려 한다면, 당신은 이미 그 정죄받을 죄책에서 구원을 받은 것이다.

21. 믿음의 진정성뿐 아니라 다른 여러 은혜가 의심되고, 하나도 빠뜨림 없이 자기를 돌아봤음에도 여전히 확신이 서지 않는다면, 의심을 끝낼 방법은 실제로 당신 자신을 그리스도께 드리는 것이다. 지금까지 살아오면서 자신이 참된 신자였는지 확신이 서지 않는가? 지금 그리스도께서 제안하신 은혜 언약에 동의하고 그 제안을 받아들여라. 그러면 그리스도가 당신의 것임을 확신하게 될 것이다.

22. 성찰만이 확신을 구하는 유일한 방법일 필요는 없다. 은혜가 자신의 소유임을 확신하고 싶다면 그 은혜를 불러일으켜 적극적으로 사용하도록 애쓰라! 하나님을 믿고 사랑한다는 것을 확신하는 방법은 사랑한다는 확신이 들 때까지 적극적인 믿음으로 하나님의 약속과 그 선하심을 연구하는 것이다.

23. 우리 영혼의 상태가 어떠한지는 선하든 악하든 어떤 한 가지 특별한 행위를 통해서가 아니라 우리 마음과 삶의 지배적인 성향, 방향, 행로(行路) 등을 통해 확신하게 된다.[21]

24. 우리가 하나님을 믿을 수도, 사랑할 수도 없으며, 제대로 기도조차 할 수 없다며 외쳐도, 그리스도는 우리를 도우실 수 있는 분이시다. 그분의 은혜가 없이 우리는 아무것도 할 수 없지만, 그분의 은혜는 우리에게 족하며, 우리가 기꺼이 행할 수 있도록 하신 후에도 추가적인 도움을 마다하지 않으신다. 오히려 그분은 모든 사람에게 후히 주시고, 이전의 어리석음을 꾸짖지 않으시며(약 1:5), 구하는 자에게 성령을 주시는 하나님께 구하라고 말씀하신다(눅 11:13).

25. 성령을 거스르는 죄로 알려진 성령훼방죄는 예수님을 그리스도로 믿는 이들이 범하는 죄가 아니다. 그 죄를 범할까 두려워하는 사람이나 모든 불신자들의 죄도 아니며, 극소수의 완고하고 불신하는 대적자들의 죄일 뿐이다. 사람들이 그리스도와 성령의 그 많은 이적을 보고도, 그리스도가 하나님께로부터 왔다고 믿어야 하고 믿을 수밖에 없음에도, 혹은 자신들에게 다

---

21 찰스 윌리엄스(Charles Williams)는 우리가 내딛는 한 걸음 한 걸음이 천국 또는 지옥을 향하고 있다고 주장했다. 예를 들어, 윌리엄스의 *Descent into Hell* [지옥 하강] (Grand Rapids MI: Eerdmans, 1975)을 보라.

른 대안적 수단이 없음에도 오히려 그리스도를 마술 부리는 자
요 사탄의 권세로 일하는 자라 주장할 때, 그들이 범하는 죄가
바로 성령훼방죄인 것이다.

26. 죄악에 대한 두려움은 매우 골치 아프고 사랑받아서는
안 되는 것이지만, 하나님은 종종 그 두려움을 허용하셔서 선하
게 사용하신다. 즉 그 두려움을 사용하셔서 우리가 죄를 뻔뻔스
럽게 대하지 않도록 하시고, 죄악 된 쾌락과 세상에 대한 사랑,
주제넘음, 훨씬 더 위험스러운 무사안일 등을 경계하도록 하시
며, 교만을 낮추시고, 우리 마음이 방심하지 않고 늘 경계 태세
를 유지하도록 이끄신다. 하나님은 정당한 두려움을 통해 우리
를 두려움의 상처와 위험으로부터 보호하신다.

27. 두렵고 떨림으로 천국에 가는 사람은 그곳에 들어가는
즉시 모든 두려움과 의심, 무거움 등으로부터 영원히 벗어날 수
있다.

28. 그리스도는 우리 죄로 인하여 고뇌하며 울부짖으셨다.
"나의 하나님, 나의 하나님, 어찌하여 나를 버리셨나이까?"(마
27:46) 그럼에도 그분은 성부의 사랑을 받으셨다. 그분은 시험받
는 사람들을 위로하시기 위해 시험을 받으셨고, 다른 사람들에

게 자비로운 대제사장이 되시기 위해 조롱을 받으셨다.

29. 분쟁과 신성 모독적 유혹, 의심과 두려움 등이 누구에게나 슬프고 불쾌하며 혐오스럽게 여겨지는 만큼, 누군가 그것들에 대해 그 이상의 생각과 태도를 지니고 있다 해도, 그 사람은 정죄받지 않는다고 확신할 수 있다. 왜냐하면 그것은 죄를 귀히 여기는 생각이나 태도와 무관하기 때문이다.

30. 우리의 모든 고통은 하나님의 주권적 통치 아래에 있다. 따라서 자신이나 절친한 친구들의 선택과 계획에 의지하기보다 하나님의 선택과 계획에 복종하는 것이 훨씬 나은 선택이다. 하나님은 모든 일을 합력하여 선을 이루신다고 약속하셨다(롬 8:28).

31. 비통함과 눈물보다 훨씬 더 바라야 할 것들은 하나님과 그 선하심 안에서 즐거워하고, 그리스도를 통한 하나님의 사랑에 대한 믿음에서 비롯되는 기쁨과 찬양의 마음가짐이다. 비통함과 눈물은 불결한 오물을 씻어 내고 사랑, 기쁨, 감사가 마음속으로 들어오도록 하는 역할을 할 뿐이다. 사랑과 기쁨과 감사 등은 참된 복음 중심적 그리스도인들의 성정을 상징하는 표현들이요 천국의 상태와 가장 흡사하다.

이 31개의 진리를 묵상하고 적용한다면, 당신은 틀림없이 치유될 것이다.

추가적인 치유책

그러나 우울증에 깊이 빠진 상태라면 적절한 치유책을 더 추가해야 할 필요가 있다. 우울증 자체가 사람들을 오만하게, 불합리하게, 완고하게, 통제하기 어렵게 만들기 때문에 그 고충은 상당하다. 환자들은 우울증이 그저 영적인 문제가 아닌 물리적인 문제라는 사실을 좀처럼 받아들이지 않는다. 그들은 건강한 이성으로 자신들의 생각과 행동 전부를 다스릴 수 있다고 믿는다. 자신들의 불합리한 언행을 혹 인정하더라도, 그것을 자신들이 무능력한 탓으로 돌리며 이렇게 말한다. "우리는 달리 생각하고 행동할 능력이 없어요."

나는 그들에게 어느 정도 이성이 남아 있다는 가정하에 추가적인 조언을 해 보려고 한다. 그리고 그들이 할 수 없는 일은 그들의 친구들이 그들로 하여금 행동으로 옮길 수 있게 격려하고 힘을 실어 주어야 하는데, 이에 대해서도 언급하고자 한다.

1. 혼란스럽고 불안한 사고 속에서 당신의 이해가 다른 사람들만큼 건전하지도 강하지도 않다는 사실을 인정는 것은 쉬운

일이 아닌가! 따라서 고집을 부리거나 거만한 태도를 보이지 말며, 당신의 생각이 다른 사람들보다 더 정확할 거라는 생각도 하지 말라. 오히려 당신보다 현명한 이들을 믿고 그들의 지도를 받으라.

답을 해 보라. 당신보다 더 현명한 목사나 친구를 알고 있는가? 없다면 당신의 어리석은 자존심을 드러내는 것이다! 혹 있다면 그에게 당신의 상태가 어떠한지 물어보라. 그리고 당신의 뒤틀린 생각보다는 그를 믿고 그의 지도를 따르라.

2. 당신이 겪는 고충은 해로움보다 유익함이 더 많은가? 그 고충이 하나님을 믿고 사랑하며 그 안에서 즐거워하고 찬양할 수 있도록 만들어 주고 있는가, 그렇지 않은가? 만약 그 고충이 모든 선한 것들에 반하는 것처럼 느껴진다면, 그것은 사탄의 유혹이며 **그에게** 기쁨이 된다고 확신해도 좋다. 그런데도 당신은 하나님뿐만 아니라 당신 자신에게 해가 되는 사탄의 일을 사랑하거나 옹호할 것인가?

3. 지나치게 곱씹지 말고, 너무 깊이 혹은 너무 많이 생각하지 말라. 긴 시간 묵상하는 것은 누구에게는 의무일 수 있으나 당신에게는 아니다. 그것은 부러진 다리나 삔 발목을 끌고 예배당으로 향하는 행동이 의무일 리 없는 것과 같은 이치이다. 그

런 사람은 다친 몸을 먼저 고치고서 다시 건강해질 때까지 쉬며 보호를 받아야 한다. 따라서 당신은 깊고 불안한 생각을 하지 않고도 믿음 안에서 하나님을 경외하며 살 수 있다. 이 조언을 받을 수 없거나 받을 의향이 없는 사람들은 다른 생각으로 지도해 줄 수 있는 친구들의 도움을 받아 그런 깊은 생각의 침잠(沈潛)에서 깨어나야 한다.

4. 그러므로 혼자 있는 시간은 줄이고, 유쾌하며 활달한 동료들과 함께 있는 시간을 늘리라. 혼자 있으면 그저 어두운 생각만 불러일으킬 뿐이다. 마찬가지로, 혼자서 너무 오랫동안 기도하지 말고 여러 사람이 모인 자리에서 더 자주 소리 내어 기도하라.[22]

5. 자기 자신이나 자기 생각에 집중하지 말고, 바르며 선하다고 생각하는 대상에 당신의 생각을 집중하라. 어떤 경우에는 가장 좋은 것들이 각종 문제를 일으키는 상황과 사건 속에서 발견되기도 한다. 맷돌을 돌릴 때 갈 곡식이 없으면 맷돌만 닳아 없어지듯이, 우울증에 걸린 사람들이 자기 마음속의 문제만을 생각하면 할수록 생각도 닳아 없어진다. 당신의 생각이 가능한

---

22 여기서 백스터는 우울증이 있는 사람이 홀로 있는 것에 대해 경고하는 것이지, 원칙적으로는 홀로 있는 것이나 개인 기도를 반대하는 것은 아니다.

한 다음의 네 가지 문제로 향하게 하라.

a. 광명한 햇빛보다 훨씬 충만한 사랑을 지니신 하나님의 무한한 선하심

b. 인류를 구속하신 그리스도의 헤아릴 수 없는 사랑, 그리고 그분의 희생과 공로의 충분성

c. 죄를 택하지 않고 끝까지 거부하는 모든 사람에게 용서와 생명을 값 없이 베풀어 주시는 은혜 언약

d. 모든 복된 자들이 그리스도와 함께 누리는 상상할 수 없는 영광과 기쁨, 그리고 하나님께서 은혜 언약에 동의하고 그리스도에 의해 구원받고 통치받기를 원하는 모든 자들에게 맹세와 인으로 약속하신 것

이 네 가지를 향하는 생각은 우울증적인 두려움을 반드시 줄여 줄 것이다.

6. 불평불만하는 자세를 버리고, 당신에게 임한 실제 하나님의 큰 자비하심에 관해서만 이야기하라. 그 자비하심을 감히 부인할 수 있는가? 부인할 수 없다면, 현재의 고통보다는 더 논의할 가치가 있지 않은가? 당신의 고통을 모든 사람에게 말하지 말라. 그리하면 고통은 더욱 확대되고 다른 사람들의 마음도 주

눅 들 수 있다. 가장 절친한 친구들과 조언자들에게만 이야기하고, 가능한 한 하나님의 사랑과 은혜의 부요함만을 풍성하게 말한다면, 당신의 비관적인 생각도 긍정적으로 변하게 될 것이다.

7. 기도할 때 대부분의 시간을 하나님께 감사와 찬양을 돌리는 데 할애하겠다고 결심하라. 마땅히 기쁜 마음으로 **해야** 하지만, 그렇게 하기 어렵다면 할 수 **있는 만큼이라도** 그렇게 하라. 자신의 혀를 통제하지 못하겠는가? 마음속이 찬양으로 가득하지 않고 하나님의 자녀라는 확신도 없다면 모를까, 나에게는 입을 열어 찬양을 올릴 만한 자격이 없다고 말하지 말라. 좋은 사람이든 나쁜 사람이든 모든 사람은 하나님을 찬양하고 받은 모든 것에 감사해야 할 의무가 있으며, 가능한 한 풍성하게 해야 한다. 대부분의 그리스도인은 자신들의 양자 됨에 대한 확신이 부족하다. 그런 사람들은 하나님을 찬양하고 감사하는 행위를 보류해야 하는가? 할 수 있는 만큼이라도 감사와 찬양을 드리는 것은 그 행위를 훨씬 좋은 것으로 만드는 방법이다. 감사를 올려 드릴수록 마음속에서 감사가 일어나는 법이다. 하나님께 감사를 드리지 않으려는 마음은 숨어 있던 사탄의 목적과 그가 그 목적을 달성하기 위해 당신을 이용했다는 사실을 밝히 보여 주는 것일 수 있다. 사탄은 당신이 하나님께 감사하는 것을 방해하고, 당신의 기를 꺾으려 들며, 찬양을 통해 하나님의 선하

심과 사랑을 언급하는 일조차 못 하게 할 것이다.

8. 사탄이 마음속에 괴롭고 신성 모독적인 생각을 밀어 넣을 때, 그것을 즐기지 말고 그것에 대해 너무 염려하지 말라. 먼저 당신에게 남아 있는 이성과 용기를 사용하여 단호하게 그 생각을 무시하고 다른 곳으로 생각을 돌리라. "난 못해"라고 스스로에게 말하지 말라. 필요하다면 동료들을 찾아보고 기분 전환을 할 수 있는 활동에 참여하라. 길거리에서 당신에게 소리를 지르거나 큰소리로 하나님을 모욕하는 어떤 정신 이상자를 우연히 만났다면, 당신은 어떻게 하겠는가? 가만히 서서 듣고만 있겠는가? 아니면 그런 상태의 사람과 논쟁을 벌이겠는가? 그런 사람의 말을 듣거나 논쟁함을 피하기 위해 그 자리를 떠나지 않겠는가? 따라서 당신의 경우, 사탄이 형편없고 절망적이거나 불평하는 생각을 당신 마음속에 넣으려 한다면, 그런 생각을 다른 생각 혹은 다른 활동으로 전환해야 한다.[23] 만일 혼자 힘으로 불가능하다면 그런 유혹이 일어날 때 친구에게 도움을 요청하라. 그렇게 하면 친구는 당신이 다른 주제를 생각하도록 도우며 다

---

23 마틴 로이드 존스는 "어떤 의미에서 보면 '영적 침체'라는 이 총체적 난국 속 핵심 문제는 우리가 자아에게 말을 하는 것이 아니라, 반대로 자아가 우리에게 말하도록 허용하는 것"이라고 말한다. [D. Martyn Lloyd–Jones, *Spiritual Depression: Its Causes and Its Cure* (Grand Rapids MI: Eerdmans, 1965), 20]. 나는 전문적인 임상 차원에서 환자에게 자신이 선하며 참이라고 생각하는 것들을 자신에게 말하여 최소한 습관적으로 듣는 비난의 양을 줄이라고 조언한다.

른 사람들과 어울리게 하는 것이 자신의 의무가 될 것이다.

무엇보다 이런 유혹이 당신을 너무 심하게 괴롭히지 못하게 해야 한다. 왜냐하면 이것을 염려할 때 악한 문제가 계속 기억에 남아 더욱 커지는 경향이 있기 때문이다. 그것은 벌레 물린 데를 계속 긁다 보면 그 자리가 더 빨갛게 변하면서 염증이 생기는 이치와 같은 것이다. 당신에게 괴로운 생각을 주입하고 그 생각에 대해 염려하게 만들어 당신의 상태를 더욱 악화시키는 것이 바로 사탄의 **목적**이다. 마치 파도가 연이어 몰려오는 것처럼 한 가지 괴로운 생각이 또 다른 여러 생각들을 불러일으키는 것이다. 아무리 훌륭한 사람이라도 유혹을 받는다. 이미 언급했지만 **그리스도도 우상 숭배의 유혹을 받으셨다.** 괴로운 생각이 들거든, 사탄이 당신으로 하여금 그런 생각을 사랑하게 하거나 동의하게 할 수 없다는 사실에 하나님께 감사하라.

9. 또 한편으로 당신의 죄가 정죄받지 않을 거라는 위로의 증거가 당신의 마음 안에 있다면 그것을 떠올려 보라. 즉, 당신은 죄를 사랑하지 않고 도리어 미워하며 지긋지긋하게 여기지 않는가? 우울증에 걸린 사람들보다 자기 죄를 탐닉하는 사람은 거의 없을 것이다. 사람들을 파멸로 이끄는 것은 오직 죄를 사랑하는 것뿐이다.

게으름을 피우지 않도록 주의하고, 체력이 허락하는 한 규칙적이고 합당한 의무(직무)를 수행하는 데 참여하라. 게으름은 언제나 죄이며, 노동은 사람의 의무이다. 게으름은 사탄이 유혹하는 장이자 쓸데없고 무질서한 사색을 하게 하는 발판일 뿐이다. 반면에 노동은 자신과 타인 모두에게 유익하며 몸과 영혼 모두에 필요하다. "엿새 동안은 힘써 일하라",²⁴ 그리고 "게을리 얻은 양식"(잠 31:27 참조)을 먹는 일을 하지 말라. 하나님은 노동을 인간의 의무로 삼으셨고, 정하신 방식대로 노동을 통해 복 주신다. 나는 지금까지 무엇보다 먼저 가정 살림 및 직장의 의무를 꾸준하고 부지런히 수행함으로써, 중증의 우울증이 낫고 경건하고 활기찬 삶을 살게 된 사람들을 봐 왔다. 그와 같은 의무(직무)를 수행하는 것은 생각을 유혹에서 멀어지게 하고 어떠한 기회도 허락하지 않고서 사탄을 떠나가게 한다.

순종하는 마음으로 행하면 하나님을 기쁘시게 할 뿐만 아니라 망가진 기분(the disordered humors)²⁵을 정화한다. 수많은 노동자가 가난하게 살며, 그들의 아내와 자녀들은 가난의 포로가 된 것처럼 산다. 그래서 그들이 걱정과 슬픔으로 괴로운 삶을 살 거라고 예상할 수 있다. 하지만 그들 중에 우울증이라는 질병에 걸려 어려움을 당하는 경우는 극히 드물다. 노동이 신체를 건강

---

24 출 20:9의 제4계명을 보라.
25 백스터는 "혼탁해진 피(distempered blood)"라는 용어를 사용하기도 했는데, 이는 아마도 병환 중에 독이 혈액 속에 퍼져 '치료'를 위해 피를 흘리는 일반적인 개념을 말하기 위해 언급한 것 같다.

하게 유지시키고 우울한 생각을 할 여유를 주지 않기 때문이다. 반면에 런던이나 다른 큰 도시들에는 허랑방탕한 생활을 즐기다 결국 가난한 상태에 떨어진 게으른 실업자들이 있는데, 그들의 삶은 참으로 비참하다. 끊임없이 짜증을 내며 불평불만을 가지고 괴로워하며 불안한 마음으로 산다. 따라서 스스로 바삐 살아가는 삶을 이끌어 갈 수 없다면, 자신을 도울 수 있는 친구들이 강제적으로라도 당신의 삶을 분주하게 이끌어 줄 수 있도록 해야 한다.

사탄이 경건한 척하며 광명의 천사처럼 나타나, 지금 하는 사업이 당신 생각을 하나님에게서 멀어지게 하며, 세상 속에서 하게 되는 생각과 종사하는 직업은 불경건하고 세속적인 사람들에게나 어울린다고 말한다면, 아담이 무죄하였을 때도 에덴동산을 돌보며 경작해야 했고, 자기 앞에 있는 세상 전부를 소유했던 노아도 농부였으며, 아브라함과 이삭과 야곱도 양과 소를 치던 유목민이었으며, 바울 역시 장막 만드는 생업을 가졌었다고 말하라. 그리스도 또한 친히 육신의 아버지가 하는 일을 도와 일했다고 생각하는 것이 합당하며, 제자들과는 물고기를 잡으셨다. 바울은 게으름이란 '무질서한 삶'이라고 하면서 "누구든지 일하기 싫어하거든 먹지도 말게 하라"(살후 3:7,10)라고까지 말했다. 하나님은 몸과 영혼을 만드시고 이 두 가지 모두에 노동의 임무를 부여하셨다.

만약 당신이 홀로 있어 다른 사람들의 말을 들을 수 없다면, 나는 당신에게 이렇게 조언하고 싶다. 장시간의 묵상이나 기도보다는 시편 23편이나 133편과 같은 하나님을 찬양하는 시편을 노래해 보라. 이렇게 시편을 노래하는 것은 낙심과 염려에 빠지기보다 소망을 품는 데 훨씬 적합하며, 당신의 심령 속에 하나님께서 받으실 만한 거룩한 감정을 되살려 준다.

친구와 가족의 역할

마지막으로, 우울증에 빠진 사람들을 돌보는 이들이 감당해야 할 의무, 특별히 아내의 질병을 대하는 남편의 책무에 대해 (남자보다는 여자가 우울증에 걸리는 비율이 훨씬 더 높은 편이기에) 몇 가지를 열거하며 이 글을 마무리 지으려고 한다. 질병 자체로 인해 우울증 환자 본인이 자신을 돌볼 수 없을 때, 그들에게 임하는 하나님의 도우심은 대부분 다른 사람들을 통해서 나타난다. 이러한 도움에는 두 가지 유형이 있다. 첫 번째 유형은 신중한 실례를 활용하는 것이고, 두 번째 유형은 의료적 처치와 식이요법을 적용하는 것인데, 이 두 가지 유형을 조금씩 혼합한 형태도 가능할 것이다.

1. 우울증에 걸린 이들이 도움의 손길을 흔쾌히 받아들이는

가, 혹은 비록 선은 넘지 않을지라도 받아들일 수 없는 사항들을 어떤 적정한 정도까지 피해야 하는가 등의 문제가 그들을 치료할 때 신중히 고려해야 할 부분이다. 받아들이지 않으려는 경향은 우울증 자체의 본질적 양태이므로, 이 질병으로 어려움을 겪는 아내에 대해 그 남편은 참된 사랑과 부부로 맺어진 인연 등을 통해 최선을 다해 아내를 치료해야 할 의무가 있으며, 이것은 남편의 마음에 평화를 가져올 수 있는 의무이기도 하다. 타고난 기질, 우울증, 또는 불안정한 이성으로 인해 아내가 제대로 이성적 행동을 할 수 없을 때 자신의 실망감을 아내에게 분출하여 질병의 증세를 더욱 악화하게 만든다면, 그것은 남편에게 진정한 실패로 남을 것이다. 좋든 싫든, 병들었든 건강하든 당신은 혼인의 관문을 통과한 사람이다. 지금 당신이 선택한 여인이 어린아이처럼 큰 소리로 울며 온갖 것을 요구하는데, 더 크게 울지 못하도록 요람을 흔들며 잠을 재우는 상냥한 어조로밖에는 말을 듣게 할 방법이 없다면, 당신은 그렇게 할 수 있도록 스스로 낮추어야 한다. 당신이 선택한 짐이 더 무거워지지 않도록 당신의 짐을 기꺼이 감당하라. 아내의 마뜩하지 않은 행동들을 치료하지 못한다고 해서 분노하며 짜증을 내는 것은 아내의 행동들에 비해 훨씬 비난받을 수밖에 없는 행동이다. 왜냐하면 아내는 이성의 능력을 잃어버렸지만, 당신은 그 능력을 보유하고 있기 때문이다.

만약 즐거움을 주면서도 해롭지 않은 것을 알고 있다면, 그것이 이야기든 동료든 의복이든 장신구든 다른 무엇이든 그것을 제공하라. 또 만약 화를 돋게 할 만한 것이 무엇인지 알고 있다면, 그것을 제거하라. 지금 나는 스스로 자제가 필요할 만큼 감정적으로 몹시 격양된 사람들이 아니라, 슬픔과 우울증에 빠진 사람들을 상대로 이야기하는 것이다. 그들에게 즐거움을 줄 수 있다면 당신은 진정한 선을 행하는 것이다.

2. 가능한 한 힘을 다해, 그들을 지나치게 몰두하게 만들어 괴롭히는 생각에서 주의를 돌리게끔 하라. 다른 대화나 문제에 집중하게 하라. 그들의 공간으로 들어가 그들이 빠져 있는 깊은 상념을 끊어 내라. 사랑스러우면서도 확고하고 강력한 말로 그런 깊은 상념에서 깨워라. 그들이 너무 많은 시간 동안 혼자 있도록 놓아두지 말고, 함께 시간을 나눌 적절한 동료들을 만나게 하거나 친구들이 방문할 기회를 제공하라. 특별히 그들이 게으름에 빠지지 않도록 주의를 기울이되, 육체적 · 정신적 기능을 발휘할 수 있는 즐거운 활동에 강제적으로라도 참여할 수 있게끔 유도하라. 만일 그들이 왕성한 독서가들이라면 한 번에 너무 오랜 시간을 책 읽는 데 보내지 않도록 하라. 그리고 현재 그들의 상황에 맞지 않는 읽을거리인지 아닌지 확인하라. 그들이 다른 사람들의 낭독에 귀 기울이게 하는 방법도 매우 유익할 수

있다. 가벼운 역사 소설이나 최근에 일어난 사건들을 다룬 뉴스들과 함께, 리처드 십스 목사(Dr. Richard Sibbes)[26]의 책을 읽어 주면, 그들 스스로 그들이 하는 생각을 정리하는 데 도움이 될 수 있다.[27]

3. 틈날 때마다, 그들이 가장 많은 위로를 받을 수 있을 것 같은 복음의 위대한 진리들에 주의를 기울일 수 있도록 하라. 교훈적이고 위로가 되는 책들을 그들에게 읽어 주며, 그들과 함께하는 당신의 삶이 사랑과 활기가 넘쳐 난다는 사실을 보여 줘라.

4. 비밀이 보장되는 상담 및 공적 설교에 탁월한, 신중하고도 능력 있는 목회자의 돌봄을 받도록 하라. 그 목회자가 우울증에 걸린 교구민을 능숙하게 다룰 줄 알 뿐 아니라, 성정 자체가 온화하여 논쟁을 좋아하지 않고, 실수가 많지 않으며, 괴짜 같은 발상을 선호하지 않는 사람인지 확인하라. 내용보다 감정을 강조하는 사람보다는 설교와 기도를 매우 분별력 있게 하는 사람을 선택하는 것도 중요한 부분이다. 그러면서도 위로를 주는 복음의 약속을 전하는 데 열정을 쏟는 것은 당연한 일이며, 그와 같은 열정이 크면 클수록 훨씬 더 좋다. 우울증에 걸린 사

---

26 리처드 십스(1577-1635)는 초기 성공회에 속한 청교도이자 『꺼져 가는 심지와 상한 갈대의 회복』(The Bruised Reed)의 저자이기도 하다.
27 오늘날에는 24시간 뉴스 채널을 보지 않는 것이 훨씬 유익할지도 모른다.

람들이 이미 칭찬하고 존경하며 경청하고 있는 목회자에게 그들을 안내하라.

5. 무한한 사랑과 자비의 하나님, 그분의 사랑을 경이롭게 보여 주신 구세주를 자신의 친구나 심지어 개인적으로 척을 진 사람보다 더 부정하게 생각하고, 가장 놀라운 이적으로 드러난 주님의 사랑을 여전히 확신하지 못하는 것이 얼마나 큰 경멸과 모욕이 되는지를 수시로 힘을 다해 그들에게 확인시켜라. 아버지, 남편 또는 친구가 자신을 위해 생명의 위험을 무릅쓰거나 전 재산을 남겼음에도 자신의 병이 그에게 책임이 있고 그가 자신에게 해악을 끼칠 계획을 도모했으며 자신을 사랑하지 않는다는 의심을 했다면, 그것은 얼마나 수치스러운 배은망덕이요 모욕적인 행동이겠는가? 어찌 하나님과 우리 구세주가 그와 같은 대접을 받으셔야 하는가? 많은 사람이 자기는 하나님이 아닌 자신을 의심하는 것이라 말하지만, 그들은 하나님의 가장 큰 자비를 부인하면서 이 오류로 자신들이 처한 비참한 상태를 가릴 뿐이다. 그들은 필사적으로 그리스도와 그 은혜를 소유하고 싶어 한다. 하지만 그들은 그것을 주실 수 있는 하나님께서 실제로는 그것을 자신들에게 베풀어 주지 않으실 거라 믿으며, 하나님을 기쁘시게 하길 원하고 세상의 죄악 된 즐거움보다 주의 은혜를 구하는 가난한 영혼을 가차 없이 저주하실 거라고 생각

한다.

6. 그들을 외부로 끌어내어 새로운 사람들과 만날 기회를 제공하라. 일반적으로 그들은 낯선 사람들을 존중할 것이고, 특별히 여행하는 데 큰 어려움을 느끼지 않는다면 새롭게 만난 사람들이 그들의 기분을 전환시켜 줄 것이다.

7. 그들이 자신들보다 형편이 더 어려운 사람들을 위로하는 활동에 참여할 수 있다면 이 또한 유용한 방법이다. 이를 통해 그들은 자신들이 걸린 질병이 유별난 것이 아니라는 확신을 갖게 될 것이며, 남을 돕는 일에 참여하면서 스스로 큰 용기를 얻게 될 것이다. 내 개인적인 경험으로 봤을 때 내 영혼의 상태에 대해 갖는 의구심을 푸는 첫 번째 방법은 동일한 의구심을 가진 사람들을 자주 위로해 주는 것이었다. 그들의 삶을 통해 나는 그들이 매우 진실한 이들임을 깨닫게 되었다.[28]

마찬가지로, 어떤 교리 문제를 아주 명확하고 조리 있게 설명하지만 실상 잘못 이해하고 있는 사람과 만나게 하는 것도 유용한 훈련법이 될 수 있다. 이런 식으로 지력을 동원하여 그 사람이 여러 가지 또 다른 오류를 설득하거나 논박하게 될 때, 자

---

28   여기서 백스터가 보여 주는 범상치 않은 자기 고백은 일반적으로 그가 다른 사람들을 도운 방식을 공유할 때 드러나는 전형적인 스타일과 대조를 이룬다.

신들의 생각이 정신적 고통에서 벗어났음을 느끼게 될 수 있다. 포레스터(Forester)[29]는 자신이 담당하던 우울증 환자인 한 로마 가톨릭교회 신자[30]가 자기 나라에 종교개혁이 일어나자 그 질병이 치유되었다는 사실을 발표했다. 그 가톨릭 신자가 치유된 것은 진지한 태도로 자신의 교리적 문제에 대한 논박을 자주 경험했기 때문이다. 원인을 잘 파악할수록 결과는 더 좋을 수 있음을 보여 주는 사례이다.

8. 다른 방법이 실패하더라도 약물 치료는 등한시하지 말라. 많은 사람이 약물 치료에 저항감을 느끼고 자신들의 질병이 '그저' 마음의 문제일 뿐이라는 생각을 버리지 못하지만, 그럴수록 그들을 설득해서 약물 치료를 받도록 해야 한다. 나는 자신이 중증의 우울증 상태에 있다는 사실을 쉬쉬하고 약물 치료도 거부하면서 남편을 방에서 나가지 못하게 하던 한 여성을 알고 있다. 그녀는 끝끝내 말 그대로 '강제'로 약물 치료를 받아[31] 정상으로 회복되었지만, 그녀의 남편은 그 상황을 감당하지 못하고서 결국 비통함 속에 목숨을 잃고 말았다.

공상과 같은 나쁜 습관 때문이거나 아니면 귀신 들림의 징후

---

29 종교개혁과 관련이 있는 16세기 인물로 추정.
30 백스터는 당대에 보편적으로 사용되던 용어인 "papist(교황주의자)"를 사용했다.
31 백스터가 기록한 원문은 다음과 같다. "그 여인의 기도(氣道)에 강제로 삽관하였다."

가 있다고 할지라도 약물 치료는 환자에게 유의미한 조치가 될 수 있다. 우울증을 치료하면 마귀에게 유리한 조건 및 그 안식처가 제거되는 것이다. 뒤틀린 질병을 치료하라. 그리하면 사탄의 뒤틀린 조작질도 멈출 것이다. 결국 사탄은 그런 수단과 사람의 기질을 통해서 활동하기 때문이다.

정신건강의학과 질환을 능숙하게 다룰 줄 알고 뛰어난 환자 치료 기록을 가진 의사를 선택하라. 여성들[32], 무지한 허풍선이들, 어리고 경험이 부족한 남성들을 피하라. 그리고 환자의 기질과 질병을 연구하고 이해할 시간이 없다거나 경솔하고 조급하며 강압적이면서 무모하기까지 하다면, 이런 사람들도 피해야 할 대상이다. 강한 압박감 속에서도 능수능란한 실력을 보여주기로 이름난 숙련된 의사를 선택하라.

의료적 처치와 영적 상담은 전통적으로 같은 사람이 제공하지 않지만, 이 두 가지 문제가 동시에 나타나는 경우에는 뛰어난 기술을 지닌 한 사람이 두 영역을 한 데 묶어 치료에 적용하는 것이 적절할 수 있다. 나이도 있고 경험도 많으며 뛰어난 실력에 정직하고 사려 깊으며 명민한 의사를 구할 수만 있다면, 당연히 그에게 치료를 위한 상담을 받아라.[33] 제발 부탁하건대

---

32 청교도가 여성을 삶과 신앙생활의 동등한 파트너로서 여길 만큼 높이 평가했다는 점을 감안할 때, 백스터는 아마도 어떤 특정 집단을 염두에 두고 있었을 가능성이 높다. 추측하건대 독학으로 공부한 약초학자나 치료사들이 아닐까 싶다.

33 백스터는 여기서, 키더민스터(kidderminster) 교구에 자격이 있는 정식 의사가 전혀 없었을

담당 의사의 조언 없이 어떤 약물이나 다른 치료법을 직접 적용하지 말라. 사람마다 증상이 다르고 광범위할 뿐 아니라, 동일한 증상일지라도 그 원인이 각각 다를 수 있기 때문이다. 어떤 사람에게는 긍정적인 효과를 주는 치료법이 다른 사람에게는 해로울 수 있는 법이다.

의사의 치료를 받거나 적절한 약물 치료를 받을 만한 경제적 여유가 없어 실력 없는 '치료사'를 찾는 사람들이 많다. 게다가 상담이나 치료를 받을 수 있는 의사들도 경험과 전문성이 천차만별이므로 주의해야 할 필요가 있다. 어떤 의사들은 신체나 질병의 상태를 먼저 확인하는 절차 없이 그저 경험에 의존하여 무모하게 처방을 내리기도 한다.[34] 그런 처방은 유해하거나 치명적인 결과를 초래할 수도 있다. 나는 안전하고 주요한 부작용을 일으킬 가능성이 적은 약물들을 추천할 수는 있으나, 그렇게 할 경우 내게 정식 의사들의 비난이 쏟아질 수 있다. 그러나 어떤 일부 의사들은 첫 의사 면허를 취득하고서도(나보다 연배가 아

때 자신이 아마추어 의료인으로서 그 역할을 감당했던 것을 해명하는 것처럼 보인다. 그는 결국 의사를 한 명 채용하게 된다.

34 '경험적' 처치를 조금 투박하게 설명하자면, 그것은 실제로 무엇이 잘못되었는지 명확하게 인식하지 못한 채 효과가 있기를 바라며 약물을 사용하는 방식을 가리킨다. 이런 방식의 처치는 엉터리 진단을 초래한다. 오늘날 항우울제 처방을 하는 경우 이런 방식은 거의 찾아볼 수 없으며, 프로작(플로옥세틴), 졸로프트(서트랄린) 및 관련 약제 등을 포함하는 '선택적 세로토닌 재흡수 억제제(SSRIs)'의 경우에는 특히 더 그렇다. 그러므로 이들 약물의 증상 완화 효과가 잘 나타나지 않는 까닭은 기저 원인에 적용해야 할 약물이 매우 다양한 상황에서 처방되었기 때문이다. 대신 그 약물들이 다른 질병의 증상들을 효과적으로 제거하고, 의도하지 않았음에도 결정적인 처치가 이뤄지지 못하게 지연시키기도 한다.

주 아래인데도) 내가 처치할 때보다 훨씬 위험스러울 정도로 약물 치료를 시도하기도 하고, 재정적인 비용을 크게 들이기도 하며, 환자에게 유해한 결과를 끼치기도 한다.

우울증의 **공식적** 원인은 감정에서 찾을 수 있는데, 감정이 무너지면 상상력, 이해력, 기억력, 애정 등의 기능을 수행할 수 없게 된다. 그러므로 기분을 조절하는 데 문제가 발생하면, 사고 능력에 손상이 일어나고 눈의 염증이나 발목의 염좌가 생긴 것과 같은 상태가 되어 정상적인 기능을 발휘하기 어려워지는 것이다.

혈액은 감정의 '매개체'로 여겨지는데, 근본적으로 이 혈액이 묽어지거나 무르게 되는 경우에 보통 문제가 생긴다. 대개 이런 문제는 결과적으로 위, 비장, 간 혹은 기타 기관의 일부 기능 장애와 관련이 있으며, 전체적으로 봤을 때 혈액의 형성 · 순환 · 여과를 매우 중요한 신체 활동이 아니라고 생각하는 사람은 없다. 이들 기관에서 나타나는 질병의 징후는 매우 다면적이고 다양하기 때문에 가장 노련한 의술 실력을 지닌 의사라 할지라도 그 징후를 정확하게 이해하는 것은 쉽지 않은 일이다. 흔히 비장에서 질병의 징후를 쉽게 발견할 수 있다고 보는데, 올바른 진단인 경우가 많다. 위, 췌장, 장간막, 장막(腸膜), 간, 신장 등도 드물지 않게 관련되어 있다. 이따금 그 영향으로 인해 사람의 기분(humors)이 방해를 받기도 한다. 다양한 원인을 생각해 볼 수 있는데, 어떤 경우에는 결석이 만들어져서, 또 어떤 경우에는 체액이 적체되어서 그와 같은 방해를 받기도 한다. 하지만 가장 흔하게 질병의 징후를 의심하게 될 경우는 비장이 막히거나 붓는 현상을 발견하는 경우이다.[35]

독특하게도, 고대부터 문제시되며 우울증의 원인으로 불린 독특한 검은 체액(black humor)은 자극이 없거나 부족해서 발생한 괴사로 인해 검게 변한 혈액이나 배설물을 '검은 체액'이라 부르지 않는 한 실제로 거의 관찰된 적이 없다.[36] 하지만 혈액 자체가 오염되거나 혼탁해지거나 점도가 높아지거나 혹은 우울증의 영향을 주는 변화가 생겨 상태가 악화될 때, 그 자체로 우울증적 혈액이라 부를 수 있다.[37]

그럼에도 다른 측면에서 가끔 건강한 사람들도 공포스러운 경험, 친구의 죽음, 크나큰 상실이나 고통, 가슴 아픈 소식 등으로 인해 갑작스럽게 급성 우울증에 빠지기도 한다. 심지어 한 시간 이내에 우울증에 빠지는 경우도 있다. 따라서 우울증은 우울증의 기질이나 어떤 선행 질병이 없어도 발생할 수 있다는 사실을 알 수 있다. 그러나 마음의 작용이 감정을 망가뜨리고 정

---

35 여기서 백스터의 구성 개념은 21세기의 비전문가가 보기에도 다소 당황스러울 수 있다. 하지만 그는 당대에 일반적으로 인정되던 의료적 인식을 반영하는 것이다.
36 아마도 백스터는 변색된 체내 노폐물을 가리키는 것 같다.
37 백스터가 언급하는 의료적 체액 이론과 연관된 용어들은 현대어로 옮기기에 어려움이 많고 온전히 이해하기도 불가능하다.

신(spirit)[38]을 불안하게 하면 혈액을 약화시키고, 그렇게 약화된 혈액은 혈액 공급 기관 또한 약화시킨다. 그렇게 결국 영육 간의 병이 들게 되는 것이다.

의사가 우울증의 시작 지점이 마음인지 신체인지 특정할 수 있다면, 그중에서도 시작 지점이 신체일 경우 그곳이 혈액인지 생명 유지 장기인지 파악할 수 있다면 매우 유용하다.[39] 치료는 질병 상태에 맞춰야 하기 때문이다. 수년 동안 제대로 된 처치도 못 받고 비장의 막힘이나 섬유증 증세까지 진행 중일지라도, 우울증에 빠진 마음은 안정을 찾을 수 있으며 정신 장애 또한 약화될 수 있다.

우울증이 마음과 정신에 발병했을 때, 그의 신체가 건강하다 해도 약물(심지어 매우 불쾌감을 주는 약물이라도[40])을 통해 우울증을

---

38 백스터가 "정신(spirit)"이라는 용어를 사용했을 때 그 의미가 무엇인지 선뜻 명료하게 이해가 되지는 않는다. 일반적인 현대적 용법은 "그는 오늘 상태가 좋지 않다(he is in low spirits today)"라는 문구에서 찾아볼 수 있을 것이다. 여기에서 "spirits"는 한 개인의 정신 상태를 가리키는 것이 아닌 백스터 당대의 "humors(기분)"라는 용어와 동의어로 사용되었을 것으로 추측된다. 하지만 그 의미가 담고 있는 핵심은 '약해지면 몸 전체에 지속적이고 부정적인 영향을 끼치는 생명 에너지의 형태'를 가리키는 것으로 보인다. 그와 같은 개념이 인간을 구성하는 네 요소[육체(phsical), 생명체(etheric), 감정체(astral), 자아체(ego)]에 관한 루돌프 슈타이너(Rudolph Steiner)의 4중 분류 체계와 모순을 일으키지는 않지만, 그렇다고 그대로 그 이론을 반영하는 것도 아니다. 겉으로 봤을 때 상호 유사하게 보이는 이론을 무리하게 적용하는 것은 시대착오적인 태도이다.

39 나는 전부터 때때로 비타민D의 결핍과 같이 일견 단순한 문제를 교정하는 것만으로도 부가적인 처치 없이 우울증을 억제할 수 있다고 말해 왔다. 이렇게 말할 수 있는 이유는 전형적이지는 않지만, 신체의 치료가 마음도 치료할 수 있다는 백스터의 주장을 지지하기 때문이다.

40 백스터는 원전에서 '퍼징(purging)'을 언급한다. 이 용어는 한때 체내 독성 물질을 제거하는 것으로 여겨지던 특정한 미정제품과 위험도가 높은 처치법을 가리키는 개념이다. 이 개념은 현대 의학과 대치되는 것이지만, 최근 들어 통례적으로 독소(toxins)와 정화(cleansings)에 대해 말하는 동종 요법 전문가들 사이에서 인기를 끌고 있다.

치유할 수 있다. 환자가 아무리 약물로 영혼을 치료할 수 없다며 강하게 저항할지라도 말이다. 질병의 문제이든 질병 치료의 문제이든, 영혼과 육체는 본래부터 놀라운 모습으로 긴밀하게 같이 움직인다. 비록 영혼과 육체 사이의 상호작용 이면에서 작동하는 원리를 제대로 이해하지는 못한다 할지라도, 우리는 경험을 통해 이 원리가 실재하는 것을 알며, 따라서 마음을 치료하기 위한 방법으로 신체에 약물을 사용하는 것은 합리적인 방법이라 할 수 있다.

다른 곳에서도 언급했듯이, 식이 요법은 치료에 중요한 한 부분이 될 수 있다. 환자가 유능한 개인으로 대우받으면서도 어느 정도 관대한 태도를 보이는 것이 중요하며, 동시에 외로움과 성마른 염려에서 벗어나도록, 우울하고 괴로운 대화나 상황에 처하지 않도록 보호받아야 한다. 자신들이 받는 처치법에 관해 궁금한 환자들에게는 신중한 답을 주어야 하며, 잘못된 신앙에 대한 지도가 필요하다면 종교적 문제와 관련한 오류도 동일한 관심을 기울여 교정해 주어야 한다.[41] 뿐만 아니라 운동, 심지어 격렬한 운동으로부터도 분명 유익을 얻을 수 있다.[42]

---

41 백스터는 여기서 온전한 이성이 남아 있는 사람들에 관해 이야기하고 있다. 온전한 이성을 갖지 못한 사람들은 합리적인 논쟁에 응할 수도 없고, 오개념을 고쳐 주기 위한 설득도 할 수 없을 정도로 잘못된 신앙을 고집스럽게 붙든다.
42 할머니가 해 주셨을 법한 이야기가 최근 연구를 통해 확인되고 있다. 적당한 운동은 웬만한 우울증을 완화할 수 있다.

실제적인 식이 요법에 관해 말하자면, 이 또한 약물 처치만큼이나 해당 개인의 상황을 신중하게 고려하여 적절한 방식으로 적용되어야 한다.[43] 다양한 상황만큼이나 그 처치도 달라야 하기 때문이다. 어떤 경우에는 단지 불안감, 두려움, 절망감 등 **만으로도** 사람이 우울증에 빠지기도 한다.[44] 그런 우울증 환자들은 스스로 파멸감을 느끼고 홀로 깊은 상념에 잠기며, 어떤 만족이나 위로도 얻지 못한다. 그들은 침울하고 수동적인 모습이 되며, 말수가 줄고 활동력이 떨어지는 특징을 보인다.

어떤 종류의 우울증은 쉽게 화를 내고, 억압된 감정을 노출하며, 말을 매우 빠른 속도로 하는 등과 같은 증세를 보인다. 자신에 대한 과신, 자화자찬 등의 모습을 보이거나, 별것 아닌데도 (종종 부적절한 상황에서) 계속 웃는 모습을 보이기도 한다. 그런 우울증에 빠진 사람들은 심지어 환상을 보고 병적이라 할 만큼의 감정의 고양을 느끼며 도취적 정동(euphoric affect) 상태가 되

---

43 조지 E. 버치(George E. Burch) 박사는 "병든 사람에게는 병든 사람이 먹는 음식이 필요하다"[1974년 툴레인 대학교 의과대학에서 비공식적으로 출판한 *the Quotations of Chairman George*(조지 E. 버치 학과장의 어록에서 인용)라는 말을 즐겨 사용했다. 버치 박사의 말은 식이 요법만으로 환자 치료가 가능하다는 의미가 아니라 환자의 상태에 맞는 적절한 식이 요법이 다른 처치 수단을 효과적으로 사용함에 있어서 필수적이라는 뜻이다. 백스터는 원전에서 광범위한 식이 요법을 제시하지만, 이 책에서는 생략되었다. 왜냐하면 오늘날 식료 저장실이나 식료품점에서 쉽게 찾거나 흔한 재료들이 아니기 때문이다. 백스터 당대에는 온갖 종류의 급성 질환의 처치뿐만 아니라, 통풍과 같은 만성 질환 관리에 식이 요법이 지금보다 훨씬 더 큰 역할을 했다. 그와 같은 역사적 배경 속에서 꽤 많은 질병의 적절한 관리를 위한 기초적 지식으로 여전히 영향을 미치고 있다. 울혈성 심부전 환자에게 소금을, 당뇨병 환자에게 탄수화물을 제한하는 것은 현대 의학에서 식단 조절이 지속적으로 중요하다는 사실을 보여 주는 중요한 두 가지 실례이다.

44 오늘날 이를 "단극성 우울증(unipolar depression)"이라 부른다.

는 경우도 있다. 또 그들의 판단력은 심하게 손상되어 정신 착
란(madness) 상태에 근접하는 모습을 보이기도 한다.[45] 이런 사
람들에게는 매우 특별한 종류의 처치가 필요하다. 이러한 조증
(mania)을 보이는 사람들은 술과 각성제 등을 반드시 피해야 한
다.[46] 술과 각성제는 그들을 섬망증으로 이끌고 갈 것이 불 보듯
뻔하기 때문이다.[47]

사탄 역시 내가 제시한 처방과는 다르지만 슬픔과 우울증에
빠진 사람들을 위한 치유책을 가지고 있다. 즉 사탄의 치유책이
란 영혼과 내세의 불멸성에 대한 모든 믿음을 버리게 하거나,
그렇지 않더라도 최소한 그러한 현실을 생각하지 못하게 하는
방법이다. 그렇게 사탄의 치유책에 걸려든 사람은 미신적이고
쓸데없는 공상에 물들며, 성경의 경고를 우습게 여기는 종교를
받아들이고, 우울증에서 탈출하기 위해 음란한 오락과 도박, 음

---

45 여기서 백스터는 '조증'으로 알려진 병 증세를 훌륭하게 묘사한다. 이 증세는 도취에 젖어
있거나, 안절부절못하는 모습을 보이거나, 혹은 그 두 가지 상태가 동시에 나타나는 것을
특징으로 한다. 백스터의 묘사 속에는 양극성 스펙트럼 정신 질환 및 다양한 조현병이 망
라되어 있다. 단극성 우울증의 약물 치료는 이러한 다른 장애를 가진 사람들에게 부적합한
경우가 많으며, 오히려 상태를 악화시킨다고 오랫동안 알려져 왔다. 백스터가 "정신 착란"
이라고 언급한 것은 아마도 조증이 심화된 '섬망증'을 가리키는 것 같다.

46 이 조언은 여전히 유효하다. 백스터가 조증을 앓고 있다고 묘사한 사람들은 약물과 술에
빠질 가능성이 높은 사람들이다. 술은 일반적으로 모든 형태의 우울증과 관련하여 무조건
피해야 할 대상이다. 술은 우울증과 불안증이 일으키는 비참한 감정에 조악하고 일시적인
안정감만을 줄 뿐이다. 그 안정감은 순식간에 사라지며 심각한 부작용이 오랫동안 지속된
다.

47 백스터는 몇 페이지에 걸쳐 특정한 우울증 증상에 적합하다고 생각하는 다양한 처방전을
상세하게 서술한다. 이 처방전들은 의학이나 약학을 공부하는 학생들에게는 가치가 있을
지 모르지만, 오늘날 일반 독자들과는 크게 상관이 없으므로 생략했다. 백스터의 처방전에
관심이 있다면 그의 원전을 참조하라.

주에 시간을 허비하게 된다. 아이러니하게도, 불순하지 않은 여흥은 우울증 환자들에게 매우 좋은 치료법이다. 하지만 이 사탄의 치유책은 마치 마녀와 사탄 사이에서 벌어지는 흥정과도 매우 흡사하다. 사탄이 주는 약속이 크면 클수록 종국에 가서 지불하는 것은 수치와 철저한 비참함이다. 따라서 제때 회개하여 그 원인을 제거하지 않는다면 그런 일시적인 쾌락은 결국 치유할 수 없는 슬픔밖에 남는 것이 없을 것이다.

죄인들의 마음속에 세워진 사탄의 요새는 그들이 평화로울 때 참으로 강력하다. 그럼에도 시간과 자비와 소망을 허비해 버린다면 그들에게는 죽음만이 남을 뿐이요 치유책은 완전히 사라져 버릴 것이다. 하나님의 부르심과 경고하심이 온전히 주어졌음에도 믿지도 않고 지옥으로 흥에 겨워 들어가는 사람들에게 그들이 당하는 고통에서 벗어나는 구원은 그야말로 어불성설이다. 죄책 가운데 이 세상을 떠나게 되었을 때, 삶의 목적을 깨닫지 못한 채 생을 마감할 때, 그리스도와 은혜를 무분별하게 모욕한 대가로 하나님의 공의와 마주쳤을 때 그들이 즐기던 쾌락은 슬픈 결말만 남아 있을 따름이다. 성경에 기록된 대로 "여호와께서 말씀하시되 악인에게는 평강이 없다"(사 48:22). 그러나 그리스도는 슬퍼하는 자들에게 "애통하는 자는 복이 있나니 그들이 위로를 받을 것임이요"(마 5:4)라고 하시며, "너희는 곡하고 애통하겠으나 세상은 기뻐하리라 너희는 근심하겠으나 너희 근심이 도리어 기쁨이 되리라"(요 16:20)라고 말씀하신다. 그리고 솔로몬 왕은 다음과 같이 말하며 우리에게 확신을 심어 준다.

초상집에 가는 것이 잔칫집에 가는 것보다 나으니 (전 7:2)

지혜자의 마음은 초상집에 있으되 우매한 자의 마음은 혼인집에 있느니라 (전 7:4)

모든 사람이 입을 모아 말하는바, 거룩한 믿음과 소망과 기쁨이야말로 만병을 다스리는 최고의 약이다.

부록

—

의사의 의무 · 주제어 색인 · 성구 색인

의사의 의무

리처드 백스터[1]

이 영예로운 직종에 종사하는 학식 높은 의사들이 나를 의술 활동의 방해자라 비난한다면, 그런 비난의 원인을 제공하려는 의도가 나에게 전혀 없다는 것을 분명히 하고 싶다. 나는 단지 하나님과 양심이 그들에게 무엇을 기대하는지를 말하려는 것뿐이다.[2]

지침 1.

사람의 생명과 건강을 구하려는 마음가짐이 의사로서 가져

---

1 백스터의 『기독교 생활 지침』 안에 들어 있는 같은 제목의 글을 이전에 현대 영어로 변환한 적이 있으며(Greenvile, SC: Reformed Academic Press, 2000), 본 부록은 그 저작의 개정판이다.

2 겉으로 보기에는 다소 도가 지나친 말인 것 같다. 하지만 백스터는 의사에게 어떻게 의술을 베풀어야 하는지를 말하려는 것이 아니다. 오히려 의사들이 어떤 제약 조건에서 의술을 베풀어야 하는지를 말하려는 것이다.

야 할 최우선적이고 핵심적인 자세라는 사실을 명심하십시오. 자신이 얻을 어떤 이익이나 개인적인 영예를 먼저 생각하기 전에 이 사실을 기억하십시오. 이익을 얻는 일이나 개인적인 영예를 바라는 것도 중요하긴 하지만, 그런 것은 사람의 생명에 비하면 부차적인 관심 영역에 속하는 사항일 뿐입니다. 만약 돈이 첫 번째 목적이라면, 그것은 자신의 직업을 하찮게 여기는 것이고, 결과적으로 자신이 펼치는 의술은 그 의도와 다르게 어떠한 숭고한 영예나 의미를 가져다주지 못할 것입니다. 수단이 아닌 **목적이** 사람을 고상한 존재로, 혹은 타락한 존재로 만듭니다. 만약 이익을 얻는 것이 주된 목적이라면 사람을 치료하든, 가축을 치료하든, 혹은 저급한 수단을 사용하든 이익을 얻으면 문제삼을 것이 아무것도 없을 것입니다.

그런데 여러분이 진정으로 각고의 노력 끝에 사람의 생명을 구한다면, 그 사람에게 엄청난 유익을 가져다줄 수도 있습니다. 그러나 **여러분 자신에게 돌아오는 이익은 여러분의 목적에 비해 그렇게 크지 않을 것입니다.** 그럼에도 만약 여러분이 하나님을 높이고 기쁘시게 해 드리고 싶다면 공공의 선을 행하고 생명을 구하십시오. **이것이야말로** 여러분의 최우선 목적입니다. 그리고 자신의 직업 속에서 하나님을 섬기십시오. 그렇지 않으면, 여러분의 노력은 단순히 자기를 섬기는 것에 불과합니다. 많은 사람이 하나님과 공공선을 행동의 동기라 천명하지만, 그런 사람들이 실제 그것으로 참된 동기 부여를 받지는 않습니다. 심지어 하나님과 공공선을 최우선으로 여겨야 한다는 데 동의하는 사람들조차 그러합니다. 대부분의 사람이 이 세상을 부정적으로 바라보고 헛된 것처럼 말하면서도 자기 영혼의 선보다는 목전의 세상 안락을 우선시하는 것이 다반사라면, 여러분은 얼마나 더 쉽게 자기 자신을 기만하겠으며 시종일관 이익을 내는 행위에 관해 경멸적으로 발언하면서도 사람의 생명보다 자신의 수입을 먼저 구하는 일이 없겠습니까!

지침 2.

가난한 사람과 부유한 사람 모두에게 도움을 줄 수 있도록 준비하십시오. 공공선을 위해 필요 이상으로 부자들과 가난한 사람들을 구별하지 마십시오.[3] 돈이 없다는 이유로 사람들을 무시하지 마십시오. 충분한 수단을 제공받지 못해 수많은 가난한 사람들이 목숨을 잃고 있으며, 돈이 없다는 이유로 의사들을 찾아갈 용기를 내지 못하고 있습니다. 이런 상황에서 여러분은 **돈을 받지 않고서**(gratis) 가난한 사람들을 도울 수 있어야 할 뿐만

---

3 백스터의 말이 의미하는 바는 무엇인가? 그것은 아마도 치료비 전액을 지불할 능력이 되는 사람은 마땅히 지불하고, 그럴 능력이 안 되는 사람은 지불할 필요가 없다는 뜻일 것이다.

아니라, 비용 대비 가장 효과적인 의약품을 처방해야 합니다.[4]

지침 3.

꼭 필요한 경우가 아니라면 자기 역량을 넘어서는 의료적 행위는 삼가십시오. 치료에 어려움이 있는 환자가 있다면, 여러분의 재정적 이익에 반한다고 할지라도 그 환자를 설득하여 보다 숙련된 진찰 실력을 갖춘 의사를 찾아가도록 도우십시오. 여러분은 자신보다 뛰어난 의사가 더 큰 존경을 받으며 실력을 인정받는 것을 부러워할 필요가 없으며, 그들에 대한 무가치한 중상모략도 절대 하면 안 됩니다. 오히려 환자의 생명과 건강이 위험할 때마다 환자가 추가적인 진료 의견을 얻을 수 있도록 최선을 다해야 합니다. 환자의 생명이야말로 여러분의 이익보다 더 큰 가치가 있기 때문입니다. 의료 행위란 매우 어렵고 쉽게 확정 지어 판단하기 힘든 과정이기 때문에, 의사가 되기 위해서는 매우 높은 수준의 소양을 갖추어야 합니다.

의사로서 갖추어야 할 자격이라면, (1) 자연스럽고 건전한 판단력 및 이를 현명하게 적용할 수 있는 능력, (2) 방대한 연구와

4 　어떤 의약품은 사실 환자의 경제적 능력 한도 내에서 사거나 얻을 수 있는 의약품보다 효과가 더 우수할 수도 있다. 그러나 경제적 능력의 한계 때문에 환자가 우수한 의약품을 얻을 기회를 주지 않고 다른 대안을 제시하지도 않으면서 환자에게 "최고의 치료만을 제공한다"라며 허풍을 떠는 행위는 전혀 긍휼함을 보이는 태도라고 보기 어렵다. 그렇게 하는 것은 환자에게 치료의 모든 기회를 박탈하는 것이나 다름없다.

독서, 의료인들의 모범적 사례에 대한 정통한 이해, (3) 이러한 조건들을 완성 단계로 끌어올릴 수많은 개인적 경험 등일 것입니다. 만약 이런 자격을 현재 갖추지 못했다면 여러분에게는 자신이 행하는 의료 행위를 크게 두려워하며 조심스러워해야 함이 마땅합니다. 그렇지 않으면 여러분은 자기 무지와 과신으로 사람의 생명을 희생 제물로 삼을 수 있습니다. 이 모든 특성을 고루 갖춘 한 사람이 그렇지 않은 백 명의 어설픈 아마추어 의사보다 더 큰 선을 행할 수 있습니다. 자신이 자격 미달임을 자각한다면, 여러분은 바른 판단과 양심을 따라 환자를 자신보다 월등한 실력의 의사에게 진찰받을 수 있도록 지도해야 하지 않을까요? 자신이 세운 삶의 기준을 지키기 위해 사람들의 생명을 위태롭게 만들어야 하겠습니까? 무지하고 경험이 일천한 의사가 해를 끼치기보다 유익을 끼칠 수 있다고 생각하는 것은 전적으로 틀린 것입니다.[5]

지침 4.

환자를 성공적으로 치료하기 위해 하나님을 의지하십시오.

---

[5] 백스터는 원전 각주에서 이렇게 말한다. "종교(목회자)에 대한 이해를 과대평가하면 영혼과 교회를 망치는 결과를 낳는다. 이와 비슷한 방식으로 볼 때 (의사의) 의료적 능력을 과대평가하면 많은 사람의 생명을 그 대가로 치르게 된다. 나는 유능하고 신중하며 경험 많은 소수의 의사가 다른 의사들(총합)이 생명을 빼앗는 것보다 얼마나 더 많은 사람을 치료하여 살리는지는 모른다."

모든 의료적 행위에 주님의 도우심과 복 주심이 있기를 진심과 열심을 담아 구하십시오. 주님을 의지하지 않으면 여러분의 모든 수고는 무의미합니다. 하나님께서 여러분에게 질병의 원인 및 치료와 관련된 여러 세부 사항 중 한 가지 핵심적인 내용을 전혀 보여 주시지 않고, 유효한 분별력과 정확한 관찰력도 허락해 주지 않으신다면, 여러분은 그 내용을 너무나도 쉽게 간과할 수 있음을 명심하십시오! 스무 가지 핵심 사항을 주의 깊게 관찰하고도 마지막 한 가지를 제대로 분별하지 못하면 누군가는 그 생명을 잃고 말 것입니다. 여러분에게 가장 절대적으로 필요한 것은 하나님의 도우심입니다. 최적의 처치법을 찾을 때도 그렇지만, 무엇보다 치료해야 할 환자들이 생길 때 하나님의 도우심이 임하여 그들이 복을 받을 수 있어야 합니다. 이미 불신앙의 길을 통과하여 어리석은 자가 되지 않았다고 한다면, 여러분이 매일 수행하는 의료적 경험들이 이 진리를 확증해 줄 것입니다.

지침 5.

인생의 덧없음과 인간 생명의 유한성을 지속적으로 의식하십시오. 그리고 그 의식을 통해 다른 사람들보다 영적인 마음을 갖고, 이 세상의 헛된 것에서 멀리 떨어져 내세를 준비하는 데 주의를 더욱 기울이십시오. 아주 빈번하게 아픈 사람들 사이에 있거나 망자와 사망을 지켜보면서도 스스로 자신의 병과 죽음을 준비하지 않는 사람은 전혀 변명의 여지가 없는 사람이며, 초상집에 실제로 거하면서도 마음이 물러지지 않는다면, 여러분은 실로 무정하고 사악한 사람입니다. 상당수의 의사가 종종 무신론자로 의심받고, '의사의 종교(religio medici)'가 불가지론과 동의어여야 한다고 주장하는 것은 참 이상한 현상입니다. 단언컨대 그러한 관념은 세속화가 훨씬 더 진행된 시대 혹은 국가에서 발달했습니다! 저는 종종 그와는 정반대의 모습을 관찰할 수 있게 하신 하나님께 감사를 드립니다. 참으로 종교의 순결성이 나타나는 대부분의 국가에는 탁월하고 경건한 의사들이 많습니다. 그들은 종교개혁의 성과들을 증진하는 데 얼마나 많은 기여를 했는지 모릅니다(저는 그들 중 많은 사람을 거명할 수 있습니다).[6]

저는 지금 우리나라에서 복음을 전하는 설교자들을 제외하고서, 다른 직업을 가진 그리스도인들에 비해 의사인 그리스도인들을 더 많이 알고 있습니다. 하지만 경건한 교육을 받았고 분명 자기 능력을 진일보시킬 강력한 수단을 가지고 있음에도 사악한 언동을 행하는 자들은 가장 지독한 악인들입니다. 따라서 **진실로 선하지 않은 의사들은 정말 해로운 사람들일 가능성이 큽니다.**[7] 왜냐하면 그들은 풍성한 계시와 수많은 경고를 받

---

6 백스터는 원전에서 우리 시대에 잊힌 인물 세 명을 거명한다.

7 셜록 홈즈(Sherlock Holmes)는 그림즈비 박사(Dr. Grimesby)를 언급하면서, 그를 다음과

앗음에도 이에 저항하고 반대할 만큼 악하기 때문입니다. 앞에서 대단히 비판적인 논조의 '의사의 종교'를 언급했는데, 어쩌면 이런 특성들 때문에 '의사의 종교'와 같은 잠언서가 나오게 된 것이 아닐까 싶습니다. 사실 인간은 본성적으로 특이한 것에 둔감해지고 일상화된 것의 의미를 쉽게 망각하기 일쑤여서, **끊임없이 비통한 예와 경고에 노출될수록 마음을 삼가고 무정함을 두려워해야겠다고 생각해야 합니다. 그만큼 인간은 무언가에 너무나도 쉽게 무뎌지고 익숙해지는 존재**라는 말입니다. 문제는 그와 같은 무디고 강팍한 마음을 일깨우기 위한 더 좋은 수단들이 남아 있지 않다는 데 위험이 도사리고 있다는 것입니다. 반면, 그런 경고에 아주 드물게 노출되는 사람들은 그렇게 쉽게 그 경고에 대한 감각과 유익을 잃지 않는 경향이 있습니다. 병들거나 죽어 가는 사람들을 목격하게 될 때, 대개 그런 광경을 거의 본 적 없는 이들은 거기에 시선을 빼앗기고 맙니다. 군인들과 뱃사람들보다 감각이 더 무딘 사람은 누구일까요? 죽은 자들 사이에서 계속 사는 사람은 누구일까요? 시체로 뒤덮인 전쟁터를 두세 번 정도 목격하게 되면, 그들은 대개 어떤 사람들보다도 더한 무정한 사람이 됩니다. **이것이 바로 의사들이**

같이 묘사했다. "의사가 타락하면 일급 범죄자가 되지. 담력도 있거니와 지식까지도 갖추고 있으니 말이야." [Sir Arthur Conan Doyle, "The Adventure of the Speckled Band," in *The Adventure of Sherlock Holmes* (London: George Newnes, 1892)].

처한 위험이며, 온전히 주의를 기울여 피할 수 있도록 노력해야 하는 것입니다.

하지만 확실한 건 믿음이 없고 불경건한 의사들은 변명할 여지 없이 눈이 먼 자들이라는 사실입니다. 어떤 이들이 그랬듯이, 자연을 너무 깊이 연구한 나머지 하나님에게서 멀어진다는 말은 노동을 너무 깊이 연구한 나머지 노동자를 생각하지 않는다는 말과 같습니다. 혹은 지나치게 많은 분량을 읽은 나머지 책의 내용이 무엇인지는 대충 넘어가는 것과 같은 말입니다. 의학을 너무 많이 공부한 나머지 환자와 환자의 건강을 잊어버린다는 말도 여기에 해당할 것입니다. **자연을 바라보면서 하나님을 생각하지 않는 것은, 피조물을 보면서 그것을 볼 수 있도록 해 주는 빛은 생각하지 않는 것과 같고**, 혹은 나무와 집은 보면서 그것을 지탱해 주는 대지는 생각하지 않는 것과도 같습니다. 하나님은 창조하시고 보존하실 뿐만 아니라 만물의 궁극적 원인을 세심하게 조정하십니다. "이는 만물이 주에게서 나오고 주로 말미암고 주에게로 돌아감이라"(롬 11:36). 하나님은 만유의 주로서 만유 안에 계신 분이십니다. 만일 여러분들이 바로 이 하나님의 지배를 받는 존재이며 불멸하는 영혼의 소유자임을 알지 못한다면, 인간의 본성(nature)이 어떠한지 깨닫지도 못한 채로 자연(nature)을 살피는 가련한 연구자들일 뿐입니다. 인간이 무엇인지, 자기 자신이 무엇인지 모르면서 다른 과학적 성취물을 자랑하는 것은 인간의 지적 능력에 대한 보잘것없는 명성에 지나지 않습니다. 죽음을 바라보며 사는 여러분은 또 다른 세상도 바라보며 살아가야 하며, 영적인 지혜와 거룩함과 냉철함도 다른 이들보다 더 뛰어나야 합니다. 이러한 남다른 관점을 통해 당신의 영적인 장점이 탁월하게 드러날 것입니다.

지침 6.

여러분의 사랑과 긍휼을 환자의 몸에만 아니라 그 영혼에도 보여 주십시오. 환자들에게 죽음을 준비할 수 있는 말을 해 주십시오. 여러분이 이와 같은 모습을 보이기로 마음을 먹는다면, 더할 나위 없는 기회들이 기다리고 있을 것입니다. 그들이 당신에게 귀를 기울인다면 그들이 아파하고 있는 때입니다. 그들이 겸손해지고 진지해진다면, 그들이 목전까지 다가온 죽음에 압도당하고 있는 때입니다. 그때 환자들은 자신이 건강했더라면 경멸했을 만한 조언을 참을성 있게 들을 것입니다. 거듭나지 않은 자에게 닥칠 위험, 거룩함의 필요성, 구원자의 역할, 영혼의 영속 상태 등의 진지한 몇 마디가 그들의 회심과 구원의 역사를 가져오는 데 사용될 수 있습니다. 그리고 육체를 치유하는 일보다 영혼을 구원하는 일이 여러분에게 훨씬 큰 만족감을 줄 것입니다. "그런 일은 목사들이 해야 할 몫이야"라는 핑계를 대지 마십시오. 물론 그 일은 목사의 직무(ex officio)입니다. 하지만 여러분이 사랑으로 실천해야 할 일(ex charitate)이기도 합니다. 사랑은 기회가 찾아올 때 모두에게 선을 행하도록, 특별히 세상에서 가장 큰 선을 행하도록 요구하는 특성이 있습니다. 그리고 하나님은 여러분이 걷는 길 위에 그런 영혼들을 놓아두시고 기회를 주십니다. 길에서 강도 만나 상처 입은 사람을 마주해 본 일이 없는 사람보다 그 사람을 보고도 돕지 않은 제사장과 레위인들이 더욱 큰 비난을 받는 것은 당연합니다(눅 10:32 참고).

목사에게 한 번도 도움을 요청한 적 없는 사람들도 의사에게는 도움을 요청할 것이며, 목사를 경멸했던 사람들조차도 의사의 말은 들을 것입니다. 주택 저당권자에게 대금을 지불하면 자기 집을 지킬 수 있듯이, 의사의 말을 들으면 자기 생명을 구할 수 있으리라 생각하는 것입니다. 불행하게도, 참으로 많은 곳에서 목사들이 그런 사역을 무시하거나 적절히 준비되어 있지 않고, 사람들에게서 멀리 떨어져 무관심하곤 합니다. 그러므로 의사 여러분들의 온유한 도움이 매우 절실하게 필요합니다.

이 성경의 가르침을 기억하십시오. "너희가 알 것은 죄인을 미혹된 길에서 돌아서게 하는 자가 그의 영혼을 사망에서 구원할 것이며 허다한 죄를 덮을 것임이라"(약 5:20). 그리고 여러분이 말을 건네고 있는 이는 또 다른 세상을 향하고 있는 이요, 지금 아니면 구원받을 기회가 없는 이라는 사실 역시 기억하십시오! 그 사람의 구원을 위해 반드시 필요한 일은 전부 지금 당장 이루어져야 합니다. 그렇지 않으면 너무 늦습니다. 인간의 본성을 가련하게 여기며, 극심하고 빈궁한 처지에 놓인 사람에 대해 강퍅한 마음을 품지 마십시오. 그의 회심을 위해 (필요하다면) 몇 마디 진지한 말을 들려주되, 상대방이 돌아올 수 없는 세상으로 떠나서 더 이상 여러분이 도울 수 없는 상황에 이르기 전에 그렇게 하십시오.

주제어 색인

성구 색인

역자 후기

제가 공부하는 역사신학 분과의 작은 모임에서 백스터에 관한 발제를 한 적이 있습니다. 모임이 마칠 때쯤 지도 교수님께서 한 가지 질문을 던지셨습니다. "수많은 청교도 중에서 유독 백스터에 관심을 가지고 그를 연구하는 이유가 무엇인가?"라는 질문이었습니다. 저는 대략 두 가지 정도를 말씀드렸습니다. 첫 번째는 그의 '올곧음'입니다. 백스터는 어떤 상황에 있어서도 자신의 신앙 양심을 따라 사고하고 행동했던 사람입니다. 그런 영향력으로 그를 연구하다 보면 저도 깨끗한 양심을 따라 살아야 한다는 다짐을 수차례 하게 됩니다. 두 번째는 그의 '솔직함'입니다. 백스터는 자기 삶의 회고록을 작성한 거의 유일한 청교도입니다. 그 기록을 통해서 자기 삶과 또 그가 살았던 시대를 되돌아보았습니다. 그 글 안에는 내면의 고백이 정직하게 담겨 있습니다. 후대에 백스터의 자서전을 보는 독자는 그의 삶을 더욱 객관적으로 볼 수 있게 됩니다. 자신의 실수까지도 남길 수 있었던 그 '솔직함'이 백스터가 지닌 큰 매력이라고 생각합니다. 그런 인간적인 매력이 있었기에 본서가 더욱 가치가 있을 수 있다고 생각됩니다.

또한, 그의 삶을 자취를 살펴보면, 백스터도 평생 두 가지 큰 내적인 갈등과 싸워야 했다는 것을 알 수 있습니다. 하나는 잉글랜드 내전에 참전하여 겪게 된 '트라우마'이고, 또 다른 하나는 독학을 통해서 공부를 해야 했기에 정규 학위가 없음으로 인한 '열등감'이었습니다. 이 두 가지를 두고 그는 평생 싸워야 했습니다. 때로는 그것이 그를 성숙시키는 동력이 되기도 했고, 때로는 잘못된 선택과 행동을 하게 만든 원인이 되기도 했습니다. 그가 평생 우리와 비슷한 고민을 하고 비슷한 아픔을 겪었기에, 이렇게 시대를 뛰어넘어서 고통당하는 자를 위로하고 세울 수 있는 글들을 남길 수 있지 않았나 생각됩니다.

본서를 번역하며 저희도 많은 것들을 배우고 성숙하게 되었습니다. 특별히 하나님께서 지으신 인간 자체, 조직신학의 인간론으로는 파악하기 쉽지 않은 인간 본성의 연약함을 더욱 깊이 절감하게 되었습니다. 이에 더욱 그 연약함을 주님의 마음으로 품을 수 있는 자가 되기를 소망하게 되었습니다. 마지막으로, 이 작은 책이 독자들에게 세 가지의 도구가 되었으면 하는 바람이 있습니다. 도움이 필요한 분들에게 '때에 맞는 도움'을 주는 하나의 도구가 되었으면 좋겠습니다. 더 나아가 우리가 가진 연약함을 딛고, 우리의 몸과 영혼의 구주이신 '그리스도'를 더욱 바라보게 만드는 하나의 도구가 되었으면 좋겠습니다. 그리고 이 연약함을 다 벗어 버리고 언젠가 그리스도의 품 안에서 영원히 '안식'하게 될 그날을 더욱 소망하는 하나의 도구가 되었으면 좋겠습니다.

2024년 6월에 번역자를 대표하여
최원일